말씀으로 시작하는 아침
시편 365

말씀으로 시작하는 아침

시편 365

김병태 지음

Psalms

복 있는 사람은 악인들의 꾀를 따르지 아니하며 죄인들의 길에 서지 아니하며 오만한 자들의 자리에 앉지 아니하고 오직 여호와의 율법을 즐거워하여 그의 율법을 주야로 묵상하는도다 그는 시냇가에 심은 나무가 철을 따라 열매를 맺으며 그 잎사귀가 마르지 아니함 같으니 그가 하는 모든 일이 다 형통하리로다 악인들은 그렇지 아니함이여 오직 바람에 나는 겨와 같도다 그러므로 악인들은 심판을 견디지 못하며 죄인들이 의인들의 모임에 들지 못하리로다 무릇 의인들의 길은 여호와께서 인정하시나 악인들의 길은 망하리로다

아가페

*별도의 표기가 없는 성경구절은 개역개정 성경을 인용한 것입니다.

"내가 음산한 죽음의 골짜기를 지나가게 된다
하더라도 나는 겁나지 않습니다.
그것은 주님께서 나와 함께 계시기 때문입니다."

- 시 90:14, 쉬운성경

Daily Bible of the Psalms

1월	January	9
2월	February	41
3월	March	71
4월	April	103
5월	May	135
6월	June	167

Daily Bible of the Psalms

- **7월** July — 199
- **8월** August — 231
- **9월** September — 263
- **10월** October — 295
- **11월** November — 327
- **12월** December — 359

말씀으로 시작하는 아침 1월

"여호와여 아침에 주께서 나의 소리를 들으시리니
아침에 내가 주께 기도하고 바라리이다"
- 시 5:3

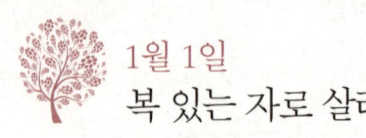

1월 1일
복 있는 자로 살라

복 있는 사람은 악인들의 꾀를 따르지 아니하며 죄인들의 길에 서지 아니하며 오만한 자들의 자리에 앉지 아니하고 (1:1)

작년 겨울에는 사상 최대의 폭설이 내린데다 혹한이 겹쳐 엄청난 피해가 있었습니다. 출근해서 목양실에 들어선 어느 날이었습니다. 목양실 책상에는 화초 몇 개가 있었는데, 그중 대나무와 핑크 스타, 그리고 돈나무 화분이 시들어가고 있었습니다. 환기를 시키려고 창문을 열어둔 채 창문 옆에 있는 싱크대에서 물을 주었습니다. 그러고는 컴퓨터로 작업을 한 후, 한 시간쯤 지나 심방을 가려고 일어났습니다. 그런데 아뿔싸! 화분에 있는 화초들이 금세 얼어 죽어가는 게 아닙니까! 추운 창문 곁에 있어서 그런 것이었습니다.

이제 새로운 한 해가 시작되었습니다. 올해는 무엇보다 '복 있는 자'로 살아가기를 열망하십시오. 복 있는 사람이 되려면 먼저 해야 할 일이 있습니다. 따르고, 서고, 앉는 자리를 잘 살펴야 합니다. 복 받을 자리, 형통할 자리, 하나님께 인정받을 자리를 잘 선택하십시오. 그러나 그 반대의 자리도 있습니다. 악한 사람들의 꾀를 따르지 말고, 죄인들의 길을 쳐다보지 마십시오. 그리고 오만한 사람들이 앉는 불행의 자리를 과감히 거절하십시오. 당신이 있는 자리가 축복과 운명을 결정할 것입니다. 여러분은 어느 길로 들어서겠습니까? 올해의 마지막에 여러분은 어느 길에 서 있을 것입니까?

▪▪▪ 죄인의 길에는 눈길조차 주지 않게 하소서.

1월 2일

형통의 비법, 성경 묵상

오직 여호와의 율법을 즐거워하여 그의 율법을 주야로 묵상하는도다 (1:2)

디트리히 본회퍼(Dietrich Bonhoeffer, 1906~1945)는 나치의 손에 죽기 몇 년 전까지 자신이 가르쳤던 사람들과 정기적으로 서신을 주고받고 있었습니다. 그때 본회퍼는 "끝까지 기도와 묵상을 계속하라"고 사람들을 격려했습니다. 최전선에 있는 한 군인에게는 이렇게 편지했습니다. "날마다 내게 적용되는 하나님의 말씀을 고요히 묵상하는 시간은 내 삶의 질서가 분명해지는 순간입니다. 묵상은 평안과 인내와 기쁨의 원천이지요. 그것은 우리 삶에 질서를 잡아주는 모든 힘들을 묶는 자석과도 같고, 깨끗한 표면에 구름과 태양을 비추는 깊은 물과도 같습니다. 또 자기훈련, 침묵, 치유 및 만족과 같은 영역에 묵상을 통해 지존하신 분을 모시는 일은 곧 그분을 섬기는 길이 되기도 합니다."

묵상은 마리아처럼 하나님의 말씀을 겸손히 받아들여 마음에 깊이 간직하고, 그 말씀을 곰곰이 생각하는 것입니다. 성경을 묵상하는 사람은 여호와께서 인정하시는 의인의 길을 걷습니다. 의인은 무슨 일을 하든지 형통합니다. 마음과 영혼의 뿌리가 여호와의 시냇가에 심겨 있기 때문입니다. 그래서 A. W. 토저(Aiden Wilson Tozer, 1897-1963)는 말했습니다. "하나님의 말씀을 듣는 바로 그 사람의 말을 들으라."

■■■ 훈계를 받은 대로 구체적으로 실천하게 하소서.

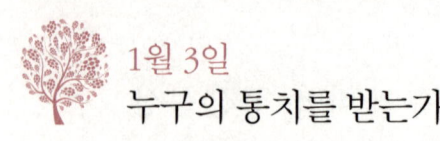

1월 3일
누구의 통치를 받는가

어찌하여 이방 나라들이 분노하며 민족들이 헛된 일을 꾸미는가 (2:1)

옛날 궁중생활을 보면 비애로 얼룩져 있는 경우가 많습니다. 모함과 비난, 배신, 대적과 반역이 처처에 깔려 있습니다. 궁중생활에 필요한 예법에 대해 누군가는 이렇게 말했습니다. "궁을 깊이 아는 사람은 행동과 눈 그리고 표정을 통제할 줄 안다. 그는 매우 깊이가 있으며 속내를 알 수 없다. 그는 고달픈 직무에도 불구하고 일부러 편한 척하고, 적에게도 웃음으로 대하며, 감정을 억제하고 고뇌를 숨기며, 자신의 마음을 속이고 자신의 감정과 상반되게 말하고 행동한다." 그리고 이런 궁중생활은 세상의 축소판입니다. 이런 관계 속에는 헛된 일을 꾸미는 사람들로 가득합니다. 그만큼 세상에서 관계를 맺어가는 것은 어려운 일입니다.

하나님은 다윗을 왕으로 세우셨습니다. 주변 나라들과 이스라엘은 다윗의 통치를 받아야 하는데, 그들은 다윗을 비웃고 대적했습니다. 마찬가지로 하나님은 그분의 말씀에 순종하지 않고 제멋대로 살아가는 자들이 '헛된 일'을 꾸민다고 책망하십니다.
오늘 우리의 행위와 삶은 그분께 '헛된 일'로 비춰지지는 않았을까요? 왕이신 주님의 음성을 경청하고 거기에 순종하는 일이 가장 우선입니다. 질서대로 하나님이 세우신 사람에게 순종하고 그들을 존중하는 것 역시 하나님이 우리에게 구하시는 일입니다.

▪▪▪ 주님께 순종하고, 하나님의 질서를 존중하는 믿음을 갖게 하소서.

1월 4일

피난처를 바로 정하라

그의 아들에게 입맞추라 그렇지 아니하면 진노하심으로 너희가 길에서 망하리니 그의 진노가 급하심이라 여호와께 피하는 모든 사람은 다 복이 있도다 (2:12)

시골에 살면서 소를 길렀던 적이 있다면 그때를 기억해 보십시오. 친구들과 함께 소를 몰고 산으로 갑니다. 소는 풀을 뜯어 먹도록 놓아두고, 그 옆에서 소 먹일 풀을 한 짐 벱니다. 그런 후 개울에 가서 멱을 감거나 산에서 갖가지 놀이를 즐깁니다. 그러다 갑자기 쏟아지는 소나기를 만나면 낫으로 주변에 있는 나뭇가지들을 재빠르게 벱니다. 그리고 벤 나뭇가지들을 두 그루의 나무 사이에 걸칩니다. 그러면 얼마 있지 않아 소나기를 피할 수 있는 아담한 피난처가 만들어집니다. 아니면 근처 동굴로 뛰어들어가 잠시라도 비를 피합니다.

예수님은 모든 사람이 복종하고 의지해야 할 피난처입니다. "그의 아들에게 입맞추라"는 것은 존경심을 갖고 그 명령에 복종하라는 것입니다. 온 세상 사람들이 보호받을 피난처는 여호와입니다. 돈이나 권력, 인맥을 붙잡으려고 애쓰지 말고 먼저 신맥(神脈)을 잡아야 합니다. 여호와는 지치고 환난당한 우리를 구원하실 유일한 분입니다.

*** 눈에 보이는 것을 붙잡기보다 매순간 하나님을 의지하게 하소서.

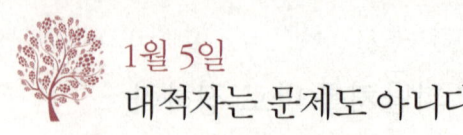

1월 5일
대적자는 문제도 아니다

**여호와여 나의 대적이 어찌 그리 많은지요
일어나 나를 치는 자가 많으니이다 (3:1)**

〈선덕여왕〉이라는 드라마가 한동안 큰 인기를 누렸습니다. 인류는 전쟁의 역사라는 말이 맞는 것 같습니다. 그렇게 싸우며 시간과 에너지를 낭비하니 선정을 베풀기가 어려운 것이지요. 이 드라마를 보면 권력욕으로 불타오르는 미실이 덕만공주를 대적합니다. 그러나 덕만공주는 뛰어난 용기와 판단력으로 미실을 꺾고 왕위에 등극합니다. 왕위에 오른 후에도 덕만은 권력암투 때문에 한 순간도 마음을 놓을 수가 없었습니다. 그리고 믿었던 사람에게 배신당하는 아픔도 경험합니다.

다윗도 아들과 신하들에게 배신당했습니다. 그때 다윗은 기도했습니다. "여호와여 주는 나의 방패시요 나의 영광이시요 나의 머리를 드시는 자이시니이다"(3:3). 우리 주변에도 우리를 대적하고 비방하며 해하려는 사람들이 있습니다. 사탄은 우리를 넘어뜨리려고 주변 사람들을 충동질합니다. 그럴 때 그들에게 휘말리지 말고 다윗처럼 하나님께 모든 것을 맡기십시오. 든든한 버팀목이 되시는 하나님께서 우리의 머리를 드실 것입니다.

˙˙˙ 대적자들에게 휩쓸리지 않고 주님께 꼭 붙어 있게 하소서.

1월 6일
두려움의 포로가 되지 말라

천만인이 나를 에워싸 진 친다 하여도 나는 두려워하지 아니하리이다 (3:6)

미국의 저명한 작가 토머스 스탠리(Thomas J. Stanley)는 성공한 여성 사업가의 말을 다음과 같이 인용합니다. "항상 목표를 생각했습니다. 옆을 바라보면 그쪽으로 빠지게 돼 있죠. 그리고 내 능력에 대한 믿음을 끊임없이 키웠습니다. 처음에 혼자 사업한다고 했을 때 우려하는 사람이 많았습니다. 하지만 나는 매일 '내가 원하는 일을 할 수 있으며, 내가 원하는 사람이 될 수 있다. 힘과 능력은 내 안에 있다'고 되뇌면서 일하러 나갔습니다. 항상 자신의 직관과 마음의 목소리를 믿으세요."

우리는 성공과 불확실한 미래, 그리고 대적하는 사람들에 대한 두려움을 가지고 있습니다. 두려움에 사로잡혀 사는 사람들은 자신의 능력을 최대한 발휘할 수 없습니다. 두려움은 모험과 도전을 하지 못하도록 우리 자신을 가둡니다. 그러다 보면 자신에게 다가온 기회도 모두 놓치고 맙니다. 용기를 주시고, 피할 길을 여시며, 지혜를 주시는 여호와께 용기를 구하십시오. 그리고 담대하게 능력을 발휘하여 하나님의 이름을 높이십시오.

▪▪▪ 하나님이 주시는 용기로 두려움을 이기게 하소서.

1월 7일
억울한 일을 당할 때 기도하라

내 의의 하나님이여 내가 부를 때에 응답하소서 곤란 중에
나를 너그럽게 하셨사오니 내게 은혜를 베푸사 나의 기도를 들으소서 (4:1)

어느 날 김 과장에게 이상한 소문이 들려왔습니다. 김 과장이 하지도 않은 말을 했다고 누군가 사람들에게 거짓말을 퍼뜨리고 다닌다는 것입니다. 그 말을 듣는 순간 김 과장은 너무나 화가 났습니다. 분해서 견딜 수가 없었습니다. 당장이라도 만나서 따지고 싶었습니다.
그렇게 힘들어하면서 어느 날 교회를 찾았습니다. 하나님 앞에 마음을 토로하며 기도했습니다. 그때 하나님은 기도하는 그에게 말씀하셨습니다. "나는 더한 일도 당하지 않았니?" 그는 이 일을 통해 주님의 마음을 조금이나마 알게 되었습니다. 그리고 일일이 대처하지 않고 주님께 이 일을 맡겼습니다. 그러자 평강이 임했습니다.

다윗은 아들 압살롬의 반역으로 궁궐에서 쫓겨났습니다. 그 억울함을 누구에게 하소연하겠습니까? 또 그렇게 한들 누워서 침 뱉기일 뿐입니다. 그러면 의로운 자를 죄인으로 몰아가는 세상에서 어떻게 살아야 합니까? 다윗은 "의의 하나님"을 찾았습니다. 자신의 의를 인정하고 변호해 달라며 기도했습니다. 억울한 일을 당할 때 우리가 취할 수 있는 가장 무서운 무기는 기도입니다. 기도하면 하나님은 자유함을 주시고 곤경에서 벗어날 지혜를 주십니다.

*** 곤란 중에 너그럽게 하시는 은혜를 주소서.

1월 8일
주께서 주신 기쁨을 누리라

**주께서 내 마음에 두신 기쁨은 그들의 곡식과 새 포도주가 풍성할 때보다 더하니이다
내가 평안히 눕고 자기도 하리니 나를 안전히 살게 하시는 이는
오직 여호와이시니이다 (4:7-8)**

어느 날 한 여인이 산통을 겪고 있었습니다. 의사의 부주의로 아기의 뇌를 잘못 건드려 아이는 태어나면서부터 소뇌를 다쳤습니다. 태어난 아기는 울지도 못하고 몸을 가누지도 못했습니다. 여물지 못한 계란처럼 아기 머리가 만지는 대로 푹푹 들어가 만질 수도 없을 정도였습니다. 아이는 태어날 때부터 깨진 질그릇이었습니다. 게다가 아이의 집안은 몹시 가난해 뇌성마비로 태어난 아이에게 아무것도 해줄 수가 없었습니다. 아버지는 몸이 약한 데다 술과 담배와 과로로 병들어 있었고, 어머니 역시 몸이 약해 아기에게 젖도 물리지 못했습니다. 쌀가루 끓인 물만 억지로 먹일 수 있었습니다.

이 아이가 바로 뇌성마비 장애를 지닌 송명희 씨입니다. 지금 송명희 씨는 기쁨과 감사, 희망의 전도자로 살아갑니다. 예수님은 자신의 기쁨이 제자들에게도 충만하기를 기도하셨습니다. 감옥에서 고통당하던 바울도 빌립보 교인들에게 당부했습니다. "기뻐하십시오. 내가 다시 말하노니 주 안에서 기뻐하십시오." 곡식과 포도주의 풍성함 때문에 기뻐하는 사람이 많습니다. 하지만 하나님의 사람은 성령이 주시는 기쁨과 평안을 누립니다. 폭풍 속에서도 평안히 잠들 수 있는 믿음이 있기 때문입니다.

▪▪▪ 절대절망 속에서 절대기쁨을 누리게 하소서.

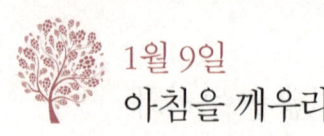

1월 9일
아침을 깨우라

**여호와여 아침에 주께서 나의 소리를 들으시리니
아침에 내가 주께 기도하고 바라리이다 (5:3)**

이런 글이 있습니다. "세상과 타협하는 것보다 더 경계해야 할 것은 자신과 타협하는 것입니다. 스스로 자신의 매서운 스승이 되어야 합니다. 어딘가에 집착해 그것이 전부인 것인 양 안주해 버리면 그 웅덩이에 갇히고 맙니다. 그러면 고여 있는 물처럼 썩게 되지요. 버리고 떠난다는 것은 곧 자기답게 사는 것입니다. 낡은 울타리와 낡은 생각에서 벗어나야 새롭게 시작할 수 있습니다." 우리는 긴급한 일의 폭정에 휘둘리며 바쁘게 하루를 살아갑니다. 하지만 새로운 것, 창조적인 능력은 익숙한 삶과 습관, 일상에서 벗어나야 비로소 보이기 시작합니다. 현실에 푹 파묻히지 않고 하나님과 만나는 자기만의 공간이 주어질 때 고공비행을 할 수 있는 능력이 주어집니다. 그리고 그러한 능력은 세상이 아닌 하나님의 소리를 듣는 능력에 비례합니다.

가장 아름다운 귀는 하나님의 목소리를 듣는 귀입니다. 그것도 세상 소리를 듣기 전, 이른 아침에 들어야 합니다. 남들이 자고 있을 이른 아침에 당신의 목소리가 하나님의 귀에 들리게 하십시오. 당신이 살아갈 하루의 모든 일정과 마음을 이른 아침 하나님께 올려드리십시오. 아침시간을 양보하는 것은 하나님의 사랑을 포기하는 것과 같습니다.

░░░ 이른 아침에 일어나 하나님을 먼저 찾게 하소서.

1월 10일
의로운 자에게 은혜 주시는 하나님

**여호와여 주는 의인에게 복을 주시고
방패와 같은 은혜로 그를 호위하시리이다 (5:12)**

오래된 영화 가운데 〈태양은 가득히〉라는 영화가 있습니다. 프랑스 미남 배우 알랭들롱이 주연한 영화입니다. 그는 친구를 죽여 바다에 던지고 친구의 요트와 애인을 차지합니다. 바다에서 일어난 일이기에 감쪽같이 세상을 속일 수 있었습니다. 그는 아주 추악한 죄를 짓고도 부끄러움 없이 살았습니다. 그러던 어느 날 요트가 고장났습니다. 요트를 수리하려고 육지로 끌어올리는데, 배의 추진기에서 뭔가가 끌려왔습니다. 그것은 다름 아닌 친구의 시신이었습니다.

세상에는 피 흘리기를 즐기는 사람이 있습니다. 감쪽같이 속이는 사람들 때문에 엄청난 고통을 치르기도 합니다. 그런 사람들을 만나지 않으면 좋겠지만 그것이 생각처럼 쉽지는 않습니다. 그러나 하나님은 의인에게 복 주시는 분입니다. 아무리 불화살이 퍼부을지라도 하나님은 든든한 방패로 우리를 막아주실 것입니다. 우리를 비난하고 공격하는 악한 사람들의 공격 앞에서 정말로 필요한 것은 하나님의 은혜입니다.

▪▪▪ 은혜를 입을 수 있는 의로운 삶을 살게 하소서.

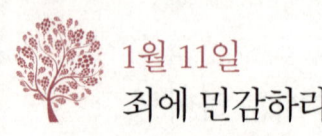

1월 11일
죄에 민감하라

**여호와여 내가 수척하였사오니 내게 은혜를 베푸소서
여호와여 나의 뼈가 떨리오니 나를 고치소서 (6:2)**

한 남자가 아내 몰래 불륜을 저질렀습니다. 새로 만난 여자와의 로맨스를 좀처럼 뿌리칠 수 없었습니다. 그러나 가정은 깨고 싶지 않았고, 아내와 이혼하는 것은 더더욱 싫은 상황입니다. 아내에게 미안한 마음이 들어 평소와 달리 아내에게 잘해 줍니다. 선물도 사주고, 외식도 시켜 줍니다. 그러나 이것은 추한 흉터를 아름다운 옷으로 가리는 것입니다. 다른 여자를 만나면서 아내에게 잘해 주는 것은 위선일 뿐입니다.

총채로 털었다고 먼지가 없어지는 것은 아닙니다. 시간이 지나면 공기 중에 있던 먼지가 다시 가라앉습니다. 세상에는 이런저런 방법으로 죄를 가리려고 애쓰는 사람들이 많습니다. 그러나 드러나지 않는 죄는 더 큰 죄를 낳습니다. 성경은 죄를 감추는 자도 결국엔 만천하에 드러날 것이라고 경고합니다.
오늘의 시편을 보면 다윗도 죄를 숨겼다가 병을 앓았습니다. 수척하고 뼈가 떨릴 정도입니다. 죄는 아무리 깊이 숨겨도 없어지지 않습니다. 오직 하나님께 고백하고 용서를 구할 때, 그리고 보혈이 덮은 뒤에 비로소 자유함을 얻습니다.

▪▪▪ 죄에 더욱 민감하게 하시고, 늘 하나님 눈앞에서 살아가게 하소서.

1월 12일
회복되면 다시 쓰임받는다

악을 행하는 너희는 다 나를 떠나라 여호와께서 내 울음소리를 들으셨도다 (6:8)

삼손은 특별한 은총을 입은 사람입니다. 그는 하나님의 간섭으로 출생했고, 하나님이 주신 특별한 힘을 가졌습니다. 그는 블레셋으로부터 조국을 구하는 국민적 영웅입니다. 그러나 그는 기생 들릴라에게 푹 빠졌고, 달콤한 유혹의 손길을 뿌리치지 못하여 힘을 잃었습니다. 결국 블레셋의 다곤 신전에서 노리갯감이 되었습니다. 그러나 그는 하나님 앞에 눈물을 흘리며 회개했고, '이번만 나를 강하게 하사 원수를 단번에 갚게 하소서!' 라고 기도했습니다. 결국 그때 죽인 블레셋 사람이 그가 살았을 때 죽인 자보다 더 많았습니다(삿 16장).

다윗이 죄를 지었을 때 하나님은 그를 떠나셨습니다. 그 결과 질병에 걸렸고, 악한 자들은 그런 다윗을 대적했습니다. 다윗의 하루하루는 슬픔으로 얼룩져 갔습니다. 그러나 그는 이제 당당하게 외칩니다. "행악하는 너희여 다 나를 떠나라." 이제 대적자들을 두려워하지 않습니다. 하나님이 회개하는 다윗에게 돌아오셨기 때문입니다. 하나님께서는 다윗의 울음소리를 들으셨고, 그를 다시 받아주셨습니다. 완벽하지 못한 우리는 실수도 할 수 있고, 심각한 죄를 지을 수도 있습니다. 그러나 곧바로 회복의 자리로 나아가야 합니다.

▪▪▪ 내 울음소리를 들으시고 회복시켜 주소서.

1월 13일
급할 때일수록 처신을 주의하라

여호와 내 하나님이여 내가 주께 피하오니
나를 쫓아오는 모든 자들에게서 나를 구원하여 내소서 (7:1)

살다보면 내가 원하는 것과는 달리 인생의 코너에 몰리는 경우가 있습니다. 그때를 조심해야 합니다. 감정적으로 처신한다거나 임기응변 식으로 문제를 회피하거나 상황을 모면하려 해서는 안 됩니다. 많은 사람들이 다급한 상황에 몰리면 기회주의적인 태도를 취합니다. 그러나 그것은 더 나은 결과를 낳지 못합니다. 물에 빠져 다급하다고 지푸라기를 잡는 격입니다. 그러나 지푸라기는 아무런 도움이 되지 못합니다. 그럴 때가 하나님을 찾아야 하는 절호의 기회입니다.

다윗은 현상수배범이 되어 사울에게 쫓겨 도망 다닌 경력이 있습니다. 그는 사울로 인해 죽을 고비를 숱하게 넘겼습니다. 다윗의 몸과 마음이 모두 지쳤을 때, 사울은 군사를 보내 다윗의 집을 포위했습니다. 간신히 빠져나온 다윗은 놉 땅에 있는 하나님의 성전에 몸을 숨겼습니다. 그리고 자신을 죽이기 위해 쫓아오는 사람들 앞에서 하나님께 간구했습니다. "내가 주께 피하나이다."
성도가 다급할 때 피할 곳이 어디입니까? 다급한 마음에 믿음을 저버리고 인간적인 방법을 사용하면 안 됩니다. 그때일수록 침착하게 믿음의 근원이신 주님께 돌아가야 합니다.

▪▪▪ 다급할 때 감정이 아닌 믿음으로 대처케 하소서.

1월 14일
내가 판 웅덩이가 나를 삼킨다

그가 웅덩이를 파 만듦이여 제가 만든 함정에 빠졌도다 (7:15)

어린 시절 친구들과 어울려 놀다가 꾀를 내어 친구를 놀린 적이 있을 것입니다. 풀을 서로 연결해 묶은 후, 친구들이 그곳을 지나가다 풀에 발이 걸려 넘어지는 광경을 보며 웃습니다. 그런데 친구들과 어울려 놀다 보면 노는 재미에 빠져 묶어놓은 풀에 자신의 발이 걸려 넘어지기도 합니다. 남을 넘어뜨리기 위해 파 놓은 함정에 자신이 빠지는 격입니다.

세상에는 악한 일을 꾀하는 사람들이 많습니다. 그들은 다른 사람들을 빠뜨리기 위해 많은 함정들을 파놓습니다. 그러면서도 뻔뻔스럽게 활개 치며 행동합니다. 사람에게 그 구덩이를 속일 수 있을지는 몰라도, 하나님은 속지 않으십니다. 하나님은 행한 대로 보응하시는 공의로운 분입니다. 악인이 파는 함정을 모르실 리 없습니다.
하만은 유다 백성들을 전멸시키려고 악한 음모를 꾸몄지만 결국 스스로 그 함정의 희생물이 되고 말았습니다(에 7:10). 남을 해하기 위해 만든 올무와 함정은 자신을 삼키는 도구가 됩니다.

▪▪▪ 남을 해하는 웅덩이를 파지 않는 선한 마음을 주소서.

1월 15일
온 땅에 가장 아름다운 이름

**여호와 우리 주여 주의 이름이 온 땅에 어찌 그리 아름다운지요
주의 영광이 하늘을 덮었나이다 (8:1)**

우주의 신비는 현대과학으로도 그 베일을 다 벗길 수 없습니다. 현재까지 밝혀진 바로는, 우주에는 천억 개 곱하기 천억 개나 되는 별이 있다고 합니다. 성경에서는 굉장히 많다는 표현을 할 때 '하늘의 별과 바다의 모래'라는 말을 사용합니다. 그런데 과학자들이 바다의 모래 수가 얼마나 되는지 실제로 측정해 본 결과, 놀랍게도 전 세계 모래사장의 모래 알갱이 수는 정확히 천억 개 곱하기 천억 개, 즉 10의 22승 개라는 사실이 밝혀졌답니다. 놀라지 않을 수 없습니다. 천문학의 아버지 케플러(Johannes Kepler, 1571~1630)는 이렇게 고백했습니다. "하나님은 마치 건축가처럼 질서와 법칙에 따라 세상의 기초를 놓으시고 모든 것을 측정하셨다." 그는 당시 최첨단 천문학 책인 『조화로운 세계』의 서문에 이렇게 기록했습니다. "우리 주 하나님은 위대하시도다. 그분의 권능은 크고, 그분의 지혜는 끝이 없도다."

우주 만물을 창조하신 하나님, 우주 만물을 한 치의 오차도 없이 정확히 다스리시는 하나님, 우주의 종말을 몰고 오실 하나님! 그 누가 세상에서 가장 아름다운 것을 내민다 해도, 주님의 이름이 가장 아름답습니다. 주님을 찬양하는 것이 우리의 영광입니다.

※ 아름다운 주님의 이름을 찬양하며 살게 하소서.

1월 16일
너무도 과분한 은혜

**사람이 무엇이기에 주께서 그를 생각하시며
인자가 무엇이기에 주께서 그를 돌보시나이까 (8:4)**

영국에 테니슨(Alfred Tennyson, 1809~1892)이라는 유명한 시인이 있었습니다. 어느 날, 두 명의 신실한 감리교인 집에 머물게 되었습니다. 그 집에 도착했을 때, 그는 자신을 초대한 여주인에게 물었습니다. "뭐, 좀 새로운 소식이 있습니까?" 그러자 주인이 대답했습니다. "그럼요. 내가 알고 있는 유일한 새로운 소식은 그리스도가 모든 이들을 위해 죽으셨다는 것입니다." 다소 놀라운 대답이었지만 이내 테니슨은 대답했습니다. "참 오랫동안 전해 내려온 그 소식이야말로 좋은 소식이고 여전히 새로운 소식이지요."

여러분은 주변 사람들에게 과분한 사랑을 받아본 적이 있습니까? 아마도 그 순간의 기쁨과 감사를 결코 잊지 못할 것입니다. 하나님은 당신에게 자신의 영광을 담으셨고 자신의 모습을 부여하셨습니다. 그리고 죄인인 우리에게 하나밖에 없는 아들을 선물로 주셨습니다. 그분 안에 이 세상에서 누릴 축복과 이 세상을 떠난 후에 누릴 축복이 모두 담겨 있습니다. 그만큼 하나님은 우리를 사랑하셔서 은혜를 베풀어 주셨습니다. 그러므로 우리는 이 세상을 당당하게 살아가야 합니다.

*** 과분한 은혜를 기억하며 주님의 영광을 드러내는 삶을 살게 하소서.

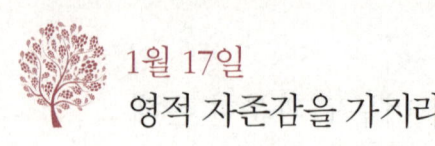

1월 17일
영적 자존감을 가지라

그를 하나님보다 조금 못하게 하시고 영화와 존귀로 관을 씌우셨나이다 (8:5)

"내가 엄지니까 최고야!" 엄지손가락이 자랑합니다. 그러자 둘째손가락이 말합니다. "뭔가를 가리킬 때는 내가 제일 많이 사용된다." 셋째 손가락이 질 새라 자랑합니다. "그렇지만 나란히 놓고 키를 재봐. 내가 우리 중에 제일 크다." 넷째 손가락이 자랑합니다. "약혼이나 결혼처럼 사랑을 서약할 때 내 손가락이 사용되는 거 알지?" 손가락은 저마다 자랑거리가 있어서 자신을 뽐냈습니다. 그러나 마지막 손가락은 내세울 것이 없었습니다. 그렇다고 질 수 있겠습니까? "야, 너희들 나 없으면 병신인 거 알지?"

성육신하신 예수님이 죄를 담당하기 위해 낮아지셨지만, 하나님은 그에게 '영화와 존귀'로 관을 씌워주셨습니다(히 2:9). 다윗은 창조의 극치인 인간 존재를 깨달았습니다. 인간은 하나님의 형상으로 창조된 존귀한 존재입니다. 하나님은 우리에게 영화와 존귀로 관을 씌워주셨습니다. 만물을 통치하는 자신의 권세를 인간에게 부여하셨습니다. 그렇기에 인간은 하나님의 뜻을 따라 만물을 다스리는 통치권을 잘 드러내야 합니다. 인간 스스로는 보잘 것 없는 존재입니다. 그러나 우리는 하나님 안에서 그 무엇과도 비교할 수 없는 존귀한 존재라는 사실을 깨달아 영적 자존감을 갖고 살아야 합니다.

▪▪▪ 하나님이 부여하신 영적 자존감을 갖고 살게 하소서.

1월 18일
하나님께 집중하라

내가 전심으로 여호와께 감사하오며 주의 모든 기이한 일들을 전하리이다 (9:1)

어느 날 뉴턴이 실험에 몰두하고 있었습니다. 배가 고팠던 뉴턴은 냄비에 달걀을 넣고 삶았습니다. 시간이 지나 달걀이 적당히 익었을 거라 생각하고 냄비 뚜껑을 열었습니다. 그런데 이게 웬일입니까? 냄비 안에는 달걀이 아니라 시계가 들어 있었습니다. 일에 너무 열중한 나머지 달걀이 아니라 그 옆에 있던 시계를 냄비 속에 집어넣었던 것입니다. 그 정도로 뉴턴은 집중력이 뛰어났습니다. 집중력은 성취를 가져옵니다.

다윗은 '전심으로' 하나님께 집중했습니다. 상황이나 주변 사람들은 하나님을 향한 그의 마음을 빼앗아 갈 수 없었습니다. 마음과 삶이 하나님께 집중된 사람은 삶의 태도가 다릅니다. 하나님께 집중한 다윗에게서는 언제나 감사가 터져 나왔습니다. 삶이 하나님께 집중되면, 하나님이 행하시는 기이한 일들을 경험하게 됩니다. 그래서 주변 사람들에게 하나님이 행하신 기이한 일들을 전파하는 일에 자연스레 힘쓰게 됩니다.
분산된 마음을 하나님께 집중하십시오. 인간의 마음이 오직 하나님께 집중될 때 다른 일들은 자연스럽게 질서를 잡습니다.

▪▪▪ 매사에 단일한 마음으로 하나님께 집중하게 하소서.

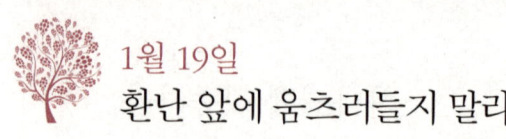

1월 19일
환난 앞에 움츠러들지 말라

여호와는 압제를 당하는 자의 요새이시요 환난 때의 요새이시로다 (9:9)

40대 초반의 여집사님이 있었습니다. 가슴에 혹이 생겨 병원에서 초음파 검사와 조직검사를 받았습니다. 검사 결과, 전신 마취 후 수술해야 한다는 결론이 나왔습니다. 다른 병원에서도 수술하지 않으면 암이 될 수 있는 위험한 혹이 네 개나 있다고 진단했습니다. 치유를 위한 기도를 한 번도 해본 적 없는 집사님은 두려웠습니다. '기도했는데 하나님이 응답해 주시지 않으면 어쩌나….' 그래도 기도하기 시작했습니다. 그러자 병의 치유와는 상관없이 마음이 차분해지고, 모든 일을 주님께 맡길 수 있는 평강이 임했습니다.

다윗은 사울의 압제로 신음하던 순간이 있었습니다. 그러나 쏟아지는 환난의 화살 앞에서 좌절하거나 포기하지 않았습니다. 오히려 환난 앞에서 어떻게 처신해야 하는지를 알았습니다. 그것은 어떤 일이 일어나도, 어떤 대적자가 괴롭혀도, 견고한 요새인 여호와를 잊지 않고 기도하는 것이었습니다. 기도할 때 우리 영혼은 비로소 하나님이 살아계시고 우리를 든든히 지키시는 분임을 경험하게 됩니다. 기도하기 전에는 염려하고 불안했지만, 마음을 쏟아놓는 기도를 통해 우리 영혼은 하나님 품에 안길 수 있습니다.

*** 압제를 당하더라도 당당히 맞서게 하소서.

1월 20일
진짜와 가짜를 구분하라

**궁핍한 자가 항상 잊어버림을 당하지 아니함이여
가난한 자들이 영원히 실망하지 아니하리로다 (9:18)**

A. W. 토저는 이 시대의 선지자라는 평가를 받습니다. 그는 참된 영성의 척도를 '우리에게 주로 나타나는 욕구'가 무엇인지로 제시합니다. 거룩해지기를 바라는 욕구, 하나님의 영광에 대한 갈망, 스스로 십자가를 지려는 마음, 하나님의 관점에서 판단하려는 욕구, 의로운 삶에 대한 욕구, 기꺼이 희생하려는 마음, 시간을 초월하는 마음이 바로 그것입니다. 성공학, 긍정의 심리학, 행복론으로 채색된 요지경의 신학과 신앙에서 벗어나지 않고는 이 시대에서 참된 제자의 길을 걸을 수 없습니다.

당신은 성공과 행복보다 영원을 향한 거룩과 하나님의 영광을 열망합니까? 사람들은 궁핍과 가난을 무척이나 싫어합니다. 그러나 참된 믿음은 그것을 통해 하나님을 바라보는 눈을 갖게 합니다. 궁핍과 가난 역시 하나님이 통제하십니다. 하나님은 부요한 악인보다 궁핍한 의인을 잊지 않으십니다. 잊혀지는 부자보다 하나님께 영원히 기억되는 가난뱅이가 되는 것이 낫습니다. 하나님께서 당신을 가난과 압제에서 일으키실 날이 올 것입니다. 진짜에게는 궁핍이나 가난이 문제 되지 않습니다. 그의 눈은 모든 것을 통치하시는 분께 고정되기 때문입니다.

▪▪▪ 잊혀지지 않는 진짜 신앙인이 되게 하소서.

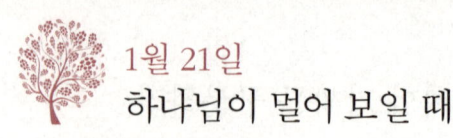

1월 21일
하나님이 멀어 보일 때

여호와여 어찌하여 멀리 서시며 어찌하여 환난 때에 숨으시나이까 (10:1)

40대 초반의 가장이 있었습니다. 몇 개월 동안 월급이 나오지 않자 다니던 직장을 그만두고 다른 회사를 지원했습니다. 그런데 한참 후 면접에서 탈락했다는 문자 메시지가 왔습니다. 떨어질 것 같기는 했지만 생각보다 실망감이 컸습니다. '내가 간절히 간구하지 않아서 그런가?' '왜 내게 이런 상황이 계속되는 거지? 내가 얼마나 못났으면…' 별별 생각이 다 들었습니다. 아내에게 이야기하자 아내는 남편이 걱정 되었는지 되레 괜찮냐고 묻습니다. 그래도 걱정해 주고 기도하는 아내가 있어서 행복하다는 생각이 듭니다. 그는 비록 면접에서 떨어지고 회사는 잘 구해지지 않았지만 하나님을 조금씩 더 알아가고 있는 것 같아 감사했습니다.

하나님이 멀게 느껴질 때가 있습니다. 하나님이 얼굴을 돌리신 것 같고 어디론가 숨어버리신 것 같은 느낌이 듭니다. 오히려 교만하고 악한 사람들이 득세하는 것 같아 속이 상합니다. 그러나 하나님은 결코 우리 곁을 떠나지 않으십니다. 우리 믿음을 견고한 반석 위에 세우기 위해 작업하고 계실 뿐입니다. 이때가 인내하는 믿음이 위력을 발휘할 때입니다.

*** 하나님이 멀게 느껴질수록 작은 것에 감사하게 하소서.

1월 22일
방자함이 문제

**그의 마음에 이르기를 나는 흔들리지 아니하며
대대로 환난을 당하지 아니하리라 하나이다 (10:6)**

오스왈드 챔버스(Oswald Chambers, 1874~1917) 목사는 『도움의 장소』(*The Place of Help*)라는 책에서 이렇게 말합니다. "모든 인생의 가장 높은 이상과 가장 깊은 열망을 채울 수 있는 길은 오직 주 예수 그리스도뿐입니다. 결코 해결할 수 없는 어려움으로 우리가 철저히 망가지고 난 후, 결국 낮아지고 상처받은 마음으로 주님 품에 돌아올 때까지 그분은 기다리십니다. 처음부터 그분께 갔더라면 그동안의 모든 싸움과 두려움, 우리의 모든 방자함과 고집이 불필요했다는 것을 알았을 것입니다."

세상에는 오만하고 방자한 사람들이 많습니다. 자신이 하나님보다 더 높은 양 하나님을 향해 삿대질합니다. 하나님보다 더 지혜로운 양 하나님이 하시는 일을 평가하려 듭니다. 그러나 진짜 지혜로운 사람은 자신의 생각을 그리스도께 굴복시킵니다. 아무리 흔들리지 않는다고 자부해도 흔들리지 않는 사람은 없습니다. 환난당하지 않을 것처럼 거드름을 피워도 환난은 도둑처럼 다가옵니다. 모든 것을 주관하시는 하나님을 인정하고 그분께 굴복하는 것이 하나님을 모시는 우리의 바른 자세입니다.

▪▪▪ 주님 앞에서 교만하여 고집 부리지 않고 순종하게 하소서.

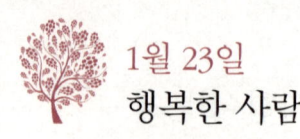

1월 23일
행복한 사람

**여호와여 주는 겸손한 자의 소원을 들으셨사오니
그들의 마음을 준비하시며 귀를 기울여 들으시고 (10:17)**

파스칼은 세상에는 세 종류의 인간이 있다고 말했습니다. 첫째는 창조주 하나님을 이미 발견하고 그 하나님을 섬기며 사는 사람입니다. 이들은 삶의 도리를 아는 사람으로 참으로 행복한 사람들입니다. 둘째는 아직 신을 발견하지 못했지만 찾으려고 애쓰는 사람입니다. 이들은 불행하지만 삶의 길을 찾아가는 사람들입니다. 셋째는 신을 발견하지 못했을 뿐 아니라 신을 찾으려고도 하지 않는 사람입니다. 이들은 참으로 어리석고 불행한 사람들입니다.

악한 자들은 하나님을 인정하지 않습니다. 악한 방법으로 자신들의 이익을 추구하는 데 혈안이 되어 있지요. 세상에선 그런 사람들이 활보하는 것처럼 보입니다. 반면 하나님은 겸손한 사람들을 돌보십니다. 때때로 그들의 소원이 차단되는 것 같지만, 하나님은 그들의 신음 소리에 귀 기울이십니다. 하나님은 겸손한 사람들의 마음을 오히려 견고하게 붙들어주십니다. 악한 자의 형통함에 동요되지 말고, 어떤 순간에도 영적인 자리를 잘 지켜야 합니다. 하나님은 정의로운 약자 편이 되어주십니다. 하나님께 붙어 있는 자가 행복합니다.

*** 하나님께 붙들린 영적인 거장으로 살아가게 하소서.

1월 24일
마음이 바른 자로 살라

**악인이 활을 당기고 화살을 시위에 먹임이여
마음이 바른 자를 어두운 데서 쏘려 하는도다 (11:2)**

다음은 A. W. 토저가 제시한 그리스도인의 삶입니다. "그리스도인은 자신이 그리스도 안에서 죽었다고 믿지만, 전보다 더 충만한 삶을 누리며 또 영원히 살 것이라고 믿는다. 그는 이 땅에서 활동하지만 동시에 하늘에 앉아 있다. 비록 이 땅에서 태어났지만, 거듭난 후에는 더 이상 이 땅이 고향이 아님을 믿는다. 공중에서는 아름답고 우아하지만 땅에 내려오면 서툴고 보기 흉한 쏙독새처럼, 그리스도인은 천상의 자리에서는 가장 아름다운 모습이지만 몸담고 있는 사회의 살아가는 방법들과는 잘 어울리지 못한다. 그들은 하늘의 아들로서 이 땅의 사람들 사이에서 승리를 거두려면 세상의 방법을 따르지 말고 오히려 그와 반대로 살아야 함을 배운다."

세상에서 주류로 남으려면 세상 사람이 되어야 합니다. 세상 사람들이 인정하는 삶에 익숙해지면 하나님과 자연스레 멀어지게 됩니다. 반면 하나님 마음에 합한 사람은 세상과 멀어집니다. 하나님이 기뻐하시는 사람은 세상의 표적이 됩니다. 세상은 그들을 향해 어두운 곳에서 활을 잡고 숨어 있지요. 그럼에도 하나님을 기쁘시게 하려면 악인이 당기는 활시위를 두려워하지 않아야 합니다. 믿음으로 살아가는데 세상과 충돌한다면, 그것은 우리가 그분 앞에서 마음이 바른 자로 살아간다는 증거입니다.

··· 위협 속에서도 바른 마음을 유지하게 하소서.

1월 25일
그리스도인의 현실에 대한 자세

**여호와께서는 그의 성전에 계시고 여호와의 보좌는 하늘에 있음이여
그의 눈이 인생을 통촉하시고 그의 안목이 그들을 감찰하시도다 (11:4)**

아직까지도 탤런트 최진실 씨의 죽음이 우리 마음을 아프게 합니다. 그녀는 야구 스타와 결혼했다가 이혼하는 아픔을 겪었습니다. 그 후 두 아이를 양육하면서 잘 지내는 것 같았습니다. 그러나 사채업과 관련된 악성 루머에 휘말리면서 결국 자살이라는 극약을 선택했습니다. 그녀가 생애 마지막 전화 통화로 남긴 말입니다. "다 필요 없어. 죽을 거야. 죽으면 다 끝나는 거야. 모든 사람이 날 버렸어." 그녀는 그렇게 수화기를 잡고 한참 동안 서럽게 운 뒤 자살로 길지 않은 생을 마감했습니다.

시련이 다가오면 누구나 당황합니다. 자신을 해하려고 온갖 방법을 동원하는 대적자들 앞에서 태연하게 대처하는 것은 결코 쉬운 일이 아닙니다. 그래서 현실에서 벗어나고자 술이나 약물을 택하는 사람들도 있습니다. 대부분의 사람들이 다른 사람의 도움을 얻기 위해 동분서주 뛰어다니지요. 그러나 믿음의 사람이라면 고통스러운 현실 앞에서 하나님께 주목할 수 있어야 합니다. 현실이 암담할수록 하나님을 묵상하는 데 시간을 투자해야 합니다.

■■■ 현실이 어두울수록 하나님을 묵상하며 주목하게 하소서.

1월 26일
고독한 의인이 되라

**여호와여 도우소서 경건한 자가 끊어지며
충실한 자들이 인생 중에 없어지나이다 (12:1)**

강영우 박사는 자신의 책 『우리가 오르지 못할 산은 없다』에서 역설적인 지도자 십계명을 제시했습니다. 그중 몇 가지를 보면 이렇습니다. "세상 사람들은 비합리적이고 비논리적으로 생각한다. 그러나 그들을 사랑하라." "오늘 좋은 일을 해도 내일 허사가 될 수 있다. 그래도 오늘 좋은 일을 해라." "세상 사람들은 약자를 옹호하면서도 언제나 강자만을 따른다. 그러나 소수의 약자들을 위해 투쟁하라." "도움이 필요한 사람을 도와주고도 공격을 받을 수 있다. 그러나 도움이 필요한 사람에게는 도움을 주어라." "당신은 가장 좋은 것을 세상에 주고도 발로 차일 수 있다. 그래도 당신이 가진 최선의 것을 세상에 주어라."

사실 말이 쉽지 행하기는 무척이나 어려운 것들입니다. 지금 이 시대는 경건한 자가 끊어지고 충실한 자들이 사라져가고 있습니다. 사람들은 힘든 의로운 길을 선택하기보다 쉽고 빨리 가는 길을 선택합니다. 정직하고 바른 길을 가기보다 죄와 타협하면서 적당주의와 한탕주의에 빠져들고 있습니다. 그래서 다윗은 "여호와여 도우소서" 하고 기도했습니다. 경건한 자들이 점점 적어지는 이 시대에 우리는 하나님께 끊임없이 도움을 구하면서 주님의 길로 가야 합니다. 세상에서 가장 희소한 자원인 '거룩한 자'로 남아야 합니다.

▪▪▪ 세상의 흐름에 휩쓸리지 않는 고독한 의인이 되게 하소서.

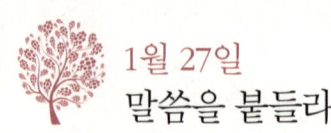

1월 27일
말씀을 붙들라

여호와의 말씀은 순결함이여 흙 도가니에 일곱 번 단련한 은 같도다 (12:6)

영국의 문학가 새뮤얼 존슨(Samuel Johnson, 1709~1784)은 이렇게 말했습니다. "잠언 말씀대로 살아라! 하나님 말씀을 지켜라! 늘 말씀을 듣고 말씀을 사랑하라! 책을 읽으면 좋은 문장은 외워라!" "영국이 잘 사는 이유가 무엇이라고 생각하시는지요?"라는 질문에 영국의 빅토리아 여왕은 이렇게 대답했습니다. "하나님 말씀을 읽고 그 말씀대로 사는 데 있습니다." 미국의 링컨 대통령도 국민들에게 "미국의 과거와 미래를 통틀어 성경을 가이드북으로 삼아야 합니다."라고 말했습니다. 어떤 경우에도 하나님의 말씀을 붙드는 것이 곧 힘입니다.

상황이 어려울수록 마음이 흔들립니다. 때로는 하나님 말씀도 잘 들리지 않습니다. 그러나 다윗은 최악의 상황에서도 하나님 말씀을 붙드는 것이 안전하다고 말합니다. 하나님 말씀은 도가니에 일곱 번 단련한 순수한 은같이 깨끗합니다. 불순물이 조금도 섞이지 않은 하나님 말씀은 순전한 인간을 만들어냅니다. 우리의 마음을 혼돈케 하는 상황에 주목하지 말고 하나님 말씀에 집중하십시오. 말씀이 결핍되면 비열한 인생으로 전락합니다. 악인이 판치는 세상에서 살아가는 비결은 하나님 말씀을 붙잡는 것입니다.

▪▪▪ 순결한 영혼에 순결한 하나님의 말씀을 담게 하소서.

1월 28일
하나님의 은혜를 구하라

**여호와여 어느 때까지니이까 나를 영원히 잊으시나이까
주의 얼굴을 나에게서 어느 때까지 숨기시겠나이까 (13:1)**

누군가 말합니다. "자, 저기 겨울나무를 보세요. 이파리가 하나도 없으니 앙상해 보이지 않습니까? 그러나 내년 봄에 다시 와 보세요. 눈부신 이파리들을 엄청나게 달려 있을 것입니다. 이게 자연과 인생의 같은 이치입니다. 사람들은 모두 겨울나무처럼 앙상해 보이지 않고는 이듬해 봄 눈부신 이파리들이 달린 나무가 될 수 없다는 것을 알아야 합니다. 나무를 오래 가꾸면서 깨달은 이치입니다." 겨울의 앙상한 나뭇가지로 인해 실망하지 않고 인내하면 봄의 생명력이 반드시 다가올 것입니다.

다윗은 대적자들이 득세하고 자신은 극심한 질병에 걸린 고통스러운 현실을 봅니다. 하나님께서 자신을 잊으셨다고 생각했습니다. 하나님의 얼굴빛은 의인에게 베푸시는 축복을 상징하는데, 하나님께서 자신을 버리셨다는 느낌이 들었습니다. 이때 다윗은 "어느 때까지 하시렵니까?" 하며 하나님의 은혜를 충전해 달라고 간구했습니다.
어려움이 다가올 때 포기하지 않고 끝까지 참고 견디며 다윗처럼 하나님의 은혜를 구해야 합니다. 인내심이 바닥나려 할 때가 고비입니다. 그때 조금 더 참고 기다려야 합니다. 하나님은 우리가 견딜 수 있는 한계를 잘 알고 계시니까요.

▪▪▪ 최악의 상황일지라도 하나님의 은혜를 구하게 하소서.

1월 29일
하나님의 사랑이 희망이다

**나는 오직 주의 사랑을 의지하였사오니
나의 마음은 주의 구원을 기뻐하리이다 (13:5)**

많은 사람들에게 희망과 감동을 주는 세계적인 가스펠 가수가 있습니다. 바로 레나 마리아(Lena Maria, 1968~)입니다. 그녀는 태어나면서부터 두 팔이 없고, 한쪽 다리가 짧은 중증장애인이었습니다. 그러나 하나밖에 없는 발로 수영을 하고 십자수를 놓으며, 요리와 피아노 연주, 운전, 성가대 지휘에 이르기까지 못하는 게 없었습니다. 그녀가 태어날 때 의사는 보호소에 맡길 것을 권했습니다. 그러나 그녀의 아버지는 거절했습니다. "비록 두 팔이 없어도 이 아이에게 필요한 것은 가족입니다." 그녀의 부모는 독실한 크리스천이었습니다. 그들은 레나 마리아를 하나님이 주신 아이로 확신하고, 보통 아이들과 동일하게 대하며 신앙으로 양육했습니다. 부모님은 "이 아이가 무엇을 할 수 있을까?" 생각하지 않고, 있는 모습 그대로 사랑해 주었습니다.

인생을 살다 보면 주체할 수 없는 어려운 상황을 만날 때가 있습니다. 만나고 싶지 않은 불청객들이 나도 모르는 사이에 수시로 방문합니다. 순간 염려와 두려움이 엄습합니다. 그러나 걱정할 것 없습니다. 무한한 하나님의 사랑이 당신이 기도하는 것뿐 아니라 넘치도록 당신에게 임할 것이기 때문입니다.

▪▪▪ 아무리 어려워도 하나님의 사랑으로 희망을 얻게 하소서.

1월 30일
보이지 않아도 믿는 믿음

**어리석은 자는 그의 마음에 이르기를 하나님이 없다 하는도다
그들은 부패하고 그 행실이 가증하니 선을 행하는 자가 없도다 (14:1)**

C. S. 루이스(Clive Staples Lewis, 1898~1963)는 우리가 볼 수 없는 천국에 대해 이렇게 말했습니다. "천국이 지루할 수도 있다고 생각하는 것은 이제 불가능하다. 천국은 하나님의 창조성을 통해 어떤 사건이라도 일어날 수 있는 곳이며, 생각하는 모든 것이 존재하는 곳이다. 그런 의미에서 현재 우리 세상이 죄의 저주로 신음하고 괴로워하며 구원을 기다리고 있다는 사실을 제외한다면, 천국은 세상과 동일한 곳이다. 여러분은 세상을 좋아하는가? 그렇다면 아마 여러분은 천국을 사랑하게 될 것이다!" 지옥이 보이지 않기 때문에 없다고 말하고 싶습니까? 맥스 루케이도는 '지옥은 하나님보다 자기를 더 사랑하는 자들, 구세주보다 죄를 더 사랑하는 자들, 하나님의 세계보다 이 세상을 더 사랑하는 자들을 위해 선택된 장소'라고 말합니다.

세상에는 내가 볼 수 없고 모를지라도 인정하면서 사는 것들이 많습니다. 그런데 어리석은 사람들은 하나님이 없다고 단언합니다. 보이지 않는 공기는 있다고 믿으면서 말입니다. 하나님이 없다고 생각하기에 가증한 행실을 하면서도 죄인 줄 모릅니다. 그러나 분명한 것은 하나님은 그러한 자들을 위해 지옥을 준비해 두셨다는 것입니다.

■■■ 보지 못하고 알지 못할수록 겸손히 믿게 하소서.

1월 31일
부패를 넘어 은총으로 나아가라

**여호와께서 하늘에서 인생을 굽어살피사 지각이 있어
하나님을 찾는 자가 있는가 보려 하신즉 다 치우쳐 함께 더러운 자가 되고
선을 행하는 자가 없으니 하나도 없도다 (14:2-3)**

칼빈은 이렇게 말했습니다. "인간은 타락하여 스스로 복음을 믿어 구원을 얻지 못한다. 죄인은 하나님의 일에 대하여 죽은 상태이고 장님이며 귀머거리다. 그 마음에는 속이는 것이 가득 차 있으며 절망적으로 부패했다. 인간의 의지는 자유하지 않으며, 악과 본성의 종이다. 그러므로 인간은 영적인 영역에서 악을 거스르고 선을 선택하지 않는다. 사실은 그렇게 할 수 없는 것이다." 웨스트민스터 신앙고백서도 동의합니다. "이 원부패로 말미암아 우리는 선을 행하고자 하는 마음을 전혀 가질 수 없다. 그래서 행할 능력도 없고, 선한 것이 그 속에 없으며, 전적으로 악을 행하는 성향만 있다. 여기서 모든 실제적인 범죄들이 나오게 되었다."

인간이 얼마나 부패하고 타락했는지 사회 현상을 보면 알 수 있습니다. 선을 행하는 자가 하나도 없다는 시편 저자의 고백은 거짓이 아닙니다. 전적 타락과 부패 교리야말로 인간을 하나님의 은총의 세계로 나아가게 만듭니다. "그는 허물과 죄로 죽었던 너희를 살리셨도다"(엡 2:1). 자신을 속이지 않고 믿음으로 나아갈 때, 성령은 죄인을 살게 하고 새로운 본성을 심어줍니다. 우리가 자기 힘으로는 타락에서 벗어날 수 없음을 자각할 때 비로소 하나님을 절대의지하게 됩니다.

* * * 하나님을 찾는 지각을 열어주소서.

FEBRUARY | Daily Bible of the Psalms

말씀으로 시작하는 아침 2월

"여호와는 나의 목자시니 내게 부족함이 없으리로다"
- 시 23:1

2월 1일
종일토록 주의 장막에 거하라

**여호와여 주의 장막에 머무를 자 누구오며
주의 성산에 사는 자 누구오니이까 (15:1)**

"나는 당신이 아침 경건의 시간을 통해, 하나님의 현존이 얼마나 중요한지를 인식할 것으로 확신한다. 당신은 그 시간에 구속의 기초를 굳건히 세운다. 하나님이 당신에게 말씀하신 것을 믿으라. 하나님이 그리스도 안에서 당신에게 맡기신 것을 받아들이라. 하나님이 원하시는 대로 되라. 그리스도 안에서 당신의 심적인 상태를 하나님께 고백하라. 하나님이 당신을 두신 그곳에서 일어나라." 19세기 남아프리카의 성자라고 불리는 앤드류 머레이가 남긴 말입니다.

다윗은, 인생이 누릴 수 있는 최고의 복은 주의 장막에 거하는 것이라고 고백했습니다. 이것은 하나님과 풍성한 교제의 삶을 누리고 싶은 갈망의 표현입니다. 시온산, 성전, 장막은 모두 하나님의 임재 안에 사는 삶을 상징합니다. 그리스도인은 매일 매순간을 하나님의 임재 속에서 살아가야 합니다. 하나님의 마음을 사로잡는 사람에게 복이 있습니다. 마음이 세상과 가까워지면 하나님과는 멀어지게 됩니다. 우리 모두 세상과 구별된 삶을 살아 하나님 마음에 쏙 드는 사람이 되어야겠습니다.

매 순간 하나님께 기쁨을 드리는 삶을 살게 하소서.

2월 2일

타인을 비방하지 말라

**그의 혀로 남을 허물하지 아니하고 그의 이웃에게 악을 행하지 아니하며
그의 이웃을 비방하지 아니하며 (15:3)**

영국의 신학자이자 설교가 조지 휫필드(George Whitefield, 1714~1770)는 옥스퍼드대학교 2학년 때 존 웨슬리와 찰스 웨슬리 형제가 주도하던 '홀리 클럽'을 알게 되었습니다. 경건한 삶을 추구하는 그 모임에 대해 조지 휫필드는 이렇게 고백했습니다. "이들은 누구보다도 더 열심히 좁은 문으로 들어가려고 애쓰는 사람들이었다. 그들은 예수 그리스도를 온전히 따르기 위해 극단적일 만큼 소욕을 절제했고, 사물을 향해서는 사도 바울처럼 배설물같이 여겼다. 그들은 그리스도 한 분을 얻기 위해 세상에 대해서는 죽은 사람들이 되었다. 그들의 가슴에는 하나님의 사랑이 가득 차 있었고, 다른 사람들에게 비난받을 때조차도 비난하는 이들에게 전혀 동요하지 않았다."

다윗은 하나님의 성전에 거하는 사람은 뭔가 다르다고 말합니다. 혀를 함부로 사용하지 않고, 이웃에게 악한 일을 행하지 않는다고 합니다. 이웃의 실수와 허물을 봐도 비방하지 않고, 오히려 다른 사람을 지적하는 손가락을 자신에게로 돌려 자기 성찰을 통한 반성을 도모한다는 것입니다. 그리고 그들의 허물을 감싸고 덮어줍니다. 하나님 보시기에 이보다 더 아름다운 모습은 없을 것입니다.

▪▪▪ 사람들을 지적하기보다는 자신을 돌아보는 계기가 되게 하소서.

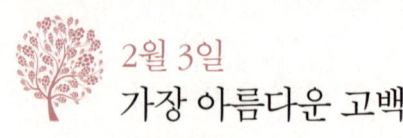

2월 3일
가장 아름다운 고백

**내가 여호와께 아뢰되
주는 나의 주님이시오니 주밖에는 나의 복이 없다 하였나이다 (16:2)**

어느 날 연인이 전화로 다퉜습니다. 남자가 "지금 당장 올라갈 테니 서울역으로 나와!" 하고 말했습니다. 그러나 여자는 깜빡 잠이 들어버렸습니다. 다음날 아침, 음성메시지가 들어왔습니다. "지금 서울역인데, 네가 나올 때까지 기다릴 거야." 화난 남자의 음성메시지는 이미 세 시간 전에 와 있었습니다. 기다리다 그냥 부산으로 돌아갔을 거라 생각한 여자가 혹시나 하는 마음으로 서울역에 나가보았습니다. 그런데 시계탑 옆에 익숙한 얼굴이 있었습니다. 놀란 여자는 미안한 마음으로 "어떻게 아직까지…."라며 말을 잇지 못했습니다. 그러자 남자가 세상에서 가장 아름다운 말을 했습니다. "바보야, 기껏 열 시간이야. 기차 안에서 다섯 시간, 내려서 다섯 시간. 내가 널 만나기 위해 20년을 넘게 기다렸는데, 기껏 열 시간을 못 기다릴 것 같아?"

본문은 '다윗의 믹담'입니다. 믹담은 '황금시'라는 뜻입니다. 다윗의 가장 아름다운 고백의 시라는 것이지요. "주는 나의 주님이시오니 주밖에는 나의 복이 없다 하였나이다." 이것은 다윗의 신앙고백입니다. 우리도 "주밖에는 나의 복이 없다"고 전심으로 고백할 수 있어야 합니다. 지금 당신의 가장 솔직하고 위대한 고백은 무엇입니까?

*** 삶과 인생을 통해 하나님이 기꺼이 받으시는 고백을 올려드리게 하소서.

2월 4일

당신은 나의 보배입니다

땅에 있는 성도들은 존귀한 자들이니 나의 모든 즐거움이 그들에게 있도다 (16:3)

영화 〈말아톤〉의 주인공 배형진 군의 어머니가 쓴 편지의 일부분입니다. "너를 인정하고 싶지 않았고, 서로 이해하지 못하고 받아들이기 힘들었던 시절, 너무 고통스럽고 힘겨워 포기하고 싶은 적이 수없이 많았지. 어떤 분이 언제 힘들었냐고 엄마에게 물었을 때, 살면서 행복하다고 느낀 적이 없다고 말할 정도였어. 형진아, 미안하고 죄스러운 일이지만 엄마는 너 때문에 불행하다고 느낀 적이 많았단다. 그런데 지금은 아니야. 너로 인해 엄마는 깨달음을 얻었어. 형진이가 욕심을 버리고 마음을 비우게 해준 위대한 스승이라고 생각하고 있어. 그리고 지능만으로는 훌륭한 인간이 될 수 없다는 것을 알게 해준 너에게 감사해."

하나님은 성도를 세상에서 가장 존귀한 자로 여기십니다. 하나님은 돈 많고, 잘 생겼고, 권력을 가진 자로 인해 즐거워하지 않으십니다. 하나님의 모든 관심은 성도에게 쏠려 있습니다. 우리도 이 세상에서 같은 믿음을 가지고 거룩한 나그네로 살아가는 성도들을 가장 귀한 보배로 여기며 살아야 합니다. 같은 믿음을 가지고 함께 믿음의 경주를 하는 성도들을 다시 한번 바라보십시오. "당신은 나의 보배, 나의 즐거움입니다." 참 아름다운 고백이지요?

❤❤❤ 무한한 보고인 지체들을 소중히 여기는 마음을 주소서.

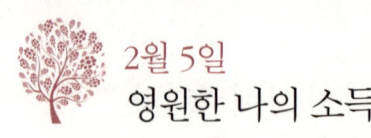

2월 5일
영원한 나의 소득

여호와는 나의 산업과 나의 잔의 소득이시니 나의 분깃을 지키시나이다 (16:5)

조지 휫필드가 감리교 수장자리를 포기하면서 한 말이 있습니다. "휫필드라는 이름은 사라지게 하고 그리스도께서 영광을 받으시게 하라. 내 이름은 모든 곳에서 죽어 없어지게 하고 내 친구들도 나를 잊게 하라. 그렇게 함으로써 복되신 예수의 대의가 진작될 수 있다면…. 나는 내 명성을 깨끗하게 지워버릴 심판 날이 올 때까지 만족하며 기다린다. 그리고 내가 죽은 뒤 묘비에는 '여기 조지 휫필드 눕다. 그가 어떤 사람이었는지는 위대한 심판 날이 밝혀줄 것이다.' 라는 말 외에는 쓰지 말라."

소득이 많다는 것은 행복한 일입니다. 월급이 오르고 보너스가 나올 때 얼마나 신납니까? 그런데 다윗은 성도의 분깃과 소득이 바로 하나님이라고 고백합니다. 아버지께 십만 원짜리 선물을 받는 것이 좋습니까, 선물을 주시는 아버지를 통째로 차지하는 것이 좋습니까? 우리가 소유하는 재물은 쉬 사라지고 빼앗길 수 있습니다. 그러나 하나님은 빼앗기지 않습니다. 모든 능력의 근원이신 하나님은 우리의 영원한 소득입니다. 하나님을 소유한 자는 세상 것을 소유하기 위해 애쓰기보다 하나님을 더 알고 소유하기를 갈망합니다.

▪▪▪ 주님만으로 만족하는 신앙인이 되게 하소서.

2월 6일
만족의 비결

**내게 줄로 재어 준 구역은 아름다운 곳에 있음이여
나의 기업이 실로 아름답도다 (16:6)**

아무리 많이 가져도 만족할 줄 모르는 것들이 있습니다. 무덤이나 지옥은 죽은 자를 삼키고 또 삼켜도 도무지 만족할 줄 모릅니다. '땅'도 아무리 많은 물을 부어도 모두 삼켜버립니다. '불'도 아무리 많은 것을 태워도 계속해서 더 많은 땔감을 요구합니다. 사람의 욕심은 끝이 없습니다. 만족을 모르는 사람들의 일곱 가지 심리증상이 있습니다. 첫째, 목표 앞에서 주저앉는 자포자기 우울증. 둘째, 상대의 결점을 참지 못하는 완벽주의. 셋째, 희생양 콤플렉스. 넷째, 남을 믿지 못하는 강박적 자기의존증. 다섯째, 기쁠 때 찾아오는 기분저하증. 여섯째, 일상을 지배하는 지루함과 불안증. 일곱째, 비교 콤플렉스입니다.

사람은 욕망의 늪으로 더 깊게 빠져들어 가면서도 이를 느끼지 못합니다. 그러나 하나님을 기업으로 삼는 그리스도인들은 다릅니다. "내게 줄로 재어준 구역은 아름다운 곳에 있습니다." 하나님은 이미 우리에게 많은 것을 주셨습니다. 빈손으로 왔지 않습니까? 그런데 우리가 가진 것이 무엇입니까? 우리가 지금 누리고 있는 것만으로도 만족스럽지 않습니까? 성도에게는 하나님께서 줄로 재어주신 아름다운 구역으로 만족하는 태도가 필요합니다.

*** 내가 누리는 것을 감사하며 살아가게 하소서.

2월 7일
모함당할 때

**여호와여 의의 호소를 들으소서 나의 울부짖음에 주의하소서
거짓되지 아니한 입술에서 나오는 나의 기도에 귀를 기울이소서 (17:1)**

서얼 출신으로 이시애의 난에서 공을 세워 등용된 유자광은 모사에 능하고 계략에 뛰어난 인물입니다. 그는 자신과 함께 공을 세운 남이가 세조의 사랑을 더 많이 받자 이를 시기했습니다. 그리고 남이가 병조판서 직에서 밀려나자 이를 계기로 완전히 제거해버릴 계획을 세웠습니다. 남이 장군의 시(詩) 중 '평(平)'자를 '득(得)'자로 고쳐서 말입니다. "남아 이십에 나라를 평안히 못하면(男兒二十未平國)"을 "남아 이십에 나라를 얻지 못하면(男兒二十未得國)"으로 바꾸었습니다. 결국 유자광은 남이 장군을 역적으로 몰아 죽였습니다.

세상은 비방과 모함으로 혼란스럽습니다. 은밀한 곳에 엎드려 있다가 정직하고 의로운 사람들을 넘어뜨리려고 애쓰는 사람들이 많습니다. 어떤 사람은 너무 억울한 나머지 세상을 한탄하며 폐인처럼 살아갑니다. 그렇지 않으면 복수의 칼을 갈다가 인생을 망칩니다. 그러나 하나님을 바라고 신뢰하는 사람은 하나님께 호소하는 길을 택합니다. 마음속에 일어나는 울분을 달래고, 스스로 처단하려는 마음을 내려놓아야 합니다. 그렇지 않으면 스스로 넘어집니다. 아무리 억울하고 분해도 하나님이 하시도록 기도해야 합니다.

▪▪▪ 저희의 억울함을 들으시고 기도로 풀게 하소서.

2월 8일

주님 보시기엔 어떨까

주께서 내 마음을 시험하시고 밤에 내게 오시어서 나를 감찰하셨으나 흠을 찾지 못하셨사오니 내가 결심하고 입으로 범죄하지 아니하리이다 (17:3)

미켈란젤로가 씨스틴 채플의 천장 벽화〈최후의 심판〉을 거의 완성할 무렵이었습니다. 작품이 다 끝난 것 같습니다. 그러나 그는 여전히 천장에서 마지막 작업을 하고 있었습니다. 그를 돕던 조수 중 한 사람이 물었습니다. "선생님, 이젠 끝나지 않았습니까?" "자네 눈에는 끝난 것으로 보이는가? 내 눈에는 아직 끝나지 않았네." 미켈란젤로는 그 후로도 몇 달을 계속 작품에 매달렸습니다. 마침내 작업은 완전히 끝난 것 같습니다. 그런데 그는 작업 도구도 치우지 않고 계속 천장을 응시하면서 그곳을 맴돌았습니다. 한 사람이 물었습니다. "선생님, 이제는 정말 다 끝나지 않았습니까?" 그러자 미켈란젤로가 말했습니다. "내 눈에는 끝났는데, 주님 보시기에는 어떨지 모르지…."

다윗은 아무 잘못도 없이 억울하게 모함을 받았습니다. 그는 이것이 하나님의 연단인 줄을 알았습니다. 그리고 하나님 앞에서 부끄러움이 없음을 고백했습니다. 완전한 존재는 아닐지라도 사울에게 모함받아 억울한 일을 당할 정도는 아님을 알고 있었습니다. 그는 하나님 보시기에 부끄럽지 않은 삶을 살기 원했습니다. 그러기에 입술을 단속하겠다고 결심합니다. 애매한 고난을 당할 때 하나님을 원망함으로 죄를 짓지 않겠다고 하였습니다. 우리가 깨어 있다면 하나님의 시험의 때를 분별하고, 오히려 주님께 호소할 기회로 여길 것입니다.

▪▪▪ 주님 보시기에 부끄러움이 없는 삶을 살게 하소서.

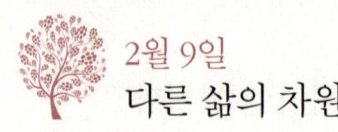

2월 9일
다른 삶의 차원

**나는 의로운 중에 주의 얼굴을 뵈오리니
깰 때에 주의 형상으로 만족하리이다 (17:15)**

하워드 켈리(Howard A. Kelly)는 세계적으로 유명한 외과의사이자 산부인과 의사입니다. 의과대학을 졸업하는 날 밤, 그는 일기장에 이렇게 썼습니다. "주님, 나 자신과 내 시간과 능력 그리고 열정, 이 모든 것을 당신께 드립니다. 이 모든 것이 당신의 도구로 사용되기를 원하오니 나를 정결케 하시고, 제가 주님께 가까이 가는 것을 방해하는 것이라면 세상의 어떠한 성공이라도 제게 허락지 마시며, 또한 제가 그러한 유혹을 물리치도록 지혜를 주옵소서." 그는 그 일기대로 일평생 하나님 앞에서 살고자 노력했고, 하나님을 멀리하는 성공에는 아예 마음을 두지 않았습니다. 그랬기에 그는 많은 사람들에게 칭찬과 존경을 받는 의사의 길을 걸을 수 있었습니다. 그는 하나님이 기뻐하는 일생을 살았습니다.

다윗은 세상 사람들이 추구하는 성공에 연연하지 않았습니다. 그는 결코 악인의 형통함을 부러워하지 않았습니다. 그의 관심은 하나님의 얼굴을 뵙는 것이었습니다. 고통의 긴 터널, 억울한 누명을 벗어났을 때, 그는 하나님의 얼굴을 뵙는 것으로 만족했습니다. 다윗은 하나님과 멀어지는 성공보다는 하나님의 얼굴을 뵙는 것 자체로 행복을 누리기 원했습니다.

••• 세상 사람들이 추구하는 삶과 다른 차원의 삶을 살게 하소서.

2월 10일

힘의 근원

나의 힘이신 여호와여 내가 주를 사랑하나이다 (18:1)

루터(Martin Luther, 1483~1546)는 교황청의 무서운 위협 속에서도 종교개혁의 깃발을 높이 들었습니다. 그렇지만 그토록 용감하던 루터도 계속되는 교황청의 위협과 이어지는 시련을 이겨낼 힘이 없었습니다. 어느 땐가는 낙심하여 모든 것을 포기하고 싶은 상태에 이르렀습니다.
하루는 그의 아내 카타리나가 갑자기 성경책을 태워버리려 했습니다. 깜짝 놀란 루터가 달려들어 아내를 말렸습니다. 그러자 카타리나는 이렇게 말했습니다. "당신이 낙심하는 것을 보니 하나님이 안 계신 것 같아서요." 이 한 마디의 말이 실망하던 루터를 다시 일어서게 했습니다. 용기를 낸 루터는 종교개혁의 과업을 향해 다시 나아갔습니다.

관념과 사색을 통해 발견한 하나님을 믿는 이들도 있습니다. 그들은 자신을 신앙인이라 고백하지만 사실은 머릿속에 맴도는 하나님상을 투영한 것일 때가 많습니다. 그러나 다윗의 하나님은 실제적인 분입니다. 그는 하나님과 깊은 연애에 빠졌고, 그분을 열렬히 사랑하고 있습니다. 그는 하나님을 자랑하고 그분을 통해 힘을 얻었습니다. 힘들고 지치고 두려움이 엄습할 때, 다윗은 자신의 힘이 되고 실제적으로 도우시는 하나님을 경험했습니다. 하나님은 죽은 자의 하나님이 아니라 산 자의 하나님입니다.

■■■ 하나님께 공급받는 힘으로 오늘을 승리하게 하소서.

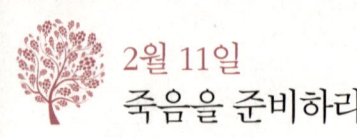

2월 11일
죽음을 준비하라

스올의 줄이 나를 두르고 사망의 올무가 내게 이르렀도다 (18:5)

한 장례식장에서 있었던 일입니다. 이곳저곳에서 마지막 화관예식이 거행되고 있었습니다. 그런데 그중에서도 눈에 띄는 광경이 있었습니다. 젊은 여자가 대성통곡을 하고, 그 뒤로 중학생들로 보이는 아이들 30명이 뒤를 따릅니다. 상황을 볼 때, '아, 학생이 죽었구나!' 짐작할 수 있습니다. 그런데 알고 보니 더 기막히는 일이었습니다. 어느 교회에서 수련회를 갔는데, 빗길에 운전자가 부주의하여 대형버스가 전복했던 것입니다. 여덟 명이 부상을 입고, 한 학생이 죽었습니다. 십대 학생이 그렇게 빨리 하늘나라로 갈 줄 누가 알았겠습니까?

죽음은 불청객입니다. 그래서 죽음을 두려워하고 회피합니다. 그러나 죽음은 의외로 가까이 있습니다. 다윗은 일평생 죽음의 그늘 아래 살았습니다. 한 순간도 편히 잠들 수 없을 정도로 정적들이 많았습니다. 전쟁터는 목숨을 저당잡힌 장소였습니다. 그러나 다윗은 그런 상황에서도 죽음을 두려워하기보다는 하나님을 찾는 기회로 삼았습니다.
주위에 죽음이 가까이 다가왔을 때 인생을 가결산해 보는 지혜가 필요합니다. 그리고 죽음 너머를 볼 줄 아는 거시적인 안목이 필요합니다.

▪▪▪다가오는 죽음을 준비하게 하소서.

2월 12일
고비를 뛰어넘으라

**나를 강한 원수와 미워하는 자에게서 건지셨음이여
그들은 나보다 힘이 세기 때문이로다 (18:17)**

어느 날 사울 왕에게 악한 영이 임했습니다. 뭐라고 중얼거리면서 온 방안을 이리저리 휘젓고 다닙니다. 그가 지르는 고함 소리가 천지를 진동하는 것 같습니다. 신하들은 어쩔 줄 몰라 합니다. 그때 방안 한쪽 구석에서 다윗이 수금을 연주합니다. 음악으로 사울의 악신을 달랠 수 있다고 생각했기 때문입니다. 그런데 이게 어찌 된 일입니까? 사울이 음악을 연주하고 있는 다윗을 향해 두 번이나 창을 던진 것입니다. 그러나 하나님은 그 위기를 피할 수 있도록 다윗을 건지셨습니다(삼상 18:10-11).

다윗을 대적하는 사람은 다윗보다 힘이 세고 강합니다. 골리앗도 그렇고, 사울도 그랬고, 많은 적국들이 그랬습니다. 그러나 다윗은 절대로 기선을 제압당하지 않았습니다. 왜냐하면 그는 든든한 하나님을 의지하고 있었기 때문입니다.

강한 원수와 미워하는 자는 언제나 틈만 나면 우리를 넘어뜨리려 기회를 엿봅니다. 그러나 먼저 기죽지 말아야 합니다. 강한 원수로부터 건지시는 능력자 하나님을 바라보아야 합니다. 하나님은 그럴 때 고비를 뛰어 넘을 지혜와 권능을 주십니다.

▪▪▪ 고비를 뛰어넘기 위해 필요한 은혜를 베푸소서.

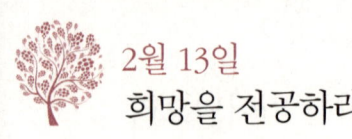

2월 13일
희망을 전공하라

**주께서 나의 등불을 켜심이여
여호와 내 하나님이 내 흑암을 밝히시리이다 (18:28)**

"세상은 제게 끝이라고 말했습니다. 하지만 인생의 끝이라는 지점에서 저는 새 삶을 시작했습니다. 더 이상 내려갈 곳이 없는 바닥에서 희망을 찾았고, 그 희망이 힘이 되어 저를 일으켰습니다. 지금 저마다의 바닥을 경험하고 계신 분들께 큰 소리로 말씀드리고 싶습니다. 이제 당신께는 올라갈 일만, 시작할 일만, 좋아질 일만 남았습니다. 바닥에서 찾아낸 그 소중한 희망은 분명 당신을 살게 할 것입니다. 희망 속에서 꿈꾸는 당신의 인생은 이제 빛날 것입니다." 음주운전자가 낸 7중 추돌사고로 전신 55퍼센트에 3도 중화상을 입었으나, 절망하지 않고 희망을 개척한 이지선 씨가 한 말입니다.

다윗은 희망의 불이 꺼진 절망을 많이 겪었습니다. 그러나 흑암이 이르렀다고 포기하지 말아야 합니다. 하나님은 꺼진 등불도 다시 켜서 희망을 불러일으키는 분이기 때문입니다. 인생의 한 모퉁이에서 희미해져가는 등불을 들고 있습니까? 흑암이 깔린 절망 속에 빠져 있습니까? 그러나 아직 포기하지 마십시오. 하나님의 사전에는 희망이라는 단어가 가장 앞부분에 나오니까요. 하나님은 희망 전문가이십니다. 하나님은 자신이 사랑하는 자 역시 절망보다 희망을 전공하기 원하십니다.

주님, 흑암 중에서도 제게 희망의 불을 붙이소서.

2월 14일
받은 만큼 보답하라

**하늘이 하나님의 영광을 선포하고
궁창이 그의 손으로 하신 일을 나타내는도다 (19:1)**

"어머니, 저는 지금까지 자기 의지가 강하면 얼마든지 불행한 운명을 극복할 수 있다고 생각했습니다. 그러나 지금은 생각이 완전히 달라졌어요. 아버지와 어머니를 비롯해 설리번 선생님처럼 훌륭한 분들의 사랑 담긴 교육이 없었던들 오늘의 저는 태어날 수 없었을 거예요. 그래서 저는 제게 주어진 행복에 감사하면서, 저보다 더한 불행을 겪고 있는 분들에게 제 행복을 나눠주어야 할 거룩한 의무가 있다고 생각했습니다. 또 마땅히 그래야만 이제까지 많은 은혜를 베풀어주신 하나님께 보답하는 것이라고 생각합니다." 이 말은 헬렌 켈러(1880-1968)가 대륙횡단을 하던 어느 날 동행하던 어머니에게 한 말입니다. 그녀는 자신의 성공 경험, 믿음 경험을 자산으로 삼고 불행한 사람을 돕는 일에 평생을 헌신하며 살았습니다.

하늘은 하나님의 영광을 선포하고, 하나님의 손으로 하신 일을 드러내고 있습니다. 하늘은 인간에게 하나님의 위엄을 드러내고, 하나님이 하시는 일들을 깨닫게 합니다. 이것이 자연계시입니다. 하나님을 드러내는 일에 자연 만물이 쓰임받을 수 있다면, 하나님의 최고 걸작품인 우리는 말할 것도 없습니다. 하나님께 받은 은총을 하나님과 사람들에게 돌려주어야 합니다.

*** 하나님께 받은 만큼 보답하는 삶을 살게 하소서.

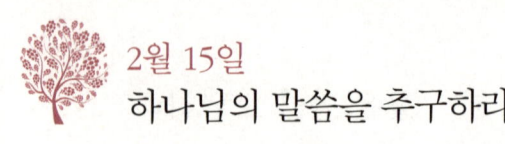

2월 15일
하나님의 말씀을 추구하라

금 곧 많은 순금보다 더 사모할 것이며 꿀과 송이꿀보다 더 달도다 (19:10)

"나는 하나님의 도우심을 위해 아침 일찍 최소한 20분, 가능하면 한 시간 이상을 기도와 성경연구를 위해 따로 떼어놓으며, 또한 잠자기 전에도 계속해서 잠깐씩 그러한 시간을 갖도록 노력하겠습니다." 이것은 캠브리지 7인이 서약서에 약속한 내용입니다. 영국 캠브리지대학에 다니던 후퍼와 도르톤 등은 캠브리지 7인으로 불리던 사람들입니다. 이들은 캠브리지에서 열린 무디 전도집회에서 회심했습니다. 그 후 거룩함을 유지하기 위해 하루 중 일부를 성경 읽기와 기도로 보내는 QT를 시작합니다. 세월이 흐른 뒤에 이들은 중국 선교사로 헌신했고, 평생 동안 하나님과 동행하며 사역을 감당했습니다.

인간은 무엇을 추구하느냐에 따라 방향과 질이 달라집니다. 우리의 마음과 생각은 좋아하는 것을 향해 치닫습니다. 돈을 좋아하면 돈 버는 곳으로, 쾌락을 좋아하면 즐거움을 줄 수 있는 장소로 달려갑니다. 하나님의 사람들이 좋아해야 할 것은 하나님의 말씀입니다. 말씀을 사모할 때 말씀을 읽고 묵상하고 적용하는 삶에 우선순위를 둡니다. 하나님의 말씀은 순금보다 더 사모할 대상이요, 꿀과 송이꿀보다 더 달콤합니다. 이 맛을 아는 사람들은 시키지 않아도 그 오묘한 말씀의 속살을 얻고자 쉬지 않고 매달립니다.

■■■ 송이꿀처럼 달콤한 말씀의 속살을 경험하게 하소서.

2월 16일
소원 성취의 비결

네 마음의 소원대로 허락하시고 네 모든 계획을 이루어 주시기를 원하노라 (20:4)

미국 닉슨 대통령 재임 시 대통령 보좌관으로 부귀영화를 누렸던 찰스 콜슨(Charles Colson, 1931~)이 워터게이트 사건에 연루되어 복역 중일 때의 일입니다. 그는 감옥에 있을 때 거듭나는 체험을 했습니다. 그러자 그에게 거룩한 소원이 생겼습니다. 동료 죄수들을 전도하는 일이었습니다. 어떻게 하면 저들을 사랑할 수 있을지 고민하던 중에 지혜가 떠올랐습니다. '죄수들이 제일 싫어하는 빨래를 해야겠다.' 처음에는 모두 콧방귀를 뀌었습니다. 그런데 변함없이 그 일을 하는 찰스 콜슨을 보면서 점점 감동하여 기도모임을 갖기 시작했습니다. 훗날 그는 자서전에서 이렇게 고백합니다. "평생 동안 집에서 손가락 하나 까딱하지 않던 나는 저들을 사랑하면서 인생의 진정한 행복을 발견했다."

예수 믿으면 세속적인 욕망이 하나님의 거룩한 욕망으로 대치되는 경험을 하게 됩니다. 하나님은 성도 안에 강렬한 소원을 불러일으킵니다. 내 프로젝트가 아닌 하나님의 프로젝트에 올인하고자 하는 열망 말입니다. 그때 하나님은 우리의 소원을 허락하시고, 우리의 계획을 이루어주십니다. 성취의 감격을 보려면 하나님의 뜻이 내 뜻이 되어야 합니다.

▪▪▪ 하나님의 뜻을 성취하는 통로가 되게 하소서.

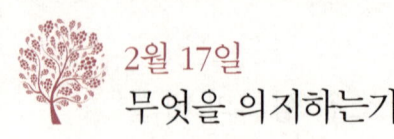

2월 17일
무엇을 의지하는가

**어떤 사람은 병거, 어떤 사람은 말을 의지하나
우리는 여호와 우리 하나님의 이름을 자랑하리로다 (20:7)**

익히 잘 알려진 감미로운 음악 〈러브 미 텐더〉(Love Me Tender)는 엘비스 프레슬리가 불렀던 노래입니다. 그는 미국의 배우이자 가수로 세계적으로 선풍적인 인기를 끌었습니다. 팬들에게 열광적인 환호를 받았죠. 그가 번 돈은 70억 달러에 달합니다. 그야말로 천문학적인 돈입니다. 그러나 그의 마지막은 초라했습니다. 그는 결혼에 실패하고, 예술가적인 감각이 사라져가자 슬럼프를 극복하기 위해 약물을 의지했습니다. 갖가지 보석으로 장식된 의상으로 자신의 시들어가는 모습을 감추면서 라이브 무대에 서곤 했습니다. 세상적인 부귀로는 최고의 자리에 올랐지만, 실상은 비참했습니다. 그는 자택의 욕조에서 쓰러진 채 발견되었습니다. 병원으로 옮겼지만, 42세의 나이에 심장 마비로 별세했습니다.

가끔 "세상에 믿을 놈 하나도 없네!"라는 말을 합니다. 세상에는 믿고 의지할 것이 하나도 없습니다. 말과 병거, 자신의 힘이나 지혜, 능력과 기술, 주변에 있는 권력자…. 한 순간에 무너질 수 있기에 결코 의지할 대상이 못 됩니다. 어리석은 자는 이것들을 향해 달려갑니다. 그러나 지혜로운 자는 이러한 것들을 의지하려는 마음을 돌이켜 하나님께로 향합니다.

▪▪▪ 의지하지 말아야 할 것에 마음을 두지 않게 하소서.

2월 18일
존귀하게 하시는 하나님

**주의 아름다운 복으로 그를 영접하시고
순금 관을 그의 머리에 씌우셨나이다 (21:3)**

휘튼대학을 수석으로 졸업하고 장래가 촉망되던 젊은이, 에콰도르 강가에 자신의 젊음의 피를 아낌없이 쏟아놓은 짐 엘리엇(Philip James Elliot, 1927~1956)이라는 선교사가 있었습니다. 손에 총을 들고 있었으면서도, '목숨을 잃는 한이 있어도 예수 그리스도의 이름으로 생명을 전해야 할 인디언들을 죽이지 않겠다' 는 각오로 총을 쏘지 않아 잔인한 인디언들에게 죽음을 당했습니다. 스스로 죽음의 길을 선택한 그는 수많은 젊은이들에게 감동과 도전을 불러일으킵니다. 그가 남긴 유명한 말이 있습니다. "내가 진짜 붙들고 있을 수 없는 것, 어차피 놓아버릴 수밖에 없는 것을 붙들려고 애쓰는 것보다 어리석은 일이 어디 있는가? 그러나 절대로 잃어버리지 말아야 할 것, 그 영원한 것을 얻기 위해서 생명을 버리는 것은 결코 어리석은 일이 아니다."

다윗은 하나님의 말씀에 절대 순종한 사람입니다. 어떤 상황에서도 하나님을 의지했던 사람입니다. 그렇기에 하나님은 그에게 아름다운 복을 주셨습니다. 세상은 그를 거절할지라도 하나님은 그를 기뻐하셨습니다. 하나님은 그에게 순금 왕관을 씌워 존귀케 하셨습니다. 때때로 그리스도를 위해 모든 것을 버릴 때, 하나님은 영원히 잃지 않을 영광으로 채워주십니다.

▪▪▪ 주님이 씌우시는 존귀의 관을 얻게 하소서.

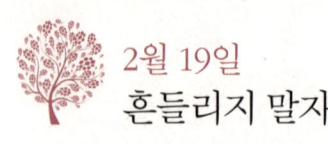

2월 19일
흔들리지 말자

**왕이 여호와를 의지하오니 지존하신 이의 인자함으로
흔들리지 아니하리이다 (21:7)**

"축복의 비결이요? 온전히 하나님 말씀에 의지하며 살아야지요. 부모님은 제 생각과 판단대로 하지 말고 오로지 하나님만을 의지하며 살라고 가르쳐주셨습니다. 그걸 알리고 싶어요." 생물학 분야에서 한국인 첫 미국립과학원 우수논문상을 수상한 30세 과학도 김희보 씨가 한 말입니다. 미국 하버드대에서 박사학위를 받은 그의 다음 목표는 노벨상 수상입니다. 그는 노벨상을 수상한 뒤 많은 사람에게 예수 그리스도를 증거하고 싶어 합니다. 그는 인생의 어떤 마당에서도 하나님을 의지하기에 결코 흔들리지 않습니다.

다윗은 강력하고 훌륭한 왕이었습니다. 그는 무기나 군사력을 신뢰하지 않았습니다. 그는 심지가 견고했으며, 어떤 상황 속에서도 하나님을 의지했습니다. 백성들이 믿을 만한 지도자였습니다. 사람의 말에 귀를 기울이기보다 하나님의 말씀에 귀를 기울였습니다. 감언이설에 현혹되지 않았습니다. 매순간 하나님의 인자하심을 붙잡았습니다.
갈대같이 흔들리지 않으려면 하나님을 전적으로 의지해야 합니다. 상황을 바꿀 수 있고 사람들을 움직일 수 있는 하나님을 바라볼 때, 흔들리는 마음을 다잡을 수 있습니다.

▪▪▪ 하나님을 깊이 의지함으로 흔들리지 않는 견고한 성품을 갖게 하소서.

2월 20일
하나님의 침묵

내 하나님이여 내 하나님이여 어찌 나를 버리셨나이까 어찌 나를 멀리 하여 돕지 아니하시오며 내 신음 소리를 듣지 아니하시나이까 (22:1)

헨리 포드(1863~1947)가 죽기 몇 년 전, 한 인터뷰에 응했습니다. 그는 세계 최대의 사업체를 창립한 사람입니다. 대기업을 이끈 만큼 얼굴에 고뇌의 흔적이 있으리라 예측했습니다. 당시 그의 나이가 78세였습니다. 그런데 그의 얼굴은 아주 차분하고 온화했습니다. 사람들은 놀라지 않을 수 없었습니다. 누군가 물었습니다. "지금까지 번민한 적이 없었습니까?" 그러자 헨리 포드는 웃으며 대답했습니다. "없었습니다. 무슨 일이든지 하나님이 지배하고 계시거든요. 하나님이 모든 책임을 지고 있는 한 만사가 잘될 것이라고 믿고 있습니다. 굳이 걱정할 필요가 있을까요?"

오늘 본문은 다윗의 탄식이기도 하지만, 십자가를 앞둔 예수님의 애절한 기도이기도 합니다. 애절하게 부르짖는데도 아무런 응답이 없는 하나님. 그때 사람들은 깊은 회의에 빠져듭니다. 그러나 답답함과 회의에 빠지는 것은 자신의 감정에 충실하기 때문입니다. 그때 하나님의 약속을 끝까지 붙잡고, 하나님의 신실하신 성품을 묵상해야 합니다. 하나님은 여전히 일하고 계십니다. 그리고 종국적으로 합하여 선을 이루십니다.

■■■ 자신의 감정보다 하나님의 약속에 충실하게 하소서.

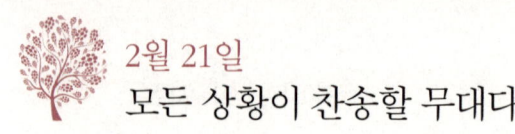

2월 21일
모든 상황이 찬송할 무대다

이스라엘의 찬송 중에 계시는 주여 주는 거룩하시니이다 (22:3)

루마니아에 조셉 톤(Josef Ton)이라는 목사가 있습니다. 그는 공산권이 무너지고 동구권이 개방되는 현상을 두려워했습니다. 그 이유에 대해 그는 이렇게 말합니다. "내 조국에는 예수 그리스도를 위해 고난받는 것을 은혜로 여기고 사는 성도들이 많이 있습니다. 그들은 복음을 위해 고난을 받고 핍박을 받더라도 그것 때문에 더 예수님을 바라보고 더 열심을 냅니다. 하지만 동구권이 개방되어 조국에 돌아갔을 때, 조국 교회의 성도들이 주님을 위한 고난을 은혜로 알지 못하게 될까 봐 두렵습니다."

시인은 감당하기 힘든 고뇌의 시기를 겪습니다. 그는 마치 죽음의 문턱을 밟고 있는 느낌입니다. 사람들에게 당하는 괴롭힘을 견디기 힘듭니다. 그러나 시인은 '하나님은 찬송받으실 분'이라고 고백합니다. 기가 막힌 상황일지라도 하나님은 찬양의 대상입니다. 거룩하신 하나님은 당신을 깊은 웅덩이에 둠으로써 당신의 성결함을 이루어가실 수도 있습니다. 믿음의 사람에게는 모든 상황이 찬송할 무대입니다. 인간의 편리를 위해 좋은 상황과 그렇지 않은 상황을 구분할 뿐입니다. 하나님이 함께하신다면 모든 상황은 찬양해야 할 상황입니다.

■■■ 상황을 가리지 않고 찬송할 수 있는 믿음을 주소서.

2월 22일

역전 드라마는 계속된다

**겸손한 자는 먹고 배부를 것이며 여호와를 찾는 자는 그를 찬송할 것이라
너희 마음은 영원히 살지어다 (22:26)**

태어난 지 20일 만에 아버지에게 버림받은 푸자 초프라(Pooja Chopra). 그러나 그녀는 인도를 대표하는 미녀로 선발되는 영광을 누렸습니다. 초프라는 어머니 덕택에 '미스 인디아 월드'(Miss India World) 2009로 선발되어 역전 인생을 살게 됩니다. 초프라가 태어났을 때 아들을 바랐던 아버지는 어머니에게 딸과 남편 중 하나를 선택하라고 강요했습니다. 바람둥이에 가정폭력을 휘두르는 아버지는 악몽 같은 존재였습니다. 어머니는 생후 20일 된 딸을 지키기로 결심하고 집을 나왔습니다. 재혼한 아버지는 경제적 지원도 거부했습니다. 어머니는 쉬지 않고 일했지만 하루 두 끼 식사도 하기 힘든 나날을 보냈습니다. 그러나 초프라가 성공을 거두자 어머니의 인생역정은 사람들에게 깊은 감동을 주었고, 영화로까지 만들어지게 되었습니다.

교만하게 권세를 휘두르는 자는 한때 기승을 부리지만 반드시 무너집니다. 그러나 겸손한 의인은 승리하게 됩니다. 여호와를 찬양하고 경외하는 사람은 핍박을 받고 고통을 당하기도 합니다. 그러나 하나님은 그에게 찬송할 날을 주십니다. 하나님의 역전 드라마는 늘 진행되기 때문입니다. 상황을 반전시키는 하나님을 믿고 끝까지 정도(正道)를 걸어야 합니다.

❥❥❥ 지금은 괴로울지라도 역전의 날을 기대하며 달리게 하소서.

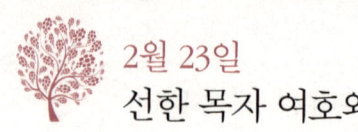

2월 23일
선한 목자 여호와

여호와는 나의 목자시니 내게 부족함이 없으리로다 (23:1)

윌리엄 캐리는 인도에서 선교하던 영국의 위대한 선교사입니다. 그는 세 차례에 걸쳐 살해당할 뻔했고, 인도 정부로부터 갖은 선교 방해를 받았습니다. 수고와 땀으로 이뤄 놓은 원고와 인쇄 도구들과 서류들이 불타 버리는 화재를 경험하기도 했습니다. 그러나 윌리엄 캐리는 이러한 수많은 역경들을 견디고 다시 일어섰습니다. 날마다 여호와를 자신의 목자로 삼고 그분과 교제하는 삶을 살았기 때문입니다. 여호와는 우리 인생의 충분한 공급원입니다. "네 하나님 여호와께서 네가 하는 모든 일에 네게 복을 주시고 네가 이 큰 광야에 두루 다님을 알고 네 하나님 여호와께서 이 사십 년 동안을 너와 함께 하셨으므로 네게 부족함이 없었느니라"(신 2:7).

다윗은, 여호와는 나의 목자라고 고백합니다. 그는 한때 목동으로서 자기 양떼를 지켰던 경험이 있습니다. 그래서 목자가 양떼를 목숨처럼 아끼고 돌보는 것이 무엇인지 잘 압니다. 인간 목자에게는 한계가 있습니다. 그러나 우리의 목자이신 전능하신 하나님께 한계란 없습니다. 그러므로 우리도 다윗처럼 "내게 부족함이 없다"고 당당히 선언할 수 있어야 합니다.

■■■ 변해가는 상황 속에서도 언제나 선한 목자를 바라보게 하소서.

2월 24일
하나님이 명예를 두신 사람

내 영혼을 소생시키시고 자기 이름을 위하여 의의 길로 인도하시는도다 (23:3)

종교개혁자 존 칼빈은 어느 누구도 필적할 수 없을 만큼 많은 업적을 남긴 사람입니다. 그러나 그는 인간의 업적은 배설물에 불과하다는 것을 철저히 인식하고 있었습니다. 그는 병약한 몸으로 너무 많은 사역을 감당한 나머지 54세가 되었을 때 육신의 한계에 도달했습니다. 1564년 5월 27일 오후 8시, 그는 조용하고도 평화롭게 잠들었습니다. 그는 자신의 무덤에 어떠한 기념비나 묘비도 세우지 말 것을 유언했습니다. 그의 전 생애는 하나님의 명예를 드러내기 위해 달려온 인생이었습니다.

하나님의 마음에 합한 다윗 역시 사망의 음침한 골짜기를 걸어야 했고, 원수의 목전에서 위기촉발의 코너에 몰리기도 했습니다. 그러나 그는 두렵지 않았습니다. 물론 상황이 힘들지 않아서가 아닙니다. 주변에 악한 사람이 없어서도 아니었습니다. 선한 목자이신 하나님을 100퍼센트 신뢰했기 때문입니다. 선한 목자는 자신의 명예를 위해 의로운 길, 형통한 길로 인도해 가십니다. 양들은 어려운 상황이 오더라도 선한 목자가 책임질 것을 신뢰하기만 하면 됩니다. 어려운 상황은 선한 목자의 일하심을 경험하는 또 다른 영역입니다.

▪▪▪ 하나님의 명예를 드러내며 살아가게 하소서.

2월 25일
완벽한 인생 연주자

**내가 사망의 음침한 골짜기로 다닐지라도 해를 두려워하지 않을 것은
주께서 나와 함께 하심이라 주의 지팡이와 막대기가 나를 안위하시나이다 (23:4)**

어느 청년이 거금 2백만 원을 들여 좋은 나무로 만든 기타를 샀습니다. "음, 역시 좋은 재질로 만든 악기라 다르군." 매우 흡족했습니다. 그러던 어느 날, 교회에서 한 지체가 기타로 찬양하는 것을 보았습니다. 자신이 갖고 있던 기타보다 훨씬 더 아름다운 소리가 났습니다. "와, 저 기타는 꽤 비싸겠는 걸?" 궁금해서 곁에 있던 사람에게 물어보았습니다. 그런데 그 기타는 2십만 원 정도 되었습니다. "아니, 어떻게 하면 2백만 원짜리 기타보다 더 아름다운 음을 낼 수 있습니까?" 듣고 있는 사람이 웃으며 말했습니다. "저 형제는 3백만 원짜리 손가락을 가졌거든요." 좋은 악기를 갖는 것도 좋지만, 능숙한 솜씨의 연주자가 더 중요합니다.

다윗은 자신의 인생을 엮어 가시는 분이 최고의 연주자임을 확신했습니다. 하나님은 다윗과 맺은 언약을 반드시 지키실 것이고, 다윗은 그런 하나님과 영원토록 깊은 교제 속에서 살아갈 것을 확신했습니다. 어떤 상황이 닥친다 해도 상황을 잠재우실 선한 목자가 자신을 돌보실 것을 믿었습니다. 그분은 우리 인생을 완벽히 연주할 훌륭한 연주자십니다.

▪▪▪ 하나님 손에 잡힌 악기가 되어 아름답게 쓰임받게 하소서.

2월 26일
하나님의 주인 되심

**땅과 거기에 충만한 것과 세계와 그 가운데에 사는 자들은
다 여호와의 것이로다 (24:1)**

구세군의 창설자인 윌리엄 부스(William Booth, 1829~1912)가 임종을 앞두고 병상에 누워 있을 때였습니다. 그때 아들이 서류 봉투를 가지고 왔습니다. "아버님, 아무리 힘드셔도 재산을 정리하는 이 서류에 사인을 하셔야 합니다." 부스는 그 서류를 훑어보고는 가까스로 손에 펜을 쥐고 사인했습니다. 그러고는 봉투를 스스로 봉합한 뒤에 아들에게 돌려주었습니다. 그가 세상을 떠난 후 봉투를 열어 본 자손들은 깜짝 놀랐습니다. 부스는 서류에 자신의 이름을 서명하지 않았습니다. 거기에는 '예수님이 주인이시다!'라고 쓰여 있었습니다. 그는 모든 소유의 주인이 예수 그리스도임을 선포한 것입니다.

다윗은 도망자의 삶을 살았습니다. 자신의 왕위도 하나님이 세우셨고, 자신이 전쟁에서 승리한 것도 모두 하나님 덕분이라는 것을 잘 알고 있었습니다. 만물은 하나님으로부터 시작되었고, 땅 위의 모든 것도 하나님의 것입니다. 이 세상에 거하는 모든 민족과 사람들이 다 하나님 소유입니다. 믿음은 하나님의 주인 되심, 즉 로드십을 인정하는 데서부터 출발합니다. 그때 영적인 삶의 질서가 서는 것입니다.

▪▪▪ 매 순간 주되심을 삶으로 고백하며 살아가게 하소서.

2월 27일
출입증

여호와의 산에 오를 자가 누구며 그의 거룩한 곳에 설 자가 누구인가 (24:3)

어느 해 여름, 교회에서 몽골 단기선교를 가게 되었습니다. 몽골에서 사용할 물품과 먹을 음식들을 가지고 몽골 공항에 도착했습니다. 그런데 문제가 생겼습니다. 박스 속에 있는 떡볶이 재료와 고기가 반입 불가하다는 것입니다. 아니 벌금을 내야 한다고 합니다. 선교사님이 중재했지만 막무가내였습니다. 어쩔 수 없이 선교사님은 몽골 정부와 관계를 맺고 사역하는 농촌진흥원 직원에게 도움을 요청했습니다. 결국 반입 불가물품은 버려두고, 사과한 후 벌금 없이 입국할 수 있었습니다.

다윗은 하나님의 창조행위를 찬양했습니다. 하나님은 이 세상에 자신의 왕국을 세우셨습니다. 그리고 영원한 통치자로 다스리실 것입니다. 창조주 하나님 앞에 나아갈 수 있는 사람, 창조주를 모실 수 있는 사람은 깨끗한 손을 가진 자, 청결한 마음을 가진 자, 허탄한 데 뜻을 두지 않는 자, 거짓 맹세를 하지 않는 자, 하나님이 주신 법을 지키는 자입니다. 그런데 불행하게도 이스라엘은 실패하고 말았습니다. 그래서 예수님이 친히 인간의 몸을 입고 오셨습니다. 믿음으로 예수님과 연합한 자가 여호와의 산에 오를 출입증을 얻습니다.

▪▪▪ 거룩한 백성으로 여호와의 산에 오르게 하소서.

2월 28일
왕의 행차를 준비하라

영광의 왕이 누구시냐 만군의 여호와께서 곧 영광의 왕이시로다 (24:10)

진젠도르프(Nikolas Ludwig Zinzendorf, 1700~1760) 백작은 모라비안의 훌륭한 지도자였습니다. 그는 예수님을 만난 후, 자신의 모든 사회적인 직위와 조건들을 배설물처럼 버렸습니다. 그리고 복음을 전하기 위해 맨발로 거리를 뛰쳐나갔습니다. 그러자 깜짝 놀란 친구들이 그에게 물었습니다. "자네의 야망은 도대체 무엇인가?" 그러자 진젠도르프 백작은 입을 열어 대답했습니다. "그리스도, 오직 그분뿐일세."

이스라엘의 진정한 왕은 다윗이 아닙니다. 이스라엘의 통치자는 보이지 않는 하나님입니다. 이스라엘은 신정국가입니다. 하나님은 성소에 임합니다. 지성소 안에 모신 언약궤는 하나님의 임재를 상징합니다. 성전 문지기들은 왕의 행차를 맞이하기 위해 성전 문을 활짝 열어야 합니다. 영광의 왕을 모실 때 진정한 만족과 승리가 보장됩니다. 그분은 강한 전사입니다. 강하고 능한 전사는 오늘도 기적을 일으키는 왕으로 다가오십니다. 우리는 영광의 왕의 행차를 맞이하기 위해 성령이 거하시는 거룩한 성전의 문을 열어야 합니다.

▪▪▪ 왕의 행차를 준비하는 삶이 되게 하소서.

March | Daily Bible of the Psalms

말씀으로 시작하는 아침 3월

"주께서 나의 슬픔이 변하여 내게 춤이 되게 하시며
나의 베옷을 벗기고 기쁨으로 띠 띠우셨나이다"
- 시 30:11

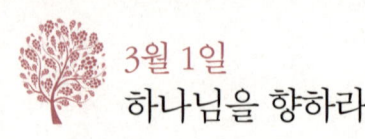

3월 1일
하나님을 향하라

여호와여 나의 영혼이 주를 우러러보나이다 (25:1)

한 청년이 불교 신도인 아내를 맞이했습니다. 그의 전도를 통해 아내가 신앙생활을 하게 되었지만 정작 본인은 신앙의 길에서 이탈해 버렸습니다. 사업은 성공가도를 걸었으나 믿음의 길에서는 자꾸 멀어져 갔습니다. 그러던 어느 날 그가 뇌출혈로 쓰러졌습니다. 1년 동안 아내는 남편을 위해 눈물을 흘리면서 기도했습니다. 남편은 서서히 몸을 회복해 갔으나, 이번에는 잘 나가던 사업이 부도가 나고 말았습니다. 괴로워서 견딜 수가 없었습니다. 그는 정신적 공황으로 몇 차례 자살을 시도했습니다. 그러던 중 라디오 극동방송을 듣고 다시 하나님을 만났습니다. 이제 그는 이렇게 고백합니다. "절대 하나님을 떠나지 마세요. 어려울수록 하나님을 꽉 붙잡아야 합니다. 하나님의 말씀대로 가는 것이 가장 빠른 지름길입니다."

어려울수록 흔들리기 쉽습니다. 원수들이 득세할 때 얼마나 괴롭습니까? 인생의 위기가 닥쳐오면 극단으로 치닫기까지 합니다. 흔들리는 그때, 진심으로 이렇게 고백하고 엎드리십시오. "내 영혼이 주를 우러러 봅니다." 위기는 인생을 점검하는 기회입니다. 일에 더 집중하지 말고, 환경에 주목하지 말고, 하나님을 바라보아야 합니다. 하나님과의 관계를 점검하면 살 길이 열립니다.

▪▪▪ 모든 관심을 주님께 향하게 하소서.

3월 2일
잘못을 돌이키라

여호와여 내 젊은 시절의 죄와 허물을 기억하지 마시고 주의 인자하심을 따라 주께서 나를 기억하시되 주의 선하심으로 하옵소서 (25:7)

시골에서 자란 한 소년이 있습니다. 부모님은 장로요 권사입니다. 형님 한 분은 목사입니다. 철저한 신앙의 가정입니다. 이 소년 역시 교회 울타리 안에 있었습니다. 그러나 그 삶은 하나님으로부터 멀었습니다. 어린 시절에는 학교 앞에 있는 친척 가게에서 과자를 훔쳐 먹기도 했습니다. 청소년 시절에는 좋지 않은 친구들과 어울렸고, 사고도 많이 쳤습니다. 그런데 고등학교 시절에 하나님을 인격적으로 만났습니다. 하나님의 은혜를 깨달은 그는 하나님을 위해 살고 싶었습니다. 그리고 목사가 되겠다고 서원했습니다. 과거를 돌아보면 부끄럽기만 했습니다. 그래서 시골에 있는 친척 가게를 찾아가서 나름대로 보상을 하고 용서도 구했습니다. 그는 과거를 온전히 청산하고 새 삶을 살고 싶었습니다.

다윗은 성군으로 불렸지만 삶이 깨끗하지만은 않았습니다. 그는 한때 저질렀던 실수와 허물을 하나님 앞에서 인정했습니다. 그것은 긍휼에 풍성하신 하나님을 알았기 때문입니다. 하나님의 은혜를 경험할 때 우리는 죄에 대해 부끄러워하고 가슴 아파합니다. 그러나 두려워하지는 않습니다. 그리스도 안에서 결코 정죄하지 않으시는 사랑을 확신하고 있기 때문입니다(롬 8:1). 주님께 돌이키고 회개할 때 천국이 임합니다.

*** 잘못을 깨닫고 새로운 삶으로 나아가게 하소서.

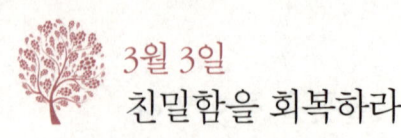

3월 3일
친밀함을 회복하라

**여호와의 친밀하심이 그를 경외하는 자들에게 있음이여
그의 언약을 그들에게 보이시리로다 (25:14)**

한 지붕 아래 두 가정을 본 적 있습니까? 남편은 사업을 하고, 아내는 외국인 회사 사장입니다. 저녁 늦게 집에 들어오면 각자의 방에서 잠을 잡니다. 아침에 일어나면 아내가 상을 차려 두고 화장을 합니다. 남편은 밥을 먹고 출근 준비를 합니다. 아내는 다시 상을 정리하고 출근합니다. 아침은 간단히 우유와 빵으로 떼웁니다.

남편이 하는 일마다 실패하자 두 사람 사이에는 점점 금이 가기 시작했습니다. 자식 때문에 이혼하지 못할 뿐, 물과 기름처럼 어울리지 못하는 상황이었습니다. 십수 년을 그렇게 살다 결국 이혼을 하게 되었습니다. 친밀함을 회복하지 못하면 어떤 의무감으로도 관계를 유지할 수 없습니다.

친밀한 사람들은 아무런 격 없이 서로 생각을 주고받고 의논합니다. 가까워야 하는 관계인데, 서로 이방인처럼 살아가는 것만큼 불행한 일은 없습니다. 주님과의 친밀함은 그분을 경외하는 자가 경험하게 되어 있습니다. 하나님은 그분을 사랑하고 섬기는 자에게 말씀하기를 즐기십니다. 날마다 이런저런 생각을 주고받으면서 하나님과의 친밀한 관계를 돈독히 쌓아가는 것은 무엇보다 즐거운 일입니다. 하나님은 그런 사람들에게 자신의 계획을 기꺼이 보여주십니다. 친밀한 관계 속에서 하나님의 말씀을 가장 잘 깨달을 수 있습니다.

*** 주님과 친밀한 인생을 살아가게 하소서.

3월 4일
경계선을 굳게 지키라

**내가 나의 완전함에 행하였사오며 흔들리지 아니하고
여호와를 의지하였사오니 여호와여 나를 판단하소서 (26:1)**

도로가 시원하게 뚫려서 교통이 원활했습니다. 그런데 어느 지점에서 도로가 막히기 시작했습니다. 4차선 도로에서 3차선에 있던 차가 1차선으로 치고 들어 유턴을 했기 때문입니다.
조금 더 가니 2차선 도로로 바뀌었습니다. 그런데 잘 달리던 차가 갑자기 정체현상을 보였습니다. 앞을 보니 2차선 갓길에 차가 서 있었습니다. 차들이 아무런 소통없이 경계선을 넘고 질서를 무시해 혼잡해진 것입니다.

하나님은 우리에게 '완전함'을 기대하십니다. 여기서 완전함이란 절대적으로 완전무결한 삶을 말하지 않습니다. 하나님 말씀의 경계선을 지키는 것을 뜻합니다. 사탄은 우리가 말씀의 경계선을 넘어 죄를 지음으로 양심의 가책을 느끼도록 유혹합니다. 그러나 여호와를 의지하는 자는 지켜야 할 경계선을 넘지 않습니다. 악한 자들이 아무리 당신을 넘어뜨리기 위해 덫을 놓아도 넘어져서는 안 됩니다. 때로는 모함하고 누명을 뒤집어 씌워 괴롭힐지라도 경계선을 지키는 것이 가장 안전한 삶입니다. 그럴 때 흔들리지 않습니다.

▪▪▪ 어떤 경우에도 말씀의 경계선을 벗어나지 않게 하소서.

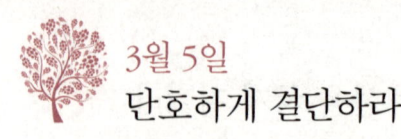

3월 5일
단호하게 결단하라

**허망한 사람과 같이 앉지 아니하였사오니
간사한 자와 동행하지도 아니하리이다 (26:4)**

누구와 어울릴 것인가 하는 것은 인생에서 중요한 선택입니다. 그래서 솔로몬은 "노를 품는 자와 사귀지 말며 울분한 자와 동행하지 말지니"(잠 22:24)라고 권고합니다. 왜 그럴까요? 좋은 어울림은 인생을 아름다운 것으로 물들이지만, 잘못된 어울림은 파멸로 몰고가기 때문입니다. 그러므로 하나님의 사람들은 앉는 자리를 잘 분별하고, 어울릴 사람을 잘 선택해야 합니다. 그래야 자기 마음과 걸어가는 인생길을 잘 지킬 수 있습니다.

악한 자들은 경건한 자들에게 "너 혼자 고고한 체 하지 말고, 우리와 함께 어울리자"며 손을 내밉니다. 그러나 시인은 "나는 결코 허망한 사람이나 간사한 사람과 함께 어울리지 않겠다"고 굳게 다짐합니다. 한번 양보하고 타협하게 되면 그 다음에는 터진 봇물처럼 감당할 수 없을 정로도 밀려들기 때문입니다. 인생은 결단입니다. 죄에는 작은 틈도 내주지 말아야 합니다.

••• 악한 자들의 수준으로 전락하지 않게 하소서.

3월 6일
평안을 친구로 삼으라

**군대가 나를 대적하여 진 칠지라도 내 마음이 두렵지 아니하며
전쟁이 일어나 나를 치려할지라도 나는 여전히 태연하리로다 (27:3)**

최근 청년 실업률이 최악을 치닫고 있습니다. 이런 위기 속에서 취직하지 못한 청년들은 결혼을 미룹니다. 전년 대비 5.4퍼센트가 감소했다고 합니다. 또 실직으로 경제난을 견디지 못한 부부들이 이혼을 선택하는 경우가 늘고 있습니다. 전년 대비 이혼 건수는 9.5퍼센트 증가했습니다. 경제 위기가 낳은 슬픈 자화상이 아닐 수 없습니다.

한두 사람이 대적해 와도 얼마나 힘든지 모릅니다. 그런데 다윗에게는 군대가 떼거리로 달려드는 것과 같은 일이 벌어집니다. 그러나 그에게서는 두려움을 찾아볼 수 없습니다. 그는 주체할 수 없는 평안함을 누리고 있습니다. 어떻게 이런 일이 가능할까요?
첫째, 인간적인 욕망에 집착하지 않기 때문입니다. 붙잡고 있는 끈이 많으면 그것을 지키기 위해 불안합니다. 그러나 그 끈을 놓으면 편안해집니다. 둘째, 이미 한두 명의 대적자들에게 공격당할 때 지켜주셨던 하나님을 잘 알기 때문입니다. 어떤 상황에서도 하나님을 신뢰할 때 평안을 친구로 삼을 수 있습니다.

▪▪▪ 어려울 때 자기 세계로 도망가지 않고 주님께로 피난하게 하소서.

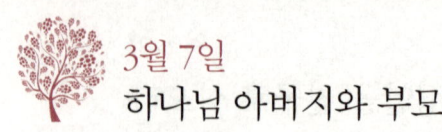
3월 7일
하나님 아버지와 부모

내 부모는 나를 버렸으나 여호와는 나를 영접하시리이다 (27:10)

"학교에서 돌아오는 어느 날, 저만치 파란색 한복을 입고 비틀거리는 걸음으로 버스에 오르는 한 아주머니가 보였다. 그런데 뒷모습이 꼭 엄마 같았다. 그래서 연신 '엄마, 엄마…' 불렀다. 그러나 버스는 말없이 떠났다. 손수건으로 얼굴을 가린 채 울고 있는 엄마의 모습이 창문을 통해 선명하게 눈에 들어왔다. 목청껏 불러대는 딸의 외침에도 아랑곳하지 않고, 엄마를 태운 버스는 커브 길을 꺾어 언덕배기를 내려가 달아나 버렸다. 소리쳐 울며 버스 뒤를 따라갔지만, 결국 세상에 버려진 아이로 남게 되었다. 흙먼지 날리는 길 한 모퉁이에 서서 목청껏 엄마를 부르고 또 부르며 외쳤지만, 엄마는 돌아오지 않았다." 『절대희망』의 저자 박순애 전도사의 고백입니다.

세상에서 가장 숭고한 사랑은 부모의 사랑입니다. 그러나 부모도 자식을 버리는 경우가 있습니다. 부모에게서조차 버림받았다는 것은 절대절망의 상태를 의미합니다. 부모도 도와주지 않는데 누가 나를 도울 수 있겠습니까? 그러나 다윗은 확신했습니다. 부모는 자식을 버릴지라도 하나님은 결코 버리시지 않을 것을 믿었습니다. 하나님을 인간 부모 차원으로 생각하면 안 됩니다. 하나님의 사랑이 나를 온전히 붙듭니다.

▪▪▪ 세상이 나를 버린다 할지라도 절망치 않게 하소서.

3월 8일
하나님만 바라라

**여호와여 내가 주께 부르짖으오니 나의 반석이여 내게 귀를 막지 마소서
주께서 내게 잠잠하시면 내가 무덤에 내려가는 자와 같을까 하나이다 (28:1)**

최근 아이티 지진을 위시한 대형 참사들이 잇따르고 있습니다. 어느 날 승객 83명, 승무원 7명이 탄 에티오피아 항공 409편이 레바논 수도 베이루트의 국제공항을 이륙했습니다. 그런데 이륙한 지 5분 후에 비행기는 갑자기 공항 관제소 레이더에서 사라졌습니다. 배웅 나온 가족과 연인들이 아직 공항을 빠져나가기도 전이었습니다. 비행기는 검붉은 불길에 휩싸인 채 지중해로 추락하고 말았습니다. 한 목격자는 "불덩이가 바다로 떨어지는 것을 봤다"고 합니다. 결국 34명이 사망하고, 56명이 실종되었습니다. 이런 재앙이 일어나도 우리가 할 수 있는 일은 아무것도 없습니다.

다윗은 심각한 재앙에 휩싸여 있습니다. 지금 "무덤에 내려가는 자"와 같은 심정입니다. 다윗이 할 수 있는 일은 별로 없습니다. 단지 주께 부르짖는 것이 최선일 뿐입니다. 하나님은 우리의 반석이시니까요. 다윗은 자신의 부르짖음에 하나님이 귀를 막지 않고 응답해 주시길 간청하고 있습니다.
재앙이 엄습할 때 호들갑을 떤다고 달라질 것은 없습니다. 두려운 마음을 접고, 하나님을 바라보고 도움을 요청하는 것이 가장 지혜로운 일입니다.

▪▪▪ 재앙이 몰려올 때 하나님을 향해 두 손을 펴게 하소서.

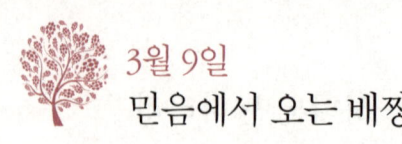

3월 9일
믿음에서 오는 배짱

여호와는 나의 힘과 나의 방패이시니 내 마음이 그를 의지하여 도움을 얻었도다 그러므로 내 마음이 크게 기뻐하며 내 노래로 그를 찬송하리로다 (28:7)

루터는 진리를 벗어난 교황청을 향해 반기를 들고 종교개혁을 감행했습니다. 그러던 1518년 8월 어느 날이었습니다. 교황청에서는 비텐베르그(Wittenberg)로 사자를 보냈습니다. "마틴 루터, 그대는 이단자라는 혐의를 받고 있다. 이 일에 대하여 그대의 해명을 듣고 싶으니 60일 이내에 교황청으로 나오기 바란다." 교황청의 소환장이었습니다. 교황의 소환장을 받은 루터는 한바탕 껄껄 웃었습니다. 그는 이미 죽음을 각오했기 때문에 두려울 것이 없었습니다. '하하하, 드디어 왔구나. 천하를 떵떵거리던 교황이 나를 부르다니, 나도 보통 사람이 아닌 걸.' 물론 친구 필립 멜랑히톤(Philipp Melanchthon, 1497~1560)의 권유로 교황의 덫에 걸려들지는 않았지만, 루터는 죽음 앞에서도 두둑한 배짱을 보였습니다.

다윗은 겁쟁이가 아닙니다. 어떤 상황에서도 떨거나 흔들리지 않았습니다. 하나님께서 힘과 방패가 되심을 알았기 때문입니다. 그의 마음은 충만한 기쁨으로 넘쳐났고, 그의 입술은 찬양으로 가득했습니다. 여호와를 의지하여 도움을 얻었기 때문입니다. 도움을 주시는 하나님이 다윗의 뒤에 버티고 계시기에 그는 언제나 배짱이 두둑한 것입니다.

▪▪▪ 승리를 몰고 오시는 하나님을 붙들게 하소서.

3월 10일

거룩한 삶을 회복하라

**여호와께 그의 이름에 합당한 영광을 돌리며
거룩한 옷을 입고 여호와께 예배할지어다 (29:2)**

어느 목사님이 오랜만에 함께 신학공부를 했던 분을 만났습니다. 그분은 한때 노인복지에 대한 꿈을 가지고 신실하게 사역했습니다. 그런데 가정에 어려운 문제가 생기자 하루아침에 세상 속에 매몰되어 버리고 말았습니다. 돈을 벌기 위해 가정도 팽개치고 열심히 일만 했습니다. 예배 생활도 끊어지고, 말하는 것도 세상 사람과 다를 바가 없었습니다. 어느 새 물질만능주의에 빠져 돈이 자신을 지켜주는 것으로 생각하게 되었습니다. 그렇게 영적 패잔병이 된 경우를 주위에서 많이 봅니다.

하나님은 찬양과 예배 받기에 합당하신 분입니다. 하나님 자체가 영광으로 가득한 분이지만, 인간을 통해 찬양과 경배를 받으심으로 그분의 영광은 세상에서 빛을 발합니다. 인간의 본분은 하나님의 이름에 합당한 영광을 돌려드리는 것입니다. 이러한 예배자는 거룩한 옷을 입고 나아가야 합니다. 거룩한 옷은 제사장들이 축제 때 하나님을 경배하기 위해 입는 특별한 옷입니다. 하나님께 예배하는 자는 거룩한 삶으로 촘촘히 지은 옷을 입고 나아가야 합니다. 거룩한 삶이 없는 가식적인 예배는 하나님이 경멸하십니다. 하나님은 마음 없는 예배, 악한 생활을 청산하지 못한 예배자를 거절하십니다.

■■■ 거룩한 예배를 회복하기 위해 우리의 삶을 회복하게 하소서.

3월 11일
참 평안

**여호와께서 자기 백성에게 힘을 주심이여
여호와께서 자기 백성에게 평강의 복을 주시리로다 (29:11)**

불치병을 앓는 고3 여학생이 있었습니다. 몸에서는 단백질이 계속 빠져나가고 있었습니다. 중환자실에 있는 그녀에게는 실오라기만한 희망도 보이지 않았습니다. 생명줄은 꺼져가는 등불처럼 희미했습니다. 나중에는 팔 한쪽을 절단하기까지 했습니다. 그녀는 어린 시절부터 교회를 다녔지만 한동안 예수님을 믿지 않다가 병상에서 다시 예수님을 찾기 시작했습니다. 그런데 수술 후에 찍은 사진을 보면 놀랍습니다. 오른팔이 잘린 채, 왼손으로 턱을 괴고 해맑게 웃는 사진인데, 아주 평안한 얼굴이었습니다. 그 사진에는 이런 글귀가 붙어 있었습니다. "예수님의 부활을 믿었기에 팔 자르러 들어갈 때도 담담했어요."

믿음의 사람에게는 역경조차도 축복입니다. 역경은 새로운 깨달음을 주고 영적인 성숙을 가져옵니다. 하나님은 사랑하는 자녀에게 시련을 이길 힘을 주십니다. 무엇보다 폭풍우 속에서도 평강을 잃지 않게 만드십니다. 하나님이 마음을 지키실 때 평강을 누릴 수 있습니다. 하나님 품 안에 있는 사람은 세상이 알지 못하는 평안을 맛봅니다.

░░░ 폭풍우조차 흔들 수 없는 평안을 누리게 하소서.

3월 12일
잠시만 기다리라

**그의 노염은 잠깐이요 그의 은총은 평생이로다
저녁에는 울음이 깃들일지라도 아침에는 기쁨이 오리로다 (30:5)**

링컨(Abraham Lincoln, 1809~1965)은 20세가 넘도록 제대로 된 직업을 갖지 못했습니다. 한때 그가 점원으로 있던 방앗간과 상점을 인수했지만, 곧 1,100달러의 빚만 지고 파산했습니다. 그는 젊은 시절 우울증에 시달리기도 했습니다. 193센티미터의 큰 키에 깡마른 체구를 가졌던 링컨은 놀림도 많이 받았습니다.
어느 날 한 기자가 링컨에게 물었습니다. "사람에게 적당한 키는 얼마라고 생각하십니까?" 그러자 링컨은 웃으면서 대답했습니다. "발이 땅에 닿을 정도면 적당하지 않겠소!" 그는 선거에서도 수많은 낙선의 고배를 마셔야 했습니다. 그러나 더 나은 내일을 위해 피나는 노력을 했습니다. 웃을 수 있는 날을 위해 오늘의 고통을 감수한 것입니다. 그는 대통령에 당선되었고, 사람들에게 늘 멋진 유머를 선사했습니다.

고난의 시간이 지루하게 긴 것처럼 생각되지만 잠깐입니다. 머지않아 은총의 햇살이 돋습니다. 아픔과 고통의 저녁을 보내고 있다 해서 노여워하지 마십시오. 이미 기쁨을 회복하는 아침이 다가오고 있습니다. 인생에 영원한 밑바닥이란 없습니다. 밑바닥 인생이라는 생각이 든다면 하나님이 주시는 반전을 꿈꾸며 기다려야 합니다. 많이 웃으십시오.

기다림에 지쳐 포기하지 않게 하소서.

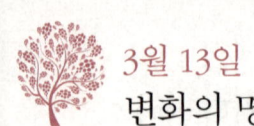
3월 13일
변화의 명장을 의지하라

주께서 나의 슬픔이 변하여 내게 춤이 되게 하시며
나의 베옷을 벗기고 기쁨으로 띠 띠우셨나이다 (30:11)

한때 박주영은 축구 천재라고 불리며 샛별처럼 떠올랐습니다. 언론은 그에 대한 칭찬과 기대의 글을 계속 내보냈습니다. 그런데 어느 때부턴가 박주영에게 쓰디쓴 질타의 기사들이 쏟아져 나왔습니다. 박주영 선수는 슬럼프에 빠졌고, 엄청난 정신적 고통을 받았습니다. 그러나 그는 고뇌의 시간들을 잘 참아냈습니다. 그리고 훈련에 더 집중했습니다. 지금은 프랑스 프로축구 AS모나코에서 안방주인 역할을 하고 있습니다. 신문에는 "박주영 공격 포인트 올리면 팀은 불패"라는 기사가 나기도 합니다. 인생에는 영원한 승자도 영원한 패자도 없습니다. 언제나 새로운 변화가 기다리고 있습니다.

성도 역시 한때 슬픔의 날을 맞이하기도 합니다. 베옷을 입고 슬퍼하며 회개의 날을 갖기도 합니다. 그러나 믿음의 사람 뒤에는 변화를 일으키는 명장이 버티고 있습니다. 슬픔이 춤으로 변하고, 고통의 베옷이 기쁨의 띠를 띠워줄 때가 있습니다. 지금 흘리는 눈물은 영원한 상처의 눈물이 아니라 추억의 눈물자국으로 남을 것입니다. 하나님은 변화의 능력자십니다.

▪▪▪ 슬픔과 탄식이 기쁨으로 변할 때까지 믿음으로 살게 하소서.

3월 14일
하나님을 신뢰하라

**여호와여 내가 주께 피하오니 나를 영원히 부끄럽게 하지 마시고
주의 공의로 나를 건지소서 (31:1)**

빌리 그래함(William Franklin Graham, 1918~) 목사가 집회하고 있는 중에 한 사람이 질문했습니다. "목사님은 장차 올 미래에 대해 많은 설교를 하셨습니다. 그렇다면 목사님 자신의 미래에 대해서도 잘 알고 계시겠네요?" 그 질문을 받은 그래함은 웃으며 대답했습니다. "저는 제 미래를 전혀 모릅니다. 그러나 제 미래를 붙들고 계신 분이 누구인지는 잘 압니다." 미래에 대한 불안과 두려움은 미래를 주관하시는 하나님을 신뢰하지 못하기 때문에 생깁니다.

다윗은 무엇엔가 심한 고통을 당하고 있습니다. 자칫 하나님의 영광을 가릴까 걱정이 되었습니다. 심각한 질병, 뜻하지 않은 재난, 돌발적인 사고, 받아들이기 힘든 상황이 다가올 것 같았습니다. 그러나 다윗은 고통의 상황에서 어떻게 해야 하는지 잘 알았습니다. 그는 주께 피하기로 결심했습니다. 주께 피할 때 하나님은 영원히 부끄럽게 하지 않으실 것을 확신했습니다. 공의로우신 하나님은 반드시 회복의 때를 주십니다. 하나님은 신실하시기 때문입니다.

▪▪▪ 불안을 접고 믿음으로 끝까지 버틸 수 있는 힘을 주소서.

3월 15일
그러하여도 나는 주께 의지하고

**여호와여 그러하여도 나는 주께 의지하고
말하기를 주는 내 하나님이시라 하였나이다 (31:14)**

데일 카네기(Dale Carnegie, 1888~1955)는 "인간을 비난하는 행위는 다이너마이트를 짊어지고 자존심이라는 불길 속으로 뛰어드는 것처럼 참으로 어리석은 행동에 지나지 않는다"고 말했습니다. 남을 비방하는 것이 얼마나 위험한지를 잘 지적해 주는 말입니다. "죽을 때까지 다른 사람의 원망을 사고 싶은가? 그렇다면 방법은 아주 간단하다. 그 사람을 신랄하게 비평하면 된다." 역설적인 표현입니다. 남을 비난하는 것은 참으로 어리석은 일입니다. 그래서 벤자민 프랭클린(Benjamin Franklin, 1706~1790)은 "다른 사람의 단점은 절대로 끄집어내지 않으며, 장점만을 부각시킨다"는 생활철학을 갖고 살았습니다. 그러나 남을 비방하지 않고 산다는 것이 그리 쉬운 일은 아닙니다.

다윗은 '무리의 비방'을 들었습니다. 죄가 들통난 것입니다. 사람들은 그것을 덮어두려 하지 않았습니다. 오히려 잘됐다며 들춰냅니다. 그들의 비방하는 소리를 듣는 것은 정말 괴로운 일입니다. 그러나 다윗은 수치를 무릅쓰고 주님을 바라보았습니다. 비록 잘못을 행했을지라도 "주는 내 하나님"이라는 확신에는 변함이 없었습니다. 그래서 그들을 대항하지 않고 하나님께 모두 맡겼습니다. 하나님은 비방의 소리를 통해 다윗의 고름을 짜내기 원하셨습니다.

▪▪▪ *비방이 오히려 유익이 되게 하소서.*

3월 16일
강하고 담대하라

여호와를 바라는 너희들아 강하고 담대하라 (31:24)

존 위클리프(John Wycliffe, 1324~1384)는 14세기 영국 옥스퍼드대학교에서 철학 및 사학과 교수로 근무했습니다. 어느 날 그는 영국 국왕을 찾아가 쓰디쓴 충고를 던졌습니다. "폐하는 교황에게 복종하면서 해마다 무거운 세금을 바치고 있는데, 그것은 매우 잘못된 일입니다. 이제부터는 절대로 교황에게 무릎을 꿇지 마십시오. 교황도 우리와 조금도 다를 바 없는 평범한 사람에 지나지 않습니다." 얼마나 대담한 일입니까? 그는 사람들 앞에서 말합니다. "신자가 의지해야 할 것은 교회가 아니고 성경이며, 교회의 주인은 교황이 아니라 예수 그리스도입니다." 그는 죽음을 담보로 내놓고 강한 마음으로 교황에게 도전했습니다.

사탄은 우리를 약하게 만들고, 죄는 우리를 주눅 들게 만듭니다. 우리를 둘러싸고 있는 열악한 환경들은 우리를 두렵게 만듭니다. 용기는 도전하는 힘입니다. 용기야말로 성공을 위한 소중한 자산인데, 여호수아는 새로운 도전 앞에서 용기가 나지 않았습니다.
하나님의 사람은 강하고 담대해야 합니다. 그렇지 않으면 사탄의 술수에 말려 환경이나 주변 사람들을 보고 용기를 잃게 됩니다. 우리는 하나님만 바라봐야 합니다.

▪▪▪ 강하고 담대함으로 세상에 맞서게 하소서.

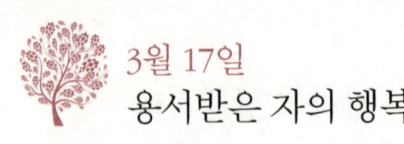

3월 17일
용서받은 자의 행복

허물의 사함을 받고 자신의 죄가 가려진 자는 복이 있도다 (32:1)

어느 날 존 웨슬리(John Wesley, 1703~1791)가 길을 가다 한 친구를 만났습니다. 웨슬리는 그 친구가 오랫동안 어떤 사람과 원수로 지내고 있다는 사실을 알고는 물었습니다. "아직도 그 사람을 미워하는가?" 그 친구는 당연하다는 듯 대답했습니다. "그럼!" 웨슬리는 친구에게 당부했습니다. "이제 다 잊어버리게. 용서하고 화해하지 그래." 그러나 친구는 "죽어도 그렇게 할 수 없어." 하고 말했습니다. 그러자 웨슬리는 "그렇다면 좋네. 계속해서 그 사람을 미워하게. 하지만 자네가 알아두어야 할 것이 있네. 앞으로 자네는 절대로 다른 사람에게 미움 받을 짓을 해서는 안 되네. 혹시 그 상대가 자네처럼 용서할 줄 모르는 사람일 줄 누가 알겠나?" 하고 말했습니다. 용서야말로 이 세상을 아름답게 만드는 크레파스입니다.

다윗은 간음죄에다 살인죄를 짓고 진액이 마르는 고통스러운 날을 경험한 사람입니다. 그는 침상을 흥건히 적실 정도로 눈물 흘리며 고통스러운 회개를 했습니다. 그는 죄 사함의 행복을 경험한 사람입니다. 허물이 없는 사람은 없습니다. 그러나 죄를 자백하고 통회하면 누구나 사함을 얻습니다. 아무리 흉악한 죄인일지라도 통회하는 자는 누구나 사죄의 행복을 누릴 수 있습니다.

*** 죄를 감추는 용기보다 통회하는 용기를 주소서.

3월 18일
돌이킬 수 있는 기회

이로 말미암아 모든 경건한 자는 주를 만날 기회를 얻어서 주께 기도할지라 진실로 홍수가 범람할지라도 그에게 미치지 못하리이다 (32:6)

아내보다 10년 연상의 남편이 있습니다. 남편은 대기업의 간부입니다. 아내는 가정주부로서 나름 열심히 살아왔습니다. 그럭저럭 18년의 세월을 함께 살았습니다. 그러던 어느 날 아내는 덫에 걸려들었고, 어느새 빠져나올 수 없는 지경까지 치닫고 말았습니다. 남편도 눈치를 챘지만 아내에게 돌이킬 기회를 주었습니다. 그러나 아내는 돌아올 생각을 하지 않았습니다. 결국 아내는 다른 남자에게로 갔습니다. 그런데 그 행복도 잠시였습니다. 땅을 치며 후회했지만, 이제는 돌이킬 수 없게 되었습니다. 늦게나마 돌이켰지만 남편과 딸이 받아주지 않았습니다.

회개에도 때가 있습니다. 너무 늦으면 안 됩니다. 죄를 범해도 돌이킬 기회가 있을 때 회개해야 합니다. 시인도 "주를 만날 기회를 얻으라"고 권고합니다. 경건한 믿음을 가진 사람은 죄책감을 느끼고 회개함으로 주를 만날 기회를 가집니다. 하나님이 주신 은혜와 용서받을 기회를 저버리지 않습니다. 하나님께로 나아가 은혜를 구하는 자는 갑작스러운 재앙이 닥칠지라도 하나님께서 구해주실 것을 믿기 때문에 걱정할 것 없습니다. 지혜로운 사람은 돌이킬 기회를 붙잡습니다.

■■■ 돌이킬 기회가 왔을 때 놓치지 않게 주소서.

3월 19일
문제는 고집

**너희는 무지한 말이나 노새 같이 되지 말지어다 그것들은 재갈과 굴레로
단속하지 아니하면 너희에게 가까이 가지 아니하리로다 (32:9)**

한 노파가 실, 단추, 구두끈을 팔려고 시골 마을로 내려갔습니다. 표지판이 없는 갈림길에 서게 되면 공중으로 막대기를 던져서 그 막대기가 가리키는 길로 가곤 했습니다. 그러던 어느 날, 여느 때와 마찬가지로 노파는 갈림길에 서서 어떤 길로 가야 할지를 알기 위해 막대기를 공중에 던졌습니다. 그런데 이번에는 여러 번 반복해서 막대기를 던졌습니다. 지나가던 사람이 그 광경을 보고 이상해서 물었습니다. "왜 그렇게 여러 번 막대기를 던집니까?" 그러자 노파가 말합니다. "이 막대기가 지금까지 계속 오른쪽만 가리키지 뭐유. 난 왼쪽으로 가고 싶은데…." 노파는 가고 싶은 길을 가리킬 때까지 계속해서 막대기를 던졌습니다.

말이나 노새는 고집을 부리는 짐승으로 알려져 있습니다. 이 동물들은 눈앞의 식물에 대한 욕심 때문에 가야 할 길을 가지 않고 버팁니다. 그렇게 고집을 부리면 주인은 채찍으로 내리칩니다. 그래도 고집을 꺾으려 하지 않습니다. 결국 실컷 두들겨 맞고야 말을 듣습니다.
문제는 무지입니다. 고집에는 매밖에 없는데 어리석기 때문에 고집을 부립니다. 돌이키지 않고 죄의 길에 버티고 서 있으면 고생만 하고 상처만 남습니다.

▪▪▪ *쓸데없는 고집으로 괜한 고생하는 일 없게 하소서.*

3월 20일
여호와를 즐거워하라

**너희 의인들아 여호와를 즐거워하라
찬송은 정직한 자들이 마땅히 할 바로다 (33:1)**

해가 떨어져 어둠이 짙게 깔릴 무렵 어느 기도원에서, "탁! 탁! 탁!" 시각장애인이 지팡이를 두드리면서 화장실을 가고 있었습니다. 어둠으로 앞을 분간하기 힘든 상황이었지만 그의 얼굴에는 기쁨이 넘쳤고 입술에서는 찬양이 흘러나왔습니다. "오 주여 당신께 감사하리라 실로암 내게 주심을…." 그러더니 잠시 후에 성경구절을 큰 소리로 암송하기 시작했습니다. "환난 날에 나를 부르라 내가 너를 건지리니 네가 나를 영화롭게 하리라…." 그는 여호와를 즐거워할 줄 알았기 때문에 앞이 보이지 않는 상황에서도 그토록 행복하고 즐거웠던 것입니다.

의인들의 삶은 여호와를 즐거워하는 것입니다. 정직한 사람은 찬양하는 삶을 삽니다. 이들은 세상 권력이나 부귀영화를 즐거움으로 삼지 않습니다. 엄청난 재산을 상속받아도 그들의 영혼을 채울 수 없습니다. 그들의 즐거움은 바로 하나님입니다. 이 세상에서 찾는 즐거움은 누리면 누릴수록 갈증만 더합니다. 갈증이 없는 영원한 즐거움은 하나님을 즐기는 것입니다. 그것이 진정한 경건의 비밀입니다.

▪▪▪ 하나님을 즐기는 비밀에 눈 뜨게 하소서.

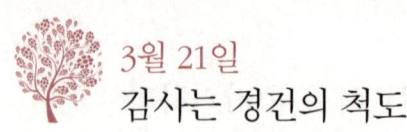

3월 21일
감사는 경건의 척도

수금으로 여호와께 감사하고 열 줄 비파로 찬송할지어다 (33:2)

존 웨슬리는 경건한 삶을 살기 위해 일곱 가지 질문을 자신에게 던졌습니다. 하나, 항상 기도하는가? 둘, 매 순간 하나님 앞에서 즐거워하는가? 셋, 모든 경우에 감사하는가? 넷, 욕심내는 것은 없는가? 다섯, 두려워하는 일은 없는가? 여섯, 내 중심에 끊임없이 하나님의 사랑을 느끼는가? 일곱, 무슨 말이나 일을 하든지 그것이 하나님을 기쁘시게 한다고 자신 있게 대답할 수 있는가?

성도가 주님께 드리는 감사는 찬양으로 표현됩니다. 감사하는 마음 없이 찬양할 수 없습니다. 감사는 영성을 대변하는 척도입니다. 감사하는 것을 보면 그 사람의 인격을 가늠할 수 있습니다. 경건한 사람은 어떤 상황에서도 감사를 잃지 않습니다. 그러나 경건하지 못한 성도는 감사할 상황에서도 불평합니다.

감사는 주어진 조건 때문에 나오는 것이 아닙니다. 감사하기로 결심했기 때문에 감사가 나오는 것입니다. 넘치는 감사의 마음을 적절히 표현하기는 힘들지만, 수금과 열 줄 비파를 동원해서 한껏 하나님을 찬양해야 합니다. 경건은 감사하는 삶을 낳습니다. 감사하는 사람은 늘 하나님을 찬양합니다.

▪▪▪ 모든 상황에서 감사의 영성을 잃지 않게 하소서.

3월 22일

사망에서 건지시는 분을 바라라

여호와는 그를 경외하는 자 곧 그의 인자하심을 바라는 자를 살피사 그들의 영혼을 사망에서 건지시며 그들이 굶주릴 때에 그들을 살리시는도다 (33:18-19)

혈우병으로 죽어가는 18세 소년이 있었습니다. 아버지가 죽음 직전에 있는 아들과 나눈 마지막 대화가 어느 크리스천 잡지에 실렸습니다. "아들아, 미안하다. 이제는 네게 아무것도 해줄 것이 없구나. 이 아빠가 더 이상 어떤 선물도 줄 수 없음을 용서해 다오." 아버지의 한 맺힌 말을 들은 아들이 대답합니다. "아빠, 전 지금까지 많은 선물을 받았지만, 아무도 아빠 같은 선물을 준 사람은 없었어요. 아빠는 저에게 죽어서도 천국에 갈 수 있는 티켓을 선물로 주셨잖아요. 바로 예수님을 소개해 주셨어요. 아빠 때문에 교회에 나가서 예수님을 믿고 영생을 선물로 얻었는걸요. 이보다 더 위대한 선물은 없을 거예요."

하나님을 경외하는 자는 어떤 상황에서도 그분의 인자하심을 바라봅니다. 애굽의 압제 속에서 신음하던 이스라엘을 건져주신 것처럼, 하나님은 그분의 인자하심을 갈구하는 자를 보살펴주십니다. 하나님은 그들을 사망에서 건져주시고, 굶주린 상황에서 살려주십니다. 이 땅에서 죽음으로 치달을지라도 영원한 생명의 세계로 안내해 주십니다.

▪▪▪ 사망의 늪에서 건짐받게 하소서.

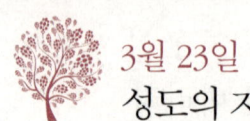

3월 23일
성도의 자부심은 어디에 있는가

**이 곤고한 자가 부르짖으매 여호와께서 들으시고
그의 모든 환난에서 구원하셨도다 (34:6)**

"모든 것은 기도에서 시작됩니다. 우리가 기도하면 사랑할 수 있고, 사랑하면 비로소 봉사할 수 있을 것입니다." 마더 테레사(Mother Teresa of Calutta, 1910~1997)에게 기도는 인생의 에너지원이었습니다. 하나님이 힘 주시면 사랑하기 힘든 사람을 사랑할 수 있고, 봉사하면서 불평이 나올 때 기쁨으로 섬길 수 있었습니다. 그렇게 할 수 있게 한 힘의 근원이 바로 기도였습니다. 기도는 불가능을 가능케 하는 하나님의 능력입니다.

다윗은 사울에게 쫓겨 블레셋까지 도망갔습니다. 그런데 아기스 사람들이 그에게 적대감을 갖고 대합니다. 그때 다윗은 미친 사람처럼 행동했습니다. 그러면서도 다윗은 '이 곤고한 자가 부르짖으면 여호와께서 들어주신다'고 확신했습니다.
그는 가난하고 버림받아 비참한 상태였습니다. 그러나 하나님은 그의 신음과 부르짖음을 외면하지 않으셨습니다. 그는 자기 사정을 하나님 앞에서 숨기지 않았습니다. 그것이 다윗의 자부심이었습니다. 비참함에서의 탈출은 하나님 앞에 도움을 구하는 입을 여는 것으로 시작됩니다.

▪▪▪ 기도만을 나의 자부심으로 삼게 하소서.

3월 24일
행복과 불행

젊은 사자는 궁핍하여 주릴지라도 여호와를 찾는 자는 모든 좋은 것에 부족함이 없으리로다 (34:10)

송길원 목사는 『비움과 채움』이라는 책에서 이런 이야기를 합니다. "사람들은 사건사고를 90으로 크게 본다. 그리고 내가 취할 수 있는 반응, 태도, 행동양식은 10정도로 본다. 이를 불행의 방정식이라 한다. 하지만 행복의 방정식은 이를 10대 90으로 뒤집는다." 행복과 불행은 외적인 조건으로 결정되는 것이 아니라 자신이 선택하는 것입니다. 행복해지려면 불행 방정식을 행복 방정식으로 바꾸어야 합니다.

사자는 동물의 왕입니다. 더구나 젊은 사자는 힘과 용맹이 철철 흘러넘칩니다. 이렇게 용맹한 젊은 사자가 굶주린다는 것은 불가능해 보입니다. 그러나 실제로 젊은 사자도 주릴 때가 있습니다.
그러나 여호와를 찾는 자에게는 부족함이 없습니다. 하나님은 그분을 찾는 자들에게 닫힌 문을 열어주십니다. 하나님이 계신 곳에는 문이 닫힐 염려가 없습니다. 자신의 능력으로 문을 열려고 하지 말고, 하나님께서 열어놓으신 문으로 출입해야 합니다.

▪▪▪ 오늘도 하나님만 의지하여 만족한 하루가 되게 하소서.

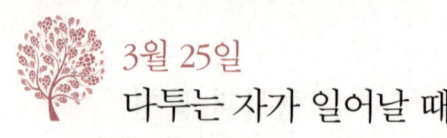

3월 25일
다투는 자가 일어날 때

여호와여 나와 다투는 자와 다투시고 나와 싸우는 자와 싸우소서 (35:1)

늦은 나이에 신학을 공부하면서 학비를 마련하기 위해 주부들의 주방용 식도를 갈아 주던 신학생이 있었습니다. 어느 날 퉁퉁한 50대 부인의 식도 두 개를 갈아주었는데 값을 지불하지 않았습니다. 왜 돈을 주지 않느냐고 항의하자 그 부인은, 식도 날에 이가 빠진 부분을 표가 나지 않게 없애주지 않았기 때문에 돈을 줄 수 없다고 했습니다. 식도에 이가 빠진 부분은 잘 간다고 해서 회복되는 게 아닌데 그것을 요구하니 무척 억울했습니다. 계속 설득하고 값을 지불할 것을 요구해도 듣지 않자 신학생은 그냥 자리를 떴습니다. 하나님은 마음을 알아주시리라 스스로 위로하면서 말입니다.

사울은 다윗을 해하기 위해 혈안이 되어 있습니다. 비록 사위요 충신이었지만, 민심이 다윗에게 쏠리자 왕권에 대한 위협을 느꼈습니다. 결국 사울은 다윗을 대항하여 싸움을 걸기 시작했습니다.
우리는 수없이 다투는 자와 마주치게 됩니다. 심지어 사랑하는 사람들끼리도 다툼은 끊이지 않습니다. 그럴 때 다윗은 하나님께 아뢰었습니다. "하나님, 사울 왕이 아무 잘못도 없는 저를 죽이려고 합니다…" 다윗은 하나님이 개입해 달라고, 하나님이 대신 싸워 달라고 간구했습니다. 억울한 상황에서 직접 대면하여 담판을 짓기 전에 하나님이 먼저 일하시도록 맡겨드려야 합니다.

▪▪▪ 다투는 자가 일어날 때 하나님이 간섭해 주소서.

3월 26일
선을 악으로 갚는 자에게 줄 선물

**내게 선을 악으로 갚아 나의 영혼을 외롭게 하나
나는 그들이 병들었을 때에 굵은 베 옷을 입으며 금식하여
내 영혼을 괴롭게 하였더니 내 기도가 내 품으로 돌아왔도다 (35:12-13)**

한 할머니가 아들 부부와 함께 살고 있었습니다. 할머니에게는 4천만 원 정도의 노후 자금이 있었는데, 아들과 며느리는 그 돈을 맡겨주시면 더 잘 모시겠다고 했습니다. 결국 할머니는 며느리에게 노후 자금을 모두 주었습니다. 그러나 돈을 받은 며느리와 아들은 180도 변했습니다. 밥도 제대로 챙겨주지 않아 할머니는 굶기도 했습니다. 게다가 며느리는 할머니의 입술을 손으로 비틀어 상처를 내기까지 했습니다. 분신처럼 생각해온 자식인데 어머니를 구박하고 학대합니다. 이렇게 악한 자에게 과연 무엇을 줄 수 있을까요?

자신은 선한 의도로 한 것인데 상대방이 악으로 갚는 경우 정말 억울합니다. 다윗은 사울에게도, 아들에게도, 신하에게도 그런 비참함을 경험했습니다. 자신이 행한 것과 상반되는 대접을 받은 셈입니다. 이때 느끼는 심적 고통은 이루 말할 수 없습니다. 이런 중에 자신을 괴롭히던 사람이 위기를 맞는다면 어떻게 할까요? 다윗은 그들이 병들었을 때 굵은 베옷을 입고 슬퍼하며 금식했습니다. 외롭게 드렸던 기도가 자신에게 돌아왔습니다. 완전 역전승입니다. 세상에 일어나는 모든 일에는 하나님의 판단이 함께해서, 결국에는 보응을 받습니다. 하나님께 맡기십시오.

■■■ 괘씸할수록 너그러운 기도를 선물하는 마음의 여유를 주소서.

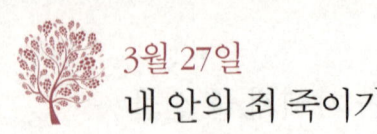

3월 27일
내 안의 죄 죽이기

**그가 스스로 자랑하기를 자기의 죄악은 드러나지 아니하고
미워함을 받지도 아니하리라 함이로다 (36:2)**

청교도의 황태자로 불리는 존 오웬(John Owen, 1616~1683)은 이렇게 말했습니다. "죄는 우리 속에 거할 뿐만 아니라 지속적으로 활동하여 육체의 행실로 나타나도록 자극한다. 죄가 우리를 가만히 내버려 둔다면 우리도 죄를 방치할 수 있을 것이다. 하지만 죄는 겉으로 조용한 것처럼 보여도 속으로는 매우 활동적이다. 죄의 물줄기는 외관상 고요해 보이지만, 그것은 조류의 움직임이 심한 매우 깊은 물과 같다. 따라서 우리는 조금도 방심하지 말고 온갖 수단을 동원하여 어느 상황에서든지 죄와 대항해서 싸워야 한다."

악한 자들은 죄를 자랑삼아 말합니다. 자신이 저지른 은밀한 죄악이 드러나지 않을 것처럼 착각합니다. 그는 미움의 대상이 되지도 않으리라 생각합니다. 혹시 자신의 허물이 드러나더라도 거짓말로 회피할 수 있다고 생각합니다. 그러나 영원한 비밀은 없습니다. 아무도 몰라도 자신과 하나님은 알고 있습니다. 하나님은 언젠가 악인들이 감추어둔 죄악을 반드시 드러낼 것입니다. 그렇기에 죄는 감추는 것이 능사가 아닙니다. 우리 안에 죄가 일어나지 않도록 죄 죽이기 작전을 펼쳐야 합니다. 죄에 대해서 방심은 금물입니다.

*** 내 안의 죄에 대해서는 너그럽지 않게 하소서.

3월 28일
저녁은 가고 아침이 밝아온다

**그들이 주의 집에 있는 살진 것으로 풍족할 것이라
주께서 주의 복락의 강물을 마시게 하시리이다 (36:8)**

영국의 고든 장군은 아침마다 홀로 하나님을 만나는 시간을 가졌습니다. 그가 수단을 여행할 때였습니다. 그의 막사 밖에는 매일 한 시간씩 하얀 손수건이 걸려 있었습니다. 아무리 긴급한 메시지라도, 내용이 무엇이든지, 설사 생사에 관련된 것이라도 걸려 있는 표시가 내려올 때까지 기다려야 했습니다. 막사 밖에 작은 하얀 손수건이 걸려 있는 시간은 고든이 하나님과 교제하는 시간이었습니다. 그는 하나님과 교제하는 시간은 누구도 침범하지 못하게 했습니다. 그것이 축복의 근원이기 때문입니다.

악한 사람들은 자신만만합니다. 함께 악한 일을 도모하자고 제안합니다. 그러나 경건한 자는 그들과 손을 잡을 수가 없습니다. 할 수 있는 것이 있다면, 주의 날개 그늘 아래 피하는 것입니다. 저녁은 지나갑니다. 그리고 아침은 새로운 희망을 싣고 옵니다. 하나님은 외로운 의인에게 가장 좋은 것으로 채우시고, 복된 하나님의 강물을 마시게 하십니다. 하나님의 성전에서 예배하고 기도하는 자는 하나님이 주시는 은혜와 축복의 물줄기를 맛보게 됩니다. 상황이 어렵다고 초조해하거나 서두르지 마십시오. 아침은 오고 있습니다.

■■■ 악한 자와 손잡지 말고 아침을 기다리게 하소서.

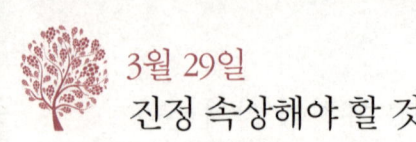

3월 29일
진정 속상해야 할 것

**악을 행하는 자들 때문에 불평하지 말며
불의를 행하는 자들을 시기하지 말지어다 (37:1)**

공동체 생활을 하다 보면 '뭐 저런 사람이 다 있어!' 하는 생각이 들게 만드는 사람이 있습니다. 어떤 사람은 입만 열면 거짓말을 합니다. 사람들도 잘 믿어주지 않습니다. 많은 사람들 앞에서 공개적으로 약속해 놓고도 보란 듯이 어깁니다. 그래도 늘 당당합니다. 어떤 이들은 만나는 사람마다 붙잡고 주변 사람들을 모함하고 비난합니다. 그러면 '다른 사람들 앞에서 나도 저렇게 비난하고 다니겠지?' 하는 생각이 듭니다.

악을 행하고 불의를 행하는 자에게는 두려운 것이 없습니다. 남들을 해하고 자기 실속을 챙기기에 바쁩니다. 다른 사람들을 배려하는 마음도 전혀 없습니다. 그런데 그들이 더 많이 벌고, 하는 일이 더 잘됩니다. 그래서 정직하고 의롭게 살지만, 형편이 좀처럼 피지 않는 사람들은 속이 상합니다. 세상이 원망스럽기도 합니다. 알 수 없는 적대감과 시기심이 나옵니다. 그러나 마음을 진정시키기 바랍니다. 그들의 누림은 영원하지 않습니다. 정말 속상한 것은 그들을 부러워하고 시기하며 불평하는 자신의 모습입니다. '내가 이 정도밖에 안 되다니!'

▪▪▪ 악한 자들 때문에 불평하는 어리석음에 빠지지 않게 하소서.

3월 30일
맡기는 자의 행복

**네 길을 여호와께 맡기라 그를 의지하면 그가 이루시고
네 의를 빛 같이 나타내시며 네 공의를 정오의 빛 같이 하시리로다 (37:5-6)**

믿음 좋은 한 청년이 결핵에 걸려 상태가 점점 악화되었습니다. 의사는 공기 좋은 곳에서 편안한 마음으로 삶을 정리하라며 일종의 사형선고를 내렸습니다. 청년은 시골로 내려가 원두막에서 시간을 보내며 안정을 취했습니다. 그러다 자고나면 쑥쑥 자라는 수박줄기에 눈길이 갔습니다. 그래서 하룻밤에 몇 센티미터나 자라는지 재보기로 하고는 수박줄기 끝 부분에 표시를 해두었습니다. 다음날 아침에 일어나 밤새 자란 수박줄기의 길이를 재어보니 무려 40센티미터나 되었습니다. 그때 청년의 마음에 스쳐가는 생각이 있었습니다. '이 수박줄기를 하룻밤에 40센티미터나 키우시는 하나님이 수박보다 훨씬 귀한 나를 죽게 내버려두실 리가 있겠는가.' 이후 청년의 마음속에는 기쁨이 넘쳤고, 의사도 놀랄 정도로 병은 빠르게 치료되었습니다.

우리는 하나님께 인생의 모든 것을 맡겨야 합니다. 만물을 창조하시고 언제나 활력 있게 움직이도록 역사하시는 하나님은 우리가 쉽게 이해할 수 없는 계획과 섭리를 가지고 계십니다. 하나님의 그 섭리를 기대하면서 하나님 앞에 잠잠히 기다리는 태도가 필요합니다.

■■■ 인생의 모든 문제를 하나님께 전적으로 의탁하게 하소서.

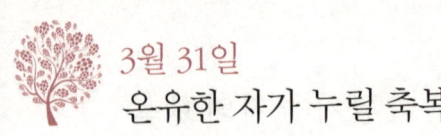

3월 31일
온유한 자가 누릴 축복

그러나 온유한 자들은 땅을 차지하며 풍성한 화평으로 즐거워하리로다 (37:11)

존 스토트(John Stott, 1921~)는 "겸손한 사람이 자신의 장점을 하찮게 생각하듯, 온유한 사람은 자기의 개인적인 권리를 대단치 않게 생각한다"고 했습니다. 그랜트 오스본(Grant Osborne) 목사는 이렇게 말합니다. "겸손이 마음가짐이라면, 온유는 겸손에서 나온 행동이다. 온유한 사람은 중요한 지위를 움켜쥐려고 하거나 다른 사람에 대해 권위를 주장하지 않는다. 온유한 사람은 자기에 대한 하나님의 조치를 불평하거나 반항하지 않고 받아들인다. 온유한 사람은 다른 사람에 대한 이해심이 많다. 만일 교회 안의 모든 사람들이 겸손과 온유한 성품을 갖는다면 갈등이 사라질 것이며, 지체들이 섬김에 있어 힘과 능력을 얻게 될 것이다."

온유한 자는 땅을 차지하고 풍성한 화평으로 즐거워하게 됩니다. 그들은 악한 자들의 횡포 앞에서도 화를 내지 않고 경쟁하려 들지 않습니다. 온유한 사람은 고집을 부리지 않고, 길들여지지 않은 야생동물처럼 거역하고 포학한 성질을 부리지 않습니다. 오히려 하나님의 뜻에 순종합니다. 하나님을 신뢰하기 때문에 그분의 처분만 기다립니다. 하나님은 온유한 자의 친구입니다. 온유한 자의 영향력은 확장되고, 샬롬의 축복을 누리게 됩니다.

▪▪▪ 온유함으로 영향력을 넓혀가게 하소서.

April | Daily Bible of the Psalms

말씀으로 시작하는 아침 4월

"내 영혼아 네가 어찌하여 낙심하며 어찌하여 내 속에서 불안해 하는가
너는 하나님께 소망을 두라"
- 시 43:5

4월 1일
마음의 보물창고를 말씀으로 채우라

그의 마음에는 하나님의 법이 있으니 그의 걸음은 실족함이 없으리로다 (37:31)

앤드류 머레이(Andrew Murray, 1828~1917)는 말합니다. "젊은 그리스도인들이여, 하나님이 그분의 말씀의 보물창고로 당신을 인도해 주시기를 기도하라. 자신을 살아 있는 희생 제물로 드리는 사람처럼, 하나님이 말씀하신 것은 무엇이든 다 행할 준비가 되어 있는 사람이 되라. 깊은 겸손으로 이것을 추구해야 한다. 당신이 음식을 즐기기 위해서는 먼저 배가 고파야 한다. 마찬가지로 진정한 성경공부의 첫째 조건은 우리가 말씀을 따라 살 것을 하나님이 원하신다는 깨달음이고, 그 말씀을 행하겠다는 우리의 결심이다. 누군가가 그분의 뜻을 행한다면 그는 하나님의 말씀이 열리는 것을 경험하게 될 것이다."

의인의 입은 어떤 상황에서도 지혜롭습니다. 그는 어떤 일이 있어도 정의롭게 말합니다. 그는 마음의 보물창고에 하나님의 법을 담아둡니다. 세상 욕심들로 채워진 창고는 추합니다. 그러나 하나님의 법으로 채워진 보물창고를 소유한 사람은 결코 실족하지 않습니다. 그는 환경이나 사람에 구애됨 없이 한 걸음씩 하나님의 법을 따라 움직일 뿐입니다. 비록 실족하더라도 말씀을 붙잡고 다시 일어섭니다. 하나님은 그런 의인을 결코 버리지 않으십니다.

▪▪▪ 마음의 보물창고를 말씀으로 채우는 시간을 갖게 하소서.

4월 2일
함께 있어주기

**내가 사랑하는 자와 내 친구들이
내 상처를 멀리하고 내 친척들도 멀리 섰나이다 (38:11)**

폴란드 출신의 막시밀리안 콜베(Maximilien Kolbe, 1894~1941) 신부가 나치 경찰에 체포되어 아우슈비츠 강제수용소로 이송되었습니다. 그가 수용되어 있던 수용소 14동에서 포로 하나가 탈출했습니다. "너희는 포로의 탈출을 방관했다. 그러니 규칙대로 너희 중 열 명을 뽑아 처형할 것이다." 한 사람이 수용소장의 군화발 밑에 엎드려 울면서 애원했습니다. "소장님, 제겐 아내도 있고 자식도 여럿 있습니다. 제발 살려 주세요." 그때 대열 뒤쪽의 한 포로가 경비병들을 헤집고 나와 말했습니다. "이 사람들 대신 내가 죽겠습니다." 콜베 신부였습니다. 그들에게 내려진 형은 금방 처형당하는 죽음도 아닌 아사형이었습니다. 그러나 아사 감방에 들어간 콜베는 아주 평온한 얼굴로 절규와 비탄이 흐르는 그곳에서 기도와 노래로 다른 포로들을 위안했습니다.

시인은 상처로 인해 고통당하고 있습니다. 여기서 '상처'란 하나님께서 내리신 심판이나 재앙을 말합니다. 이것은 고통에 고통을 가중시키는 결과를 가져왔습니다. 사랑하는 사람들, 가까운 친구들까지도 다 도망쳤기 때문입니다. 고통당하는 사람의 곁을 떠나지 마십시오. 함께 있어주어야 할 사람들에게서 외면당하는 고통은 훨씬 더 큽니다.

■■■ 고통당하는 사람의 고통에 동참하게 하소서.

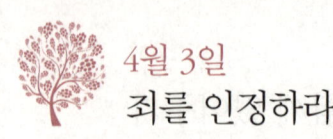

4월 3일
죄를 인정하라

내 죄악을 아뢰고 내 죄를 슬퍼함이니이다 (38:18)

어느 날 어린 조지 휫필드가 어머니의 돈을 훔쳤습니다. 조지는 훔친 돈을 카드놀이에 몽땅 허비하고 말았습니다. 그러나 눈치를 챈 어머니가 조지를 나무라자 되레 화를 냈습니다. "왜 나한테만 그러세요?" 훗날 조지는 이때를 반성하면서 이렇게 회고했습니다. "사실 나는 어머니 뱃속에 들어 있을 때부터 근성이 아주 나쁜 놈이었다. 만약 그렇지 않다면, 어떻게 어머니의 돈을 자주 훔쳐냈으면서도 그것이 도적질인 것을 깨닫지 못했겠는가? 비단 그것만이 아니었다. 나는 사람들을 예사로 속이면서도 그것이 죄인 것을 알지 못했다. 게다가 하나님의 성소인 교회 안에서조차 불경스러운 행동을 얼마나 많이 저질렀는지 모른다."

세상에 죄 없는 사람은 없습니다. 그러나 용서받을 수 없는 죄인은 죄를 지은 사람이 아니라 죄를 짓고도 자신이 죄인임을 깨닫지 못하는 사람입니다. 자신 안에 있는 죄의 근성을 뿌리 뽑으려고 노력하기보다, 먼저 모든 죄악을 감찰하시는 하나님 앞에서 자신의 죄를 인정해야 합니다. 그러고 나서 죄를 슬퍼하고 증오해야 합니다.

■■■ 죄를 숨기려는 사단의 속임수에 빠지지 않게 하소서.

4월 4일
말조심

**내가 말하기를 나의 행위를 조심하여 내 혀로 범죄하지 아니하리니
악인이 내 앞에 있을 때에 내가 내 입에 재갈을 먹이리라 하였도다 (39:1)**

어느 젊은 목사님이 심방을 갔습니다. 예배를 드리고 났는데 권사님과 집사님 사이에 말다툼이 일어났습니다. 목사님은 둘을 자제시키려고 노력했으나 좀처럼 흥분을 가라앉히지 못했습니다. 그러다 흥분한 목사님이 "입 다무세요!" 하고 말했습니다. 그러자 그 말을 들은 권사님이 따지기 시작했습니다. "목사님, 어떻게 그런 표현을 사용하세요. 맏누나뻘 되는 사람한테…." 사건은 거기서 끝나지 않았습니다. 그 일을 이 사람 저 사람에게 퍼뜨려 목사님이 곤욕을 치르게 되었습니다. 목사님은 단어 하나 잘못 선택했다가 큰 곤욕을 치렀습니다.

입은 하나님을 찬양하는 데 쓰이는 거룩한 도구입니다. 그런데 그 입에서 형제를 저주하는 말이 튀어 나오기도 합니다. 우리가 최고로 조심해야 할 것 중 하나가 바로 세치도 되지 않는 혀입니다. 특히 악한 사람이 앞에 있을 때 혀는 통제하기 힘듭니다. 소용돌이치는 감정에서 나오는 말은 난폭하고 공격적일 수밖에 없습니다. 그럴수록 말을 절제하여 말로 범죄하지 않게 자신을 조절해야 합니다.

■■■ 말하기 전에 한 번 더 생각하는 지혜를 주소서.

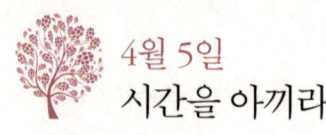

4월 5일
시간을 아끼라

**주께서 나의 날을 한 뼘 길이만큼 되게 하시매
나의 일생이 주 앞에는 없는 것 같사오니
사람은 그가 든든히 서 있는 때에도 진실로 모두가 허사뿐이니이다 (39:5)**

"자, 벽돌을 만들어 견고히 굽자.""자, 성읍과 탑을 건설하여 그 탑 꼭대기를 하늘에 닿게 하여 우리 이름을 내고 온 지면에 흩어짐을 면하자!"(창 11:4) 범죄한 인류는 끊임없이 바벨탑을 쌓아갑니다. 든든한 아성을 쌓고, 자신을 드러내 지키려고 합니다. 그러나 하나님의 심판의 손길이 임하면 허무하게 무너집니다. 삶에 대한 애착이 우리 삶을 지탱시켜 주는 끈처럼 느껴지지만, 그것도 하나님을 벗어나면 아무 소용없는 인간의 발버둥에 불과합니다. 하나님 은총의 손길 아래 거할 때 우리 인간은 참으로 안전합니다.

시간은 기다려주지 않습니다. 짧은 시간을 허비할 여유가 없습니다. 악한 사람에게 당했다고 그것을 보복하기 위해 애쓰기에는 너무나 아까운 시간입니다.
손바닥 넓이밖에 되지 않는 인생인데, 서로 미워하고 보복하는 데 보낼 수는 없습니다. 죽고 살 문제가 아니면 '통과!' 하면서 살아야 합니다. 사랑하는 데 사용하기에도 부족한 시간입니다. 시간을 아껴 선한 일에, 주님을 섬기는 데 사용해야 합니다.

■■■ 짧은 시간을 미움이 아닌 사랑의 우물에 투자하게 하소서.

4월 6일
기가 막힐 웅덩이

**나를 기가 막힐 웅덩이와 수렁에서 끌어올리시고 내 발을 반석 위에 두사
내 걸음을 견고하게 하셨도다 (40:2)**

어느 집사님 가족이 주일예배를 마치고 집으로 돌아가는 중이었습니다. 볼 일이 있어 남편은 도중에 내리고 아내가 운전을 했습니다. 그때 작은 거미 한 마리가 왼손 위에 내려오고 있었습니다. 그런데 거미를 잡으려고 잠깐 한눈을 판 사이 사고가 일어나고 말았습니다. 운전석 옆자리에는 안전벨트도 매지 않은 여섯 살 난 딸이 있었고, 뒷좌석에는 큰딸이 잠을 자고 있었습니다. 엑셀을 밟은 차는 멈출 줄 모르고 전진해 낭떠러지로 뒹굴었습니다. 잠시 후 의식을 차렸을 때, 차는 거의 찌그러지다시피 했고 주변은 온통 기름범벅이었습니다. 그런데 놀랍게도 세 모녀는 상처 하나 입지 않았습니다. 하나님이 기가 막힐 웅덩이에서 보호하신 것입니다.

사울은 다윗을 죽이기 위해 "내 딸을 아내로 줄 테니 블레셋 사람들을 죽이고 오라"고 주문했습니다. 블레셋 군사들의 손을 빌어 다윗을 간접 살해하려는 것입니다. 기가 막힐 웅덩이를 파 놓은 셈이지요. 그러나 하나님은 그를 수렁에서 건져주셨고, 그의 생애를 견고케 하셨습니다. 하나님은 우리가 빠질지도 모르는 악인의 웅덩이를 비켜갈 수 있도록 간섭하십니다. 이미 빠졌다 할지라도 수렁에서 건져올려 주님의 구원을 찬송하게 하십니다. 하나님의 백성에게는 이처럼 잊지 못할 '구원'의 고백이 늘 살아 있습니다.

▪▪▪ 기가 막힐 웅덩이가 무색하도록 내 생애를 도우소서.

4월 7일
측량할 수 없는 하나님의 베푸심

여호와 나의 하나님이여 주께서 행하신 기적이 많고
우리를 향하신 주의 생각도 많아 누구도 주와 견줄 수가 없나이다
내가 널리 알려 말하고자 하나 너무 많아 그 수를 셀 수도 없나이다 (40:5)

웨슬리가 교회에서 매력적인 여성과 사랑에 빠지게 되었습니다. 그런데 웨슬리가 결혼을 진지하게 생각하며 시간을 끄는 사이, 그 여인은 다른 남자와 결혼하고 말았습니다. 웨슬리는 큰 충격에 빠졌습니다. 그는 자신의 심정을 일기장에 적었습니다. "나는 졌다. 다 망가졌다. 전부 틀려 버렸다." 배신감으로 고통스러워하던 그는 복수를 감행하기까지 했습니다. 지독한 배신감과 절망감에 사로잡혔던 그는 누가 봐도 실패한 목회자요 선교사였습니다. 그런데 그것이 위대한 경건주의자 존 웨슬리의 진정한 출발이었습니다. 인간 실존의 연약함을 뼈저리게 경험한 그는 비로소 회심에 이르렀고, 실패와 좌절을 통해 위대한 경건주의자가 될 수 있었습니다.

인간의 짧은 이성으로 하나님의 일하심을 다 측량하려는 것은 교만입니다. 아무리 기가 막힌 상황 앞에 놓였을지라도 하나님은 우리를 귀찮은 존재로 대하지 않고 왕 같은 제사장으로 여기십니다. 왕의 창고에는 수많은 기적들이 쌓여 있습니다. 우리에게 베푸실 하나님의 기적에 한계를 정할 수 없습니다. 문제는 우리가 그분의 일하심을 우리 기준으로 제한하고 그것만 받아들이려는 데 있습니다. 그러나 둘러보면 세심한 하나님의 사랑에 감격할 수밖에 없습니다.

*** 측량할 수 없는 주의 기적들을 베풀어 주소서.

4월 8일
서로 보살피라

**가난한 자를 보살피는 자에게 복이 있음이여
재앙의 날에 여호와께서 그를 건지시리로다 (41:1)**

어떤 회사 앞에 일흔이 훨씬 넘어 보이는 할아버지 한 분이 돗자리를 펼쳐 놓고 일상생활에 필요한 잡동사니들을 팔고 있었습니다. 할아버지의 점심은 항상 컵라면 하나였습니다. 그런데 어느 날 다른 때와 달리 할아버지가 도시락을 드시고 있었습니다. 이를 본 한 아가씨가 다른 아가씨에게 물었습니다. "어디 갔다 오는 거야?" "……." "말을 안 하니까 더 궁금하다. 어디 다녀오는데?" "요 앞에 장사하는 할아버지가 며칠째 라면만 드시길래 아침에 내 도시락 싸면서 하나 더 싸서 갖다 드리고 오는 거야."

하나님은 어려움에 처한 자들을 돕는 사람들이 어려움을 당할 때 그들을 건져주십니다. 우리가 어려움에 처한 자들을 외면하지 않으면, 하나님도 우리를 돌보십니다. 가난한 자 곁에 이런 소중한 사람들이 있다는 것이 우리 마음을 따뜻하게 합니다. 주위에 우리의 도움이 없으면 외로움에 떠는 영혼들이 있습니까? 작은 일이라도 할 수 있는 것부터 시작해보십시오.

▪▪▪ 어려움에 처한 자를 외면하지 않고 돌아보게 하소서.

4월 9일
구별된 삶

**나를 미워하는 자가 다 하나같이 내게 대하여 수군거리고
나를 해하려고 꾀하며 (41:7)**

안데르센의 동화 중에 『미운 오리 새끼』라는 작품이 있습니다. 엄마 오리가 알을 품어서 새끼들이 알을 깨고 나왔는데, 아무리 봐도 이상하게 생긴 오리가 한 마리 섞여 있었습니다. 다른 오리 새끼들은 이상하게 생긴 오리를 미워했습니다. 그러던 어느 날 혼자 쓸쓸히 호수 위를 헤엄치던 미운 오리 새끼는 자기와 똑같이 생긴 어미 새를 만났습니다. 그 새는 바로 백조였습니다. 미운 오리 새끼는 아름다운 백조였던 것입니다.

그리스도인들이 세상에서 말씀대로 살려고 할 때 미운 오리 새끼 같은 취급을 받기 쉽습니다. 바울은 빌립보에 있는 교인들에게 편지할 때 "우리의 시민권은 하늘에 있는지라"(빌 3:20)라고 강조했습니다. 이 말은 세상의 삶은 의미가 없고 하늘나라의 삶만을 고대하면서 최면 걸린 것처럼 살라는 뜻이 아닙니다. 바로 '구별된 삶'을 살라는 뜻입니다.
왕자가 평상복을 입고 궁 밖으로 나가더라도 왕자 의식을 가지고 구별되게 행동해야 하듯, 그리스도인은 세상 속에서 구별된 삶을 살아야 합니다. 그렇게 세상의 박대에도 전혀 기죽지 않고 외로움을 극복할 때 우리는 참다운 그리스도인으로 살아갈 수 있습니다.

▪▪▪ 세상의 악과 구별되어 정결한 삶을 살게 하옵소서.

4월 10일
하나님을 향한 헐떡임

**내 영혼이 하나님 곧 살아 계시는 하나님을 갈망하나니
내가 어느 때에 나아가서 하나님의 얼굴을 뵈올까 (42:2)**

조지 휫필드는 22세에 영국에서 부흥운동을 일으켰고, 25세에는 신대륙에서 대각성 운동을 이끌었습니다. 미국인의 80퍼센트가 그의 설교를 한 번 이상 들었을 뿐 아니라, 1천만 명 이상이 그의 설교로 인해 영적 각성을 경험했습니다. 이러한 영적인 거목의 배후에는 특별한 영적 갈망이 있었습니다. 그는 이렇게 고백합니다. "얼마나 많은 밤들을 고통 가운데서 신음하며 몸부림쳤는지 하나님만 아신다. 나는 온종일 그리고 몇 주일이고 바닥에 엎드려 있었고 … 하나님께서 내게 승리를 주시기까지 나는 그분과 씨름하는 일을 중단하지 않았다."

사슴은 피가 뜨거운 동물이라 갈증을 견디지 못합니다. 목이 말라 숨을 헐떡거리는 사슴, 그것이 바로 하나님을 찾는 시인의 심정입니다. 육신을 위한 갈증이 아니라 영혼을 위한 갈증입니다. 영혼이 살아나려면 하나님을 경험해야 합니다. 하나님은 관념이나 어떤 에너지가 아니라, 살아계시기에 직접 경험해야 할 분입니다. 친밀한 교제를 나눔으로 즐길 수 있는 분입니다. 하나님을 향한 헐떡임이 있을 때 하나님을 경험할 수 있습니다.

▪▪▪ 하나님을 향한 갈망을 주소서.

4월 11일
상처의 노예가 되지 말라

**내가 전에 성일을 지키는 무리와 동행하여 기쁨과 감사의 소리를 내며
그들을 하나님의 집으로 인도하였더니
이제 이 일을 기억하고 내 마음이 상하는도다 (42:4)**

상처를 입은 젊은 독수리들이 벼랑에 모였습니다. 세상에서 자기들만큼 상처가 심한 독수리는 없다고 생각했습니다. 사는 것이 죽느니만 못하다는 데 의견이 모아졌습니다. 이때 독수리 중의 영웅이 쏜살같이 이들 앞으로 왔습니다. "왜 죽으려 하니?" "괴로워서요. 차라리 죽어버리는 것이 낫겠어요." "나는 어떨 것 같니? 상처 하나 없을 것 같지? 그치만 이 몸을 봐라." 영웅 독수리가 날개를 펴자 여기저기 상처들이 나타났습니다. "이건 비행시험을 하면서 솔가지에 찢겨 생긴 것이고, 이건 대장 독수리한테 할퀸 자국이다. 이건 겉으로 드러난 상처에 불과하다. 마음의 상처자국은 헤아릴 수도 없단다." 영웅 독수리는 조용히 말했습니다. "일어나 날자꾸나. 상처 없는 새들이란 이 세상에 나자마자 죽은 새들뿐이다. 살아가는 우리 가운데 상처 없는 새가 어디 있겠니!"

찬양대 지휘로 예배를 섬겼던 때를 추억하게 됩니다. 하나님의 임재를 한껏 체험할 수 있었고, 예배 중에 뵌 하나님의 영광에 온 몸이 전율하기까지 하던 시절이었습니다. 그런데 이제 그 일은 옛날의 추억일 뿐입니다. 현재의 어려움을 한탄하지 말고 지금 이 순간 하나님을 바라봐야 합니다. 하나님은 우리를 상처 입은 치유자로 세우실 것입니다.

상처의 노예가 되지 말고 상처 입은 치유자가 되게 하소서.

4월 12일
나의 큰 기쁨

**그런즉 내가 하나님의 제단에 나아가 나의 큰 기쁨의 하나님께 이르리이다
하나님이여 나의 하나님이여 내가 수금으로 주를 찬양하리이다 (43:4)**

산비탈 바위 위쪽에 큼직한 소나무가 한 그루 있었습니다. 위쪽의 바위가 조금씩 밀려 내려와 그 소나무는 큼직한 두 바위 사이에 끼었습니다. 오랜 세월이 흘러 그 소나무의 그루터기 부분에 큰 이형(異形)이 생겼습니다. 바위로 눌린 부분은 거의 구멍이 날 정도로 얇아졌고, 뿌리들은 바위를 둘러싸서 참으로 기묘한 모양이 되었습니다. 산사태가 나 그 바위들은 모두 무너졌고 소나무도 뽑히게 되었습니다. 소나무의 그루터기를 본 사람들이 그 부분을 장식가에게 보냈고, 그것은 고급 장식품이 되어 상상할 수도 없을 만큼 고가로 팔렸습니다. 소나무가 바위 사이에서 짓눌릴 때는 아픔이 컸지만, 나중에는 진귀한 보물이 되었습니다.

왜 경건치 않은 사람, 불의한 사람들이 거룩한 사람들을 괴롭히도록 그냥 둡니까? 왜 의로운 사람들이 원수의 억압에 짓눌려 상처투성이가 되어야 합니까? 그러나 하나님이 하시는 일은 아무도 모릅니다. 나를 어떤 모습으로, 어떤 존재로 빚어가실지는 그 누구도 모릅니다. 분명한 것은 하나님은 '나의 큰 기쁨'이라는 것입니다. 한때는 이해가 잘 안되더라도 하나님이 하시는 일은 받아들여야 합니다.

■■■ 아픔 속에서도 기쁨을 주실 하나님을 기억하게 하소서.

4월 13일
영적 침체를 넘어서

**내 영혼아 네가 어찌하여 낙심하며 어찌하여 내 속에서 불안해 하는가
너는 하나님께 소망을 두라 그가 나타나 도우심으로 말미암아
내 하나님을 여전히 찬송하리로다 (43:5)**

사탄은 우리가 범죄하도록 우리 앞에 덫을 놓습니다. 그러고는 정죄합니다. 하나님 앞으로 나아가지 못하게 하기 위함입니다. 존 오웬은 말합니다. "죄는 우리의 마음을 희미하게 하고 무력화시킨다. 구체적으로 하나님과의 교제를 위해 필요한 영적 틀에서 마음을 떼어놓는다. 죄는 우리의 생각을 사로잡아 하나님의 사랑을 내쫓고 죄를 짓도록 부추기며(요일 2:15, 3:17), 영혼이 다른 것을 사모하도록 만든다. 그 결과 영혼은 하나님께 똑바로 진실하게 '당신은 나의 기업입니다'라고 말할 수 없게 된다. 하나님으로 채워지기를 원하는 영혼의 갈망, 소망 그리고 경외심 등이 죄로 물들게 되는 것이다."

시인은 깊은 영적 수렁에 빠졌습니다. 하는 일마다 거듭 실패하고, 득세하는 원수들의 기세와 죽음으로 몰아가는 질병이 덮쳐옵니다. 마음의 밭은 염려와 불안의 잡초로 우거졌습니다. 의욕상실로 미래에 대한 희망도 사라졌습니다. 그야말로 영적 침체입니다. 그러나 하나님의 도우심은 여전히 준비되어 있습니다. 영적 침체의 기간은 우리 안에 무엇이 있는지, 하나님은 어떤 분이신지를 새롭게 하는 때입니다. 도우시는 하나님은 사라져가는 찬송을 다시 회복시키십니다.

■■■ 불안에서 소망의 하나님께로 눈을 돌리게 하소서.

4월 14일

말씀을 들으라

하나님이여 주께서 우리 조상들의 날 곧 옛날에 행하신 일을 그들이 우리에게 일러 주매 우리가 우리 귀로 들었나이다 (44:1)

어거스틴(Sanctus Aurelius Augustinus, 354~430)은 어려서부터 천재적인 문학가였습니다. 그러나 젊어서 마니교에 심취하면서 타락의 길을 걸었습니다. 그는 어머니의 간곡한 만류도 뿌리친 채 로마로 갔습니다. 어느 날 황혼 무렵, 그는 동산을 거닐고 있었습니다. 그때 어디선가 소리가 들려왔습니다. "펴서 읽어라. 펴서 읽어라." 그는 성경책을 읽었습니다. 아무 생각 없이 편 성경이 바로 이 말씀입니다. "밤이 깊고 낮이 가까웠으니 그러므로 우리가 어둠의 일을 벗고 빛의 갑옷을 입자 낮에와 같이 단정히 행하고 방탕하거나 술 취하지 말며 음란하거나 호색하지 말며 다투거나 시기하지 말고 오직 주 예수 그리스도로 옷 입고 정욕을 위하여 육신의 일을 도모하지 말라"(롬 13:12-14) 어거스틴은 이 말씀 앞에 무릎 꿇고 새로운 삶을 살았습니다.

시인은 지금 포로가 되어 적국에서 노예생활을 하고 있습니다. 희망이라곤 찾아볼 수 없는 운명입니다. 그때 누군가 그 백성들에게 하나님께서 옛 조상들에게 행하셨던 하나님의 말씀을 들려주었습니다. 포로생활 중인 이들에게 하나님의 말씀은 희망의 소리였습니다. 그들의 가슴은 뜨거워졌습니다. 하나님의 말씀이 식어져 가는 심령에 희망의 불을 지핀 것입니다.

■■■ 절망 속에 있을수록 하나님의 말씀을 듣게 하소서.

4월 15일
패배에도 교훈이 있다

**그러나 이제는 주께서 우리를 버려 욕을 당하게 하시고
우리 군대와 함께 나아가지 아니하시나이다 (44:9)**

자녀를 키우다 보면 자기들끼리 싸우는 것을 봅니다. 부모 입장에서는 무엇보다 속상한 일입니다. 그런데 아이들이 싸우는 이유를 알면 참 우습습니다. "내 과자 누가 먹었어?" "내 자린데 왜 니가 차지해?" "내 것인데 왜 만져!" 아무것도 아닌데 서로 지지 않으려고 다툽니다. 져줘도 아무 상관 없지만, 마치 죽을 것처럼 목숨 걸고 덤벼듭니다. 그럴 때 아이들에게 가르쳐줄 것이 있습니다. "살다보면 지는 때도 있어야 한단다. 그것도 인생에서 소중한 자산이거든."

시인은 '우리는 하나님을 사랑하고 섬기는 사람들이고, 이것은 하나님이 우리와 함께하는 전쟁이기 때문에 반드시 이겨야 한다'고 생각하는 것 같습니다. 그런데 안타깝게도 그들은 전쟁에서 패했습니다. 더구나 포로로 끌려가기까지 했습니다. 하나님께 버림받은 것 같고, 적들에게는 비웃음거리가 되었습니다. 하나님이 함께하지 않으신 것 같아 불평이 납니다. 그러나 기억할 것이 있습니다. 한 번의 패배가 영원한 패배는 아닙니다. 분명 지면서도 깨닫는 교훈이 있습니다. 하나님과 더 깊이 동행하게 되고, 하나님의 세계로 초대될 수 있습니다.

▪▪▪ 지는 것에서도 인생을 배우는 지혜를 주소서.

4월 16일
최고의 솜씨로 나누라

**내 마음이 좋은 말로 왕을 위하여 지은 것을 말하리니
내 혀는 글솜씨가 뛰어난 서기관의 붓끝과 같도다 (45:1)**

캘빈 밀러(Calvin Miller) 교수가 어느 교회에 강연을 가게 되었습니다. 그때 한 노부부가 공항까지 마중을 나왔습니다. 그들 노부부는 교회로 함께 가는 동안 솔직한 심경을 털어놓았습니다. "우리가 다니고 있는 교회는 냉랭하지는 않지만 그렇게 정이 넘치지도 않습니다." "그게 무슨 뜻입니까?" "사실 저희 교회는 매우 활동적입니다. 하지만 교인들이 서로 '사랑합니다', '성도님은 제게 매우 중요합니다'라고 진심으로 말한 게 언제인지 기억도 나지 않아요!" 그 말을 들은 캘빈 밀러 교수는 잠시 생각에 잠겼습니다. '누군가에게 그런 말을 들은 게 언제였지? 또 누구한테 그런 말을 한 적은?' 그 질문에 대한 답은 간단했습니다. '거의 없었다.' 그는 이 문제를 심각하게 생각하기 시작했습니다.

시인은 왕을 위하여 아름다운 시를 짓습니다. 그의 마음에서 우러나오는 좋은 말로 말입니다. 그의 입에서 나오는 아름다운 말솜씨는 마치 글솜씨가 뛰어난 서기관의 붓글씨와 같습니다. 듣는 이를 즐겁게 만듭니다. 당신이 자랑할 최고의 솜씨는 바로 말솜씨입니다. 은혜로운 말이야말로 지옥을 에덴으로 변화시킵니다. 붓글씨를 연습하듯 말솜씨를 훈련하면 많은 사람들에게 은혜가 될 것입니다.

■ ■ ■ 최고의 말솜씨로 은혜를 나누게 하소서.

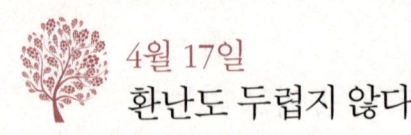

4월 17일
환난도 두렵지 않다

하나님은 우리의 피난처시요 힘이시니 환난 중에 만날 큰 도움이시라 (46:1)

행복을 꿈꾸며 한 남자를 만나 결혼한 여인이 있습니다. 그 남자만 있으면 행복할 줄 알았습니다. 남편은 아내를 아껴주었습니다. 아내를 배려해 주었고, 아내가 힘들까봐 작은 물건도 들지 못하게 했습니다. 하루하루가 꿈만 같았습니다. 그런데 그 꿈은 오래가지 못했습니다. 검은 머리가 파뿌리가 되도록 오래오래 살자고 약속했던 남편이 교통사고로 먼저 세상을 떠나고 말았습니다. 하늘이 무너지는 것 같은 막막한 나날이었습니다. 그러나 얼마 지나지 않아 그녀는 다시 일어섰습니다. 그녀에게 가장 큰 위로가 된 것은 교회 지하실에 있는 자그마한 기도실이었습니다. 그 은밀한 밀실이 아니었다면 닥쳐온 시련에 무릎을 꿇고 말았을 것입니다.

시인은 환난을 맞았습니다. 적군에게 예루살렘이 완전히 포로가 된 상황일지도 모릅니다. 개인적인 환난이든 국가적 재난이든, 그런 상황 속에서 사람이라면 자연스레 두려움에 빠져듭니다. 그러나 시인은 두려워하지 않았습니다. 피할 수 있는 하나님이 계시기 때문입니다. 그분은 위험을 이길 수 있는 힘을 공급하십니다. 환난 중에 만날 큰 도움이 있는데 왜 두려워하겠습니까? 하나님은 지금도 곁에 계십니다.

■■■ 환난 중에 용기를 갖게 하소서.

4월 18일
새벽은 인생의 골든타임

**하나님이 그 성 중에 계시매 성이 흔들리지 아니할 것이라
새벽에 하나님이 도우시리로다 (46:5)**

어느 목사님에게 두 딸이 있었습니다. 이들은 같은 대학에서 같은 날 졸업하게 되었습니다. 4.5점 만점에 평균 4.48점을 받아 공동 수석을 차지했습니다. 이들이 수석으로 졸업하게 된 비결은 간단했습니다. "열심히 새벽기도를 드리고 서로 도우며 공부했더니 하나님께서 수석이라는 복을 주셨나봐요."
두 자매는 매일 새벽 5시에 일어나 아버지가 담임하고 있는 교회에서 새벽기도를 마치고, 네 시간을 통학버스 안에서 보내는 강행군을 반복했습니다. 그러나 이들은 확신하고 있었습니다. "새벽기도의 힘은 참 대단한 것 같아요. 기도할 때마다 매번 좋은 성적을 받을 수 있었거든요."

지금 성 밖에는 적군이 함성을 지르고 무서운 기세로 덤벼들고 있으나 그들을 저지할 만한 힘이 없습니다. 그러나 시인에게는 확신이 있습니다. 그 성 가운데 하나님이 계신다는 것입니다.
자신들의 힘이나 군사력으로는 불가능합니다. 그러나 강하신 하나님이 버티고 계십니다. 밤이 지나고 새벽이 되면 하나님이 움직이실 것입니다. 승리하는 삶을 살고 하나님의 도우심을 받으려면 새벽을 놓치지 말아야 합니다. 홍해는 새벽에 갈라졌습니다.

▪▪▪ 새벽 시간을 하나님께 드릴 수 있게 인도하소서.

4월 19일
가만히 있어 예비하심을 따르라

이르시기를 너희는 가만히 있어 내가 하나님 됨을 알지어다 내가 뭇 나라 중에서 높임을 받으리라 내가 세계 중에서 높임을 받으리라 하시도다 (46:10)

어느 날 아빠가 어린 딸 방으로 갔습니다. 딸은 예쁜 구슬 상자를 보여 주었습니다. 그런데 아빠는 뜻밖의 말을 했습니다. "애야, 그것을 불 속에 던져버려라." 어린 딸은 망설였습니다. "네게 강요하지는 않겠다. 너에게 맡기겠다. 이유는 말하지 않을 것이니 네가 나를 믿는다면 그렇게 해라." 고심하던 딸은 결국 그 상자를 불 속에 던졌습니다. 그 일이 있은 후, 아버지는 불 속에 버린 것보다 더 아름다운 구슬 상자를 사주며 말했습니다. "내 딸아, 내가 이렇게 한 것은 네가 하늘에 계신 아버지를 신뢰하도록 가르치기 위해서였단다. 하나님은 여러 차례 네가 이유도 모르는 중에 포기하고 버릴 것을 요구하실 거야. 그때 네가 나를 믿었듯이 하나님을 믿는다면 너는 언제나 그것이 최선임을 알게 될 거란다."

이스라엘이 출애굽하여 홍해 앞에 섰을 때 하나님은 명령하셨습니다. "너희는 두려워하지 말고 가만히 서서 여호와께서 오늘 너희를 위하여 행하시는 구원을 보라"(출 14:13). 하나님이 일하시는 것을 보라는 것입니다. 하나님은 바닷속에 길을 예비해 두셨습니다. 하나님을 신뢰하면 무엇이든 포기할 수 있습니다.

■■■ 바닷속에 감추어진 길을 보게 하소서.

4월 20일
영향력

여호와께서 만민을 우리에게, 나라들을 우리 발 아래에 복종하게 하시며 (47:3)

돈 많은 노인 부부가 있었습니다. 이들은 말년을 의식하면서 전 재산을 교육 사업에 헌납하기로 마음먹었습니다. 어느 날 미국의 명문대학인 하버드대학을 방문했습니다. 허름한 옷을 입고 정문을 들어서는 노인 부부를 수위가 막아섰습니다. 노부부는 수위에게 총장님을 만나러 왔다고 말했습니다. 그러나 수위는 노부부를 계속 괄시했습니다. 업신여김을 받은 노부부는 화를 내며 물었습니다. "이런 대학 하나 설립하는 데 얼마나 듭니까?" 이번에도 수위는 콧방귀를 뀌었습니다. 상처를 받은 노부부는 집에 돌아와 전 재산을 투자해 대학을 설립했습니다. 그것이 바로 미국 제일의 대학 스탠포드입니다.

하나님은 보잘 것 없는 이스라엘을 만민 위에 세우시고 열방이 그들 앞에 무릎을 꿇게 하셨습니다. 모세와 여호수아, 다윗이나 솔로몬 왕 때에 그 영향력은 막강했습니다.
하나님은 먼저 우리를 성결하게 만드십니다. 그리고 그 마음에 합한 자를 사용하셔서 세상 가운데 막강한 영향력을 행사하기 원하십니다. 하나님께 사로잡힌 자에게는 세상을 움직이는 힘이 있습니다.

▪▪▪ 세상에 하나님의 영향력을 나타내게 하소서.

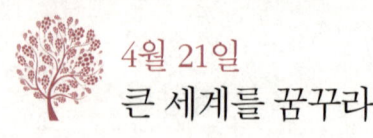

4월 21일
큰 세계를 꿈꾸라

**뭇 나라의 고관들이 모임이여 아브라함의 하나님의 백성이 되도다
세상의 모든 방패는 하나님의 것임이여 그는 높임을 받으시리로다 (47:9)**

세계적인 음료수 회사 코카콜라는 한 사람의 큰 꿈에서 시작했습니다. 제2차 세계대전이 끝나자 코카콜라 사장인 로버트 우드러프(Robert Woodruff)는 이런 결심을 했습니다. "내 꿈은 내 세대에 전 세계 모든 사람에게 코카콜라를 한 잔이라도 맛보게 하는 것이다." 그는 기자들에게 말했습니다. "내 혈관 속에는 피가 아니라 코카콜라가 흐른다." 그는 코카콜라에 완전히 미쳐 있었습니다.

오늘날 코카콜라는 세계 어느 곳에서나 찾아볼 수 있습니다. 유엔 가입 국가수보다 코카콜라가 들어간 국가의 수가 더 많다고 합니다. 이런 엄청난 일이 바로 한 사람의 꿈에서 시작되었습니다.

하나님은 온 열방을 다스리는 통치자입니다. 모든 열방이 이스라엘 백성들처럼 하나님을 참 신으로 고백할 것입니다. 하나님은 "세상의 모든 방패"로 자신이 다스리는 백성들을 친히 보호하십니다. 하나님이 온 열방을 꿈꾸고 계시다면 하나님의 백성들 역시 세상을 품어야 합니다. 생각의 벽, 꿈의 벽을 허물고 큰 세계를 경영해야 합니다.

▪▪▪ 하나님처럼 큰 꿈을 꾸게 하소서.

4월 22일
시온산을 사랑하라

**터가 높고 아름다워 온 세계가 즐거워함이여
큰 왕의 성 곧 북방에 있는 시온 산이 그러하도다 (48:2)**

예루살렘 현지법인 유대학 연구소장으로 있는 이강근 소장은 예루살렘을 두고 "온 세상 순례자들이 가고 싶어하는 영혼의 수도"라고 하면서 이렇게 말했습니다. "예루살렘은 60만 명이 살고 있는 작은 도시지만 종교적·문화적 그리고 정치적으로 세계 최고의 도시입니다. 정치 1번지 미국 워싱턴에 파견된 특파원 수와 같은 수의 외신기자들이 매일 예루살렘 소식을 전 세계로 나릅니다. 예루살렘은 참 아름답습니다. '하나님께서 세상에 열 개의 아름다움을 주셨는데, 그중 아홉 개의 아름다움을 예루살렘에 주셨고, 나머지 한 개를 다른 곳에 주셨다'고 할 정도로 예루살렘은 아름답습니다. 매년 전 세계에서 가장 많은 사람이 방문하는 도시이고, 앞으로 방문해 보고 싶은 세계 관광도시 톱10에도 꼭 들어갑니다."

예루살렘은 북쪽에 있는 북극성과 같습니다. 영혼의 고향이요, 길을 잃었을 때 방향을 잡아주는 길동무입니다. 본래의 예루살렘은 하나님이 거하시는 곳이기에 죄가 싹틀 수 없고, 진리와 은혜가 머무르며, 하나님의 영광을 담은 곳입니다.
하나님은 교회를 사랑의 대상으로 주셨습니다. 교회에 하나님이 거하시고 그분의 구속 받은 백성이 있기 때문입니다. 무엇보다 주님께서 교회를 사랑하사 자기 몸을 내어주셨기 때문입니다.

▪▪▪ 우리의 시온산을 아끼고 사랑하게 하소서.

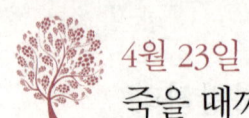
4월 23일
죽을 때까지 인도하시는 하나님

**이 하나님은 영원히 우리 하나님이시니
그가 우리를 죽을 때까지 인도하시리로다 (48:14)**

한 사람이 꿈을 꾸었습니다. 꿈속에서 그는 하나님과 해변을 거닐고 있었습니다. 하늘 저편에서는 그가 지금까지 살아온 삶의 모든 장면들이 영화처럼 상영되고 있었습니다. 거기에는 두 개의 발자국이 있었습니다. 하나님이 늘 그와 함께하셨다는 증거입니다. 그런데 어느 부분에서는 발자국이 하나밖에 없었습니다. 그때를 회상하니 자기 생애에서 처절하게 힘들던 시기였습니다. 그래서 하나님께 따졌습니다. "그렇게 어려울 때 하나님은 왜 제 곁에 있지 않으셨죠?" 주님이 대답했습니다. "사랑하는 아들아, 나는 너를 한 시도 떠난 적이 없다. 발자국이 하나밖에 없는 것은 내가 너를 업고 걸었기 때문이란다."

시인은 고백합니다. "예루살렘 성에 거하시는 하나님은 영원히 우리의 하나님입니다." 시인은 어떤 상황이 와도 확신하는 게 있습니다. "하나님은 우리를 죽을 때까지 인도하십니다." 우리의 든든함은 내 덕이 아닙니다. 사람들은 자기가 끝까지 책임지겠다고 하면서 그렇게 하지 못합니다. 그러나 하나님은 우리가 죽을 때까지, 아니 그 이후에도 영원토록 책임져 주십니다.

■■■ 죽을 때까지 인도하신다는 약속을 붙들게 하소서.

4월 24일
소유가치보다 사용가치

**그가 죽으매 가져가는 것이 없고
그의 영광이 그를 따라 내려가지 못함이로다 (49:17)**

유언을 기다리던 왕실의 초조함과는 달리 사경을 헤매면서도 알렉산더 대왕은 좀처럼 유언을 하지 않았습니다. 그러던 어느 날, 마침내 그는 모든 사람들을 불러 모았습니다. 그리고 힘겹게 입을 열어 띄엄띄엄 말했습니다. "내가 죽거든, 묻을 때 관 밖으로 손을 내놓아 다른 사람들이 볼 수 있도록 하시오." 이제나 저제나 하면서 초조하게 유언을 기다리던 신하들은 깜짝 놀랐습니다. 부와 권력을 한손에 쥐었던 왕의 유언으로는 적절하지 않다고 생각한 것입니다. 그러자 알렉산더 대왕은 이렇게 말했습니다. "나는 단지 세상 사람들에게 천하를 쥐었던 알렉산더도 떠날 때는 빈손으로 간다는 것을 보여주고자 하는 것뿐이오." 온 세상을 통일했던 알렉산더도 마지막 길은 빈손으로 갔습니다.

믿음으로 살아가는 성도라 할지라도 불신자들이 형통하며 승승장구 하는 것을 보면 속이 상합니다. 그러나 믿음 없는 부자들도 마지막 갈 때는 아무것도 가져가지 못합니다. 그들이 누리는 영광도 죽음의 길을 따라 갈 수는 없습니다. 돈은 지켜야 하는 것이 아니라 가치 있는 일에 써야 하는 것입니다. 재물은 사랑할 대상이 아니라 우리가 사용해야 할 대상입니다.

▪▪▪ 주신 재물에 마음을 뺏기지 않고 주님이 원하시는 곳에 잘 사용하게 하소서.

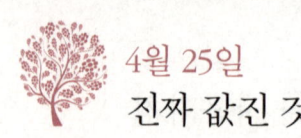
4월 25일
진짜 값진 것

존귀하나 깨닫지 못하는 사람은 멸망하는 짐승 같도다 (49:20)

어느 날 톨스토이(Lev Nikolaevich Tolstoi, 1828~1910)가 길에서 구걸하는 거지를 만났습니다. 톨스토이는 자선을 베풀기 위해 호주머니를 뒤졌습니다. 그런데 그날따라 동전 한 푼 없었습니다. 할 수 없이 톨스토이는 미안하다는 말을 전했습니다. "형제여, 마침 가진 것이 한 푼도 없군요. 정말 미안합니다." 이 말을 들은 거지는 빙그레 웃으면서 만족스러운 표정으로 말했습니다. "그깟 돈이 문제입니까? 저는 방금 선생님께 훨씬 더 값진 것을 받았습니다. 선생님은 제게 형제라고 불러주셨습니다."

하나님은 인간을 존귀하게 지으셨습니다. 인간에게 하나님의 형상을 입혀주셨습니다. 그리고 자녀 삼아주셨습니다. 그러나 깨닫지 못하는 인간은 멸망하는 짐승이나 다를 바가 없습니다. 짐승은 이성적인 판단을 하지 못하고 욕망과 감정에 따라 삽니다.
우리의 소유가 우리 가치를 결정해 주지는 않습니다. 땅의 재물을 믿고 하나님을 의지하지 않는 자는 영원한 안식의 세계로 들어갈 수 없습니다. 진리를 깨닫고 하나님을 깨닫는 지혜가 필요합니다.

▪▪▪ 하나님의 지혜로 세상을 보게 하소서.

4월 26일
환난에서 건지시는 분

환난 날에 나를 부르라 내가 너를 건지리니 네가 나를 영화롭게 하리로다 (50:15)

남편이 죽어 일찌감치 과부가 된 여인이 있었습니다. 그는 후에 예수님을 믿게 되었습니다. 그런데 예수를 믿고 나서 그렇게 큰 시련이 기다리고 있을 줄 몰랐습니다. 그는 근 2년 동안 귀신과 싸워야 했습니다. 두 아들을 먼저 하늘나라로 보냈는데, 사업하는 아들에게도 시련은 끊임없이 찾아왔습니다. 주변 사람들의 손가락질은 물론이고, 심지어 예수 믿는 사람들까지도 혀를 찰 정도였습니다.

그러나 그는 흔들리는 마음을 다잡았습니다. 힘들 때마다 하나님 앞에 나아갔습니다. 눈이 오나 비가 오나, 여름이나 겨울이나 한결같이 차가운 교회 마룻바닥에 무릎 꿇고 기도했습니다. 결국 하나님은 그를 통해서 영광을 받으셨습니다. 조롱했던 사람들도 나중에는 그에게 칭송을 보냈습니다.

환난이 닥쳐오면 어떻게 합니까? 감사함으로 하나님 앞으로 나아가야 합니다. 그분은 위기가 올 때마다 부르짖어도 귀찮다고 외면하지 않으십니다. 하나님은 신음하는 소리를 들으시고, 고통에서 건져내는 분이십니다. 어떻게 해야 하나님을 영화롭게 할 수 있을까요? 환난 날에 은혜의 보좌 앞에 나아가서 부르짖어야 합니다. 하나님은 기적을 베푸셔서 스스로 영화롭게 하십니다.

▪▪▪ 환난이 닥칠수록 크게 부르짖게 하소서.

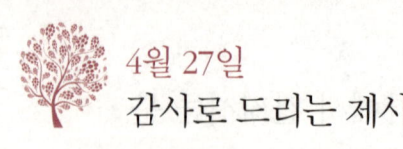

4월 27일
감사로 드리는 제사

감사로 제사를 드리는 자가 나를 영화롭게 하나니 그의 행위를 옳게 하는 자에게 내가 하나님의 구원을 보이리라 (50:23)

『제2차 세계대전』을 쓴 작가 코넬리어스 라이언(Cornelius Ryan, 1920~1974)은 5년간 암으로 투병하다 죽었습니다. 그는 투병 중에도 매일 아침 감격스러운 목소리로 기도했습니다. "하나님, 오늘도 좋은 날을 주셔서 감사합니다." 어느 날 아내가 심한 고통 중에도 감사기도를 드리는 남편에게 "뭐가 그렇게 감사해요?" 하고 물었습니다. 남편은 대답했습니다. "새 날을 맞는 다섯 가지 기쁨이 있어요. 첫째가 사랑하는 당신을 다시 볼 수 있는 기쁨이오. 둘째는 가족들의 음성을 들을 수 있는 기쁨이고, 셋째는 병들어 눕기 전에 작품을 탈고한 것이 기쁘오. 넷째는 병마와 싸울 힘을 주신 하나님께 감사하고, 마지막으로 무엇보다 감사한 것은 주님이 지금 나와 가까운 곳에 계신다는 것이오."

하나님은 모든 것을 다 가지신 부자입니다. 그렇기 때문에 사람들이 가져오는 재물을 보고는 기뻐하지 않으십니다. 하나님이 기뻐하시는 것은 상하고 통회하는 마음으로 드리는 예배입니다. 감사하는 마음과 태도로 드리는 예배를 하나님은 기뻐하십니다. 감사로 예배하는 자가 하나님을 영화롭게 합니다. 옳은 행위로 예배하는 자는 하나님의 구원을 경험할 것입니다.

■■■ 매일 감사로 가득한 예배를 드리게 하소서.

4월 28일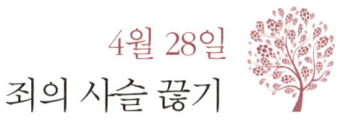
죄의 사슬 끊기

무릇 나는 내 죄과를 아오니 내 죄가 항상 내 앞에 있나이다 (51:3)

어느 날 한 젊은이가 스펄전(C. H. Spurgeon, 1834~1892) 목사님을 찾아왔습니다. 그리고 자신의 고민 보따리를 풀어놓기 시작했습니다. "목사님, 교회 생활을 하는 게 너무 힘이 듭니다. 늘 시험을 받습니다. 목사님께서 제게 완전한 교회를 소개해 주십시오." 이때 스펄전 목사님은 빙그레 웃으며 말했습니다. "혹시 자네가 그런 교회를 찾거든 나에게 좀 알려주게. 나도 그 교회 교인이 되고 싶네. 그러나 자네는 절대 그 교회를 다니면 안 되네! 자네가 거기 나가는 순간, 그 교회는 더 이상 완전해지지 않을 것이기 때문이지. 바로 자네 때문에!"

교회마저도 완전하지 못합니다. 문제없다고 생각하는 그 사람이 더 큰 문제입니다. 죄는 감추어서 해결되는 것이 아닙니다. 감출수록 하나님의 레이더망에 더 잘 걸립니다. 죄는 들통 나야 해결됩니다. 들통 나되 하나님이나 다른 사람들에 의해 들통 나기 전에 자신이 들춰내야 합니다. 자신이 드러내면 하나님께서 용서해 주십니다.
죄 때문에 받을 처벌을 두려워하지 말아야 합니다. 잘못한 것에 대해서는 징계를 받고 죄의 사슬을 끊어버려야 합니다.

▪▪▪ 죄의 연쇄작용에 휘말리지 않게 하소서.

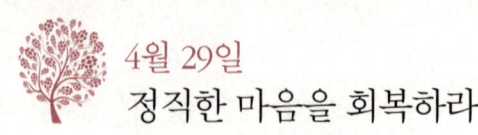
4월 29일
정직한 마음을 회복하라

**하나님이여 내 속에 정한 마음을 창조하시고
내 안에 정직한 영을 새롭게 하소서 (51:10)**

총신대학교 사회교육원 실용음악과정 책임교수로 학생들에게 재즈피아노와 CCM 재즈반주법 과정을 강의하는 김태종 교수가 있습니다. 그는 한때 방황의 시간을 보냈습니다. 술과 담배를 자연스럽게 접했고, 싸움 등의 문제로 학교를 옮긴 것도 몇 번 되었습니다. 결국에는 퇴학당하고 가출까지 했습니다. 그러다 하루 벌어 하루 사는 삶을 살게 되었고, 단란주점 사장이 되는 것이 꿈이 되어 버렸습니다.
어느 날 친구 한 명이 교회에 간다며 일찍부터 외출준비를 했습니다. 그는 교회에 대한 큰 거부감도 없었던지라 궁금함과 기대감에 따라 나섰습니다. 그런데 예배가 시작되자 이전에는 느껴보지 못한 따뜻함이 느껴지면서 울음이 터져 나왔습니다. 그 후로 그는 계속 예배에 참석했습니다. 그리고 인생이 바뀌었습니다.

누구나 잘못은 할 수 있습니다. 죄를 졌다는 것이 문제가 아닙니다. 회복을 향해 나아가는 정직함이 있느냐가 중요합니다. 하나님은 죄로 오염된 우리 마음이 깨끗해지기를 원하십니다. 다윗은 비록 씻을 수 없는 추한 죄를 지었지만 깨끗한 마음, 정직한 마음을 회복하여 새출발을 했습니다. 회복만 되면 얼마든지 제2의 인생을 살 수 있습니다.

■■■ 깨끗하고 정직한 마음을 회복시켜 주소서.

4월 30일
성령의 임재 안에 거하라

나를 주 앞에서 쫓아내지 마시며 주의 성령을 내게서 거두지 마소서 (51:11)

젊은 시절 예수님을 만난 사람이 있습니다. 예수님은 거칠었던 그의 마음과 태도를 만져주셨습니다. 그러자 삶이 변화되었습니다. 좋아하는 것도 원하는 것도 달라졌습니다. 성격도 살아가는 삶의 방식도 많이 달라졌습니다. 자신과 같이 예수님을 모르는 사람들에게 복음을 전하고 싶은 욕망이 불같이 일어났습니다. 날마다 복음을 전하는 데 혼신을 다했습니다. 직장생활은 부업이자 복음 전하는 통로로 여겼습니다. 그런 삶이 기뻤고 만족스러웠습니다. 그런데 교회에서 큰 상처를 입고 크고 작은 다툼이 시작되자 거친 옛 성품이 나오기 시작했습니다. 그는 성령의 지배를 받고 있는지 자신을 엄밀히 점검해야 했습니다.

한 사람의 인생에 성령이 임하는 것은 엄청난 자원을 얻는 것입니다. 성령은 최고의 인생을 살도록 동력을 불어넣습니다. 그것을 알고 있는 다윗은 범죄로 말미암아 성령의 임재가 사라지는 것을 두려워했습니다. 삼손과 사울의 경우 성령이 떠나자 힘이 사라졌고 고상함과 거룩한 영향력도 잃어버렸습니다. 인생 최대의 상실은 바로 하나님의 임재에서 멀어지고, 성령 역사의 뒷마당으로 나앉는 것입니다.

*** 매 순간 성령의 임재 안에서 살게 하소서.

May | Daily Bible of the Psalms

말씀으로 시작하는 아침 5월

"상하고 통회하는 마음을 주께서 멸시하지 아니하시리이다"
- 시 51:17

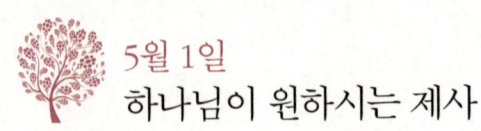

5월 1일
하나님이 원하시는 제사

**하나님께서 구하시는 제사는 상한 심령이라
하나님이여 상하고 통회하는 마음을 주께서 멸시하지 아니하시리이다 (51:17)**

주일 아침, 한 남자가 경건한 모습으로 가족들과 함께 예배를 드렸습니다. 아내는 믿음으로 살아가는 남편이 자랑스러웠고, 아이들도 자상한 아빠를 존경했습니다. 성격 좋고 경제력 있는 사람으로 인정받았던 그는 교회에서도 많은 헌금을 드리며 누구보다 앞장서서 일했습니다. 사람들은 하나님이 기뻐하는 일꾼이라며 모두 부러워했습니다. 그런데 그에게 부끄러운 사실이 있었습니다. 직장에서 부하 여직원과 은밀한 만남을 이어오고 있었던 것입니다. 꼬리가 길면 잡히는 법입니다. 무엇보다 과연 하나님께서 그의 예배를 받으셨을까요? 그의 봉사를 어떻게 보셨을까요?

하나님은 언약 백성이 드리는 제사를 기뻐하십니다. 그러나 형식적으로 드리는 제사보다 더 중요한 것이 있습니다. 상한 마음으로 드리는 제사입니다. 하나님은 자신이 죄인임을 깨닫고 통회하는 겸손한 마음을 기다리십니다. 죄로 인해 아파하는 마음, 하나님의 은총과 치유를 기다리는 마음으로 나아오는 것을 원하십니다.

▪▪▪ 제물보다 상한 마음으로 주님께 나아가게 하소서.

5월 2일

의를 말하는 입

**네 혀가 심한 악을 꾀하여 날카로운 삭도 같이 간사를 행하는도다
네가 선보다 악을 사랑하며 의를 말함보다 거짓을 사랑하는도다 (52:2-3)**

한 어린이가 놀이터에서 새총을 가지고 놀고 있었습니다. 그러다 지나가던 아주머니의 팔을 맞추고 말았습니다. 아주머니는 발끈 화를 내더니 꼬마를 데리고 꼬마의 엄마를 만나러 갔습니다. "애가 어찌나 별나고 말썽꾸러기인지 말도 못해요. 지금도 이런데 크면 더 큰 말썽을 부릴 게 뻔해요. 그리고 애는 항상 위험한 것만 가지고 노니까 엄마가 야단 좀 치세요." 아주머니는 말을 그칠 줄 몰랐습니다. 가만히 듣고 있던 꼬마의 엄마가 말했습니다. "우리 애가 위험한 것을 가지고 논 것은 사실이에요. 그런데 아주머니는 더 위험한 것을 가지고 계시네요." 아주머니는 의아한 표정을 지으며 그것이 무엇인지 물었습니다. "바로 아주머니의 입이에요. 돌멩이는 몸을 다치게 할 뿐이지만 말은 사람의 마음까지 다치게 하거든요."

사람들은 겉으로 드러난 상처와 피해에 대해서는 관심을 갖지만, 말로 인한 상처에 대해서는 미처 의식하지 못하는 경우가 많습니다. 한번 들은 상처의 말은 수 년 수십 년이 지나도 잊혀지지 않고 일생 동안 마음에 상처로 남습니다. 이것이 바로 말이 무기보다 무서운 이유입니다.
말은 마음의 거울입니다. 따라서 좋은 말을 하려면 바른 마음을 가져야 합니다. 선을 사랑하고 의를 말하는 길은 하나님을 바라보는 것밖에 없습니다.

■■■ 생각 없이 내뱉은 말로 다른 사람이 상처받지 않게 하소서.

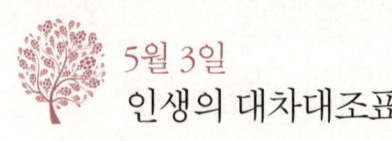

5월 3일
인생의 대차대조표

**그러나 나는 하나님의 집에 있는 푸른 감람나무 같음이여
하나님의 인자하심을 영원히 의지하리로다 (52:8)**

백화점 왕으로 불리는 존 워너메이커(John Wanamaker, 1838~1922)는 14세에 서점 점원으로 사회에서 첫출발을 했습니다. 당시 그에게 내놓을 만한 유형자산이라고는 아무것도 없었습니다. 그러나 든든한 무형자산은 많았습니다. 하나님을 향한 신실한 믿음과 근면하고 성실한 성품, 그리고 그간 착실히 쌓아올린 신용이 바로 그것이었습니다. 그 결과 23세에는 남성 의류점 주인이 되었고, 남북전쟁 중에도 성장을 거듭해 나중에는 초대형 백화점을 이루게 되었습니다. 그는 성공적인 사업가였을 뿐 아니라 체신부 장관으로 국가를 섬기기도 했습니다. 비록 배운 것 없는 사람이었지만 교육, 위생, 박애사업에도 남다른 공헌을 했습니다.

하나님을 힘으로 삼는 사람이 있는가 하면 재물의 풍부함을 의지하는 사람이 있습니다. 심지어 자신의 악을 자랑하는 사람도 있습니다. 그러나 시인은 "나는 하나님의 집에 있는 푸른 감람나무"라고 고백합니다. 그는 하나님 집에서 은혜의 진액으로, 하나님과의 교제를 통해 양분을 먹습니다. 그리고 오직 하나님의 인자하심만 의지합니다. 잘나가는 사람과 한 순간을 비교하면서 판단하지 마십시오. 인생은 긴 마라톤 경주입니다. 마지막을 보십시오.

하나님을 든든한 무형자산으로 삼게 하소서.

5월 4일
하나님을 찾는 자가 되라

**하나님이 하늘에서 인생을 굽어살피사 지각이 있는 자와
하나님을 찾는 자가 있는가 보려 하신즉 (53:2)**

아이언사이드(Henry Ironside, 1876~1951) 박사는 세계적으로 유명한 신학자이자 설교가입니다. 어느 날 박사가 교회에서 회의를 주도하고 있었습니다. 그때 갑자기 한 청년이 손을 들고 자리에서 벌떡 일어나 큰 소리로 외쳤습니다. "법대로 합시다!" 이 청년의 말을 듣고 있던 아이언사이드 박사가 조용히 말했습니다. "여보게 젊은이, 자네는 법대로 하는 걸 원하는가?" "예, 저는 법대로 하면 된다고 생각합니다." "그래? 만일 하나님께서 당신을 법대로 다루셨다면, 자네는 지금 어떻게 되었을 것 같은가? 아마도 지옥에 가 있지 않겠는가?"

하나님은 늘 세상을 굽어 살피시며 지각 있는 자, 하나님을 찾는 자를 보기 원하십니다. 그런데 세상에는 선을 행하는 자는 없고 부패하여 가증한 악을 행하는 더러운 자들로 가득 차 있습니다. 노아 시대, 소돔과 고모라 시대를 보며 탄식하신 하나님은 지금도 탄식하고 계십니다. 법대로 하면 다 죽어야 합니다. 그러나 하나님은 예수님을 보내주셔서 우리가 살 길을 열어주셨습니다. 하나님이 언제나 우리를 살피시고 당신의 뜻대로 살아갈 자들을 찾고 계심을 잊지 마십시오.

■■■ 지각을 열어 하나님을 찾게 하소서.

5월 5일
의인을 대적하지 말라

**그들이 두려움이 없는 곳에서 크게 두려워하였으니 너를 대항하여
진 친 그들의 뼈를 하나님이 흩으심이라 하나님이 그들을 버리셨으므로
네가 그들에게 수치를 당하게 하였도다 (53:5)**

감리교 운동의 창시자인 존 웨슬리와 조지 휫필드는 당시 영적 흐름을 이끄는 쌍두마차였습니다. 그러나 이들은 신학적으로 입장이 조금 달랐습니다. 조지 휫필드의 설교에 더 많은 사람들이 몰렸는데, 어느 날 한 사람이 존 웨슬리에게 물었습니다. "목사님은 천국에서 조지 휫필드 목사님을 만날 거라고 생각하십니까?" "아마 만나지 못할걸요?" "그렇죠. 목사님은 조지 휫필드의 신앙관으로는 천국에 가기 힘들다고 생각하시죠?" 그러자 웨슬리는 빙그레 웃으며 말했습니다. "내 말을 오해하셨군요. 조지 휫필드는 귀한 종이라 천국에 가면 하나님 보좌에서도 가장 가까운 곳에 있을 겁니다. 그래서 저는 감히 그분을 볼 수 없을 거라는 뜻입니다."

죄악을 행하는 자들은 하나님의 백성을 괴롭히고 대적하기 위해 진을 칩니다. 그러고는 전혀 위험하지 않은 곳에서도 두려워서 떱니다. 하나님이 그들의 뼈를 흩으셔서 매장지도 없도록 만드시기 때문입니다. 하나님이 그들을 버리셨기 때문에 수치를 당하는 것입니다. 하나님이 갚아주시는 것이 가장 무섭습니다. 죄인들은 하나님이 일하시기 전에 돌이켜야 하고, 의인들은 하나님의 일하심에 맡기고 긍휼을 베푸는 것이 옳습니다.

*** 하나님의 사람을 대적하지 않게 하소서.

5월 6일
절대위기 가운데서 무전을 치라

하나님이여 주의 이름으로 나를 구원하시고 주의 힘으로 나를 변호하소서 (54:1)

일본과 미국에서 유학을 마친 한 유학생이 있었습니다. 그는 고국의 모 대학으로부터 부총장자리를 제의받았지만 고사하고, 재정문제로 폐교 직전에 있는 한 고등학교에 교장으로 부임했습니다. 그의 꿈은 재정위기를 해결하고 그 학교를 한국의 명문 고등학교로 만드는 것이었습니다. 그러나 학교재정은 악화되기만 했고, 급기야는 문을 닫을 위기에 처했습니다. 어느 날 그는 40리가 넘는 길을 걸어서 깊은 산 속에 있는 한 동굴로 갔습니다. 그러고는 일주일 내내 식사도 하지 않은 채 기도만 했습니다. 그가 학교로 돌아왔을 때, 미국에서 보낸 수표 한 장이 도착해 있었습니다. 그것은 채무 전액을 갚을 수 있는 금액이었습니다. 거창고등학교 전영창 교장의 간절한 기도가 학교를 살린 것입니다.

다윗이 사울에게 쫓겨 십 광야에 있을 때를 생각해 보십시오. 위기가 닥쳐오면 살이 부르르 떨리고 정신이 없습니다. 그러나 그럴 때일수록 정신을 차려야 합니다. 자포자기하면 끝입니다. 사명과 비전을 놓지 말아야 합니다. 사람들에게 전화를 걸어 도움을 청하기 전에 하늘 보좌에 계신 사령관에게 무전을 치십시오. 그분은 기도로 매달리는 자에게 긍휼을 입혀주십니다.

▪▪▪ 절대위기 속에서 기도하게 하소서.

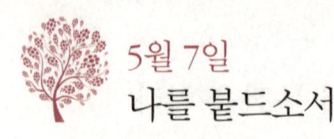

5월 7일
나를 붙드소서

하나님은 나를 돕는 이시며 주께서는 내 생명을 붙들어 주시는 이시니이다 (54:4)

시골에서 작은 교회를 섬기는 목사님이 있었습니다. 목사님은 먼 곳에서 오는 성도들을 생각해 어렵사리 봉고차를 샀습니다. 그런데 운전할 사람이 없었습니다. 처음에는 목사님이 운전해서 교인을 태워 온 후 예배를 인도하곤 했습니다. 그런데 한계가 있었습니다. 결국 사모님이 운전을 배우게 되었습니다. 어느 날 아침, 동네를 지나 커브가 많은 산비탈을 돌아오는 중에 급하게 브레이크를 밟았습니다. 그러나 차는 이미 수십 미터 언덕 아래로 굴러 떨어지고 있었습니다. 사모님은 이제는 죽었구나 생각했습니다. 그런데 언덕을 뒹굴던 차가 중간에 있는 큰 소나무에 걸려 더 이상 내려가지 않았습니다. 차는 망가지고 성도들이 좀 다치기는 했지만 그래도 큰 위기는 모면했습니다. 하나님께서 붙잡아주셨기 때문입니다.

다윗의 생명을 노리는 자가 많았습니다. 그의 생명을 빼앗기 위해 혈안이 된 자들의 틈바구니에서 다윗은 두려워 떨 수도 있었습니다. 그러나 그는 자신을 돕고 생명을 붙드시는 분이 있음을 확신했습니다. 상황이 급박하게 돌아갈 때 돕는 자에게 눈을 돌려야 합니다. 오늘도 하나님이 곁에서 살아계심을 느꼈습니까? 자신을 든든히 받쳐주시고 힘의 근원 되심을 피부로 느끼며 살아갑니까? 위급한 상황에서뿐 아니라 평소에도 이러한 임재연습이 필요합니다.

■■■ 위급한 여건 속에서 나를 붙드소서.

5월 8일
환난 중에도 길은 있다

**나를 대적하는 자 많더니 나를 치는 전쟁에서
그가 내 생명을 구원하사 평안하게 하셨도다 (55:18)**

한 젊은이가 법을 어겨 12년 동안 감옥에서 지내게 되었습니다. 앞을 보지 못하던 그의 아내는 거지처럼 구걸하다 죽었습니다. 세 자녀도 졸지에 거지 신세가 되었습니다. 이런 비참한 상황 속에서도 젊은이는 감옥에서 기도했습니다. "하나님, 저는 너무나 고통스럽습니다. 이런 제가 주를 위해 할 수 있는 일이 있을까요? 만약 하나님을 위해 할 수 있는 일이 있다면 저는 절망하지 않을 것입니다." 이때 주님이 그에게 감동을 주셨습니다. "글을 쓰라. 나는 네게 글을 쓰는 달란트를 주었노라." 기도하는 그에게 하나님은 주님의 나라를 향해 걸어가는 한 사람의 환상을 보여주셨습니다. 그렇게 해서 쓴 책이 바로 『천로역정』이고, 그 젊은이가 유명한 존 번연(John Bunyan, 1628~1688)입니다.

다윗은 압살롬과 아히도벨이 주도한 모반으로 도망가는 신세가 되었습니다. 그런 중에도 경건한 유대인들이 하는 것처럼 하루에 세 번씩 기도했습니다(55:17). 다윗은 급하고 위험하기 때문에 더 절박하게 기도했습니다. 하나님은 다윗의 힘으로는 어쩔 수 없는 극한의 위기 상황에서 평안을 주셨고 그를 구원하셨습니다. 위기 속에서도 하나님이 일하시면 길은 있습니다.

■■■ 환난 중에도 감추어진 길을 보게 하소서.

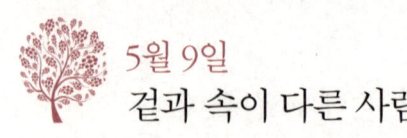

5월 9일
겉과 속이 다른 사람

**그의 입은 우유 기름보다 미끄러우나 그의 마음은 전쟁이요
그의 말은 기름보다 유하나 실상은 뽑힌 칼이로다 (55:21)**

한 직장인이 있었습니다. 그에게는 마음 터놓고 이야기를 나누는 동료직원이 있었습니다. 사실 경쟁 사회에서 속상한 마음을 터놓을 수 있는 동료가 있다는 것은 행복한 일입니다. 그래서 억울하게 혼내는 직장 상사, 얄밉게 일하는 동료직원, 원하는 복지를 갖춰주지 않는 직장에 대해 불평을 토로하곤 했습니다. 그 동료직원도 함께 맞장구를 쳤기 때문에 사실 같이 비난한 셈입니다. 그런데 나중에 이상한 소문이 들렸습니다. 누구누구가 이 사람 저 사람을 흉보고 다닌다는 것입니다. 물론 비난한 자체가 잘못이긴 했지만 매우 속상한 일이었습니다. 직원들은 그를 겉과 속이 다른 사람으로 취급하며 얼굴도 쳐다보지 않았습니다.

아히도벨은 다윗 앞에서 아첨하는 말, 부드럽고 유순한 말을 했습니다. 그러나 그 마음은 달랐습니다. 그의 말은 기름처럼 매끄러웠지만, 속은 잔인한 죽음을 부르는 '뽑힌 칼'과 같았습니다. 겉과 속이 다른 것입니다. 악한 사람들의 말은 날카로운 면도날처럼 무섭습니다. 다른 사람들의 잘못을 일일이 들춰내어 공격하므로 공포탄이 아닌 살상용 무기입니다. 우리는 그들의 공격 무기에 대비해야 합니다.

■■■ 겉과 속이 다르지 않게 하소서.

5월 10일
여호와께 맡기라

**네 짐을 여호와께 맡기라 그가 너를 붙드시고
의인의 요동함을 영원히 허락하지 아니하시리로다 (55:22)**

미국 시인 헨리 워즈워스 롱펠로우(Henry Wadsworth Longfellow, 1807~1882)가 임종이 가까웠을 무렵이었습니다. 한 기자가 그를 찾아가 물었습니다. "선생님은 두 부인과 사별하신 것뿐 아니라 여러 가지 많은 고통을 겪으며 살아오신 것으로 알고 있습니다. 그런데도 어떻게 그토록 아름다운 시를 쓰실 수 있었습니까?" 롱펠로우는 마당에 서 있는 사과나무를 가리키며 말했습니다. "저 나무가 내 스승입니다. 저 사과나무는 몹시 늙었습니다. 그러나 해마다 꽃이 피고 열매가 열립니다. 옛 가지에서 새 가지가 조금씩 나오기 때문입니다. 나 역시 생명의 주 예수 그리스도께 새 생명을 공급받아 인생의 새로운 꽃을 피우고 열매를 맺으며 살아왔습니다."

오늘 본문에서는 배신과 저주, 반역의 소용돌이가 일고 있습니다. 다윗을 파멸의 웅덩이에 빠뜨리기 위한 몸부림이 일어나고 있는 것입니다. 의인이라고 어찌 요동하지 않겠습니까? 그러나 문제를 해결할 키는 하나님께 있습니다. 하나님은 의인의 요동함을 원하지 않으십니다. 아픔과 상처를 마음에 담아두지 말고 하나님께 맡겨야 합니다. 맡기고 기도하는 것이 치유를 위한 첫걸음입니다.

▪▪▪ 아픔과 상처를 주님께 맡기고 자유케 하소서.

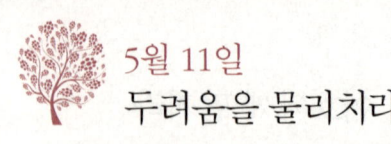

5월 11일
두려움을 물리치라

내가 하나님을 의지하고 그 말씀을 찬송하올지라 내가 하나님을 의지하였은즉 두려워하지 아니하리니 혈육을 가진 사람이 내게 어찌하리이까 (56:4)

어렸을 적 시골에서 살아본 사람이라면 이런 경험이 있을 것입니다. 밤에 화장실에 가고 싶은데 밖은 온통 캄캄합니다. 전기불은 없고, 호롱불을 켜던 시절입니다. 화장실에 관해 들었던 이런저런 무서운 이야기들도 생각납니다. 참고 아침까지 있자니 자신이 없습니다. 그러면 옆에 자고 있는 언니나 오빠를 흔들어 깨웁니다. 용변을 보러 가서도 불안해서 물어봅니다. "언니 뭐해?" "어, 그냥 있어." 어린 시절 화장실 문화는 정말 두려운 공포 그 자체였습니다.

다윗은 사울을 피해 가드 왕 아기스에게로 도망쳤습니다. 아기스의 부하들은 다윗을 삼키려고 종일토록 기회만 엿보았습니다. 블레셋이 그의 피난처는 아니었습니다. 두려운 다윗은 하나님을 의지하며 그분의 말씀을 붙잡았습니다. 하나님이 붙잡으시면 사람들이 넘어뜨릴 수 없음을 알고 있었기 때문입니다.
무서운 상황을 두려워하지 말고 하나님의 임재에서 벗어나는 것을 두려워해야 합니다. 하나님이 지키시면 그 누구도 함부로 할 수 없습니다. 마틴 루터 킹은 말합니다. "공포가 노크할 때 믿음으로 문을 열면 문 밖에는 아무것도 없다."

▪▪▪ 하나님을 의지함으로 두려움에서 벗어나게 하소서.

5월 12일
눈물을 갚아주시는 하나님

나의 유리함을 주께서 계수하셨사오니 나의 눈물을 주의 병에 담으소서 이것이 주의 책에 기록되지 아니하였나이까 (56:8)

숱한 어려움 속에서도 믿음을 굳게 지킨 권사님이 있었습니다. 권사님은 불신 가정에 시집와서 신앙을 가졌습니다. 예배가 좋고 교회 가는 것이 행복했습니다. 남매를 신앙으로 잘 키웠고 남편도 전도했습니다. 그런데 이 모든 것이 그냥 된 것이 아니었습니다. 남편은 새벽기도 가는 것을 아주 싫어했습니다. 그러나 권사님에게는 새벽기도만큼 행복한 시간이 없었습니다. 남편이 뭐라고 해도 새벽기도만큼은 양보할 수 없었습니다. 추운 겨울 어느 날, 기도를 마치고 집에 왔는데 남편이 문을 잠그고 열어주지 않았습니다. 그럴 때면 날이 밝을 때까지 처마 밑에 쪼그리고 앉아서 눈물로 기도하곤 했습니다. 그렇게 포기하지 않고 기도한 결과 남편도 전도하고 아이들도 신앙으로 잘 키우게 된 것입니다. 또 권사님 손에 이끌려 교회에 나오는 사람들이 많아져 권사님은 전도왕 자리까지 오르게 되었습니다.

다윗은 블레셋까지 와서 숱한 고생을 했습니다. '내가 이게 무슨 신세인가?' 하고 불평할 수도 있었지만, 그는 하나님을 바라보면서 불평을 이겨 냈습니다. 다윗은 자신이 정처 없는 떠돌이로 고생했던 것, 막막한 상황에서 상한 심령으로 하나님을 바라보며 눈물을 흘렸던 것을 하나님이 알고 계시리라 믿었습니다. 눈물 병에 담긴 눈물방울 수대로 갚아주실 것을 확신했습니다.

▪▪▪ 흘린 눈물이 보석이 되게 하소서.

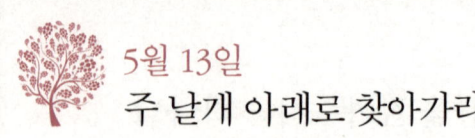

5월 13일
주 날개 아래로 찾아가라

하나님이여 내게 은혜를 베푸소서 내게 은혜를 베푸소서 내 영혼이 주께로 피하되 주의 날개 그늘 아래에서 이 재앙들이 지나기까지 피하리이다 (57:1)

병아리와 어미 닭이 마당에 거니는 것을 본 적이 있습니다. 병아리들은 마당을 헤집고 다니면서 놀기도 하고 먹이를 찾아다닙니다. 어미 닭은 다른 것을 하면서도 늘 병아리들을 주시하고 있습니다. 갑작스레 강아지가 컹컹 짖으면 위기감을 느낀 병아리들이 어미 닭에게 달려오거나, 어미 닭이 병아리들에게 달려갑니다. 어미 닭은 날개를 활짝 펼쳐서 새끼들을 품에 품습니다. 그리고 사납게 강아지를 공격할 태세를 갖춥니다. 깃털을 세운 어미 닭은 마치 사나운 싸움닭과 같습니다. 병아리들은 어미 닭의 품에 있을 때 비로소 안전합니다.

다윗은 사울의 협박을 피해 동굴에 숨었습니다. 그런데 다윗을 추격해 온 군사들이 그 동굴에 들어왔습니다. "이제 다 틀렸어!" 절망적인 일촉즉발의 상황입니다. 그래도 다윗은 포기하지 않습니다. 함부로 행동하지도 않습니다. 그는 하나님의 은혜를 구합니다. 자신의 생명을 안전하게 보호해 달라고 간구합니다. 그에게 닥친 재앙이 지나갈 때까지 기다립니다.

▪▪▪ 주의 날개 안에 안전하게 품어주소서.

5월 14일
찬양할 마음

**하나님이여 내 마음이 확정되었고 내 마음이 확정되었사오니
내가 노래하고 내가 찬송하리이다 (57:7)**

방탕한 삶을 살았던 어거스틴은 자신의 『고백록』에서 이렇게 고백합니다. "오, 주님! 당신은 위대하시오니 크게 찬양을 받으소서. 당신의 능력은 위대하며, 당신의 지혜는 측량할 수 없이 무한합니다. 이렇게 크신 당신에게 사람이 감히 찬양을 드리고자 합니다. 죽음을 짊어지고 죄악을 가득 안은 이 인간은 교만한 자를 물리치시는 당신께 죄를 범하고 있는 존재가 아닙니까? 그렇지만 저는 당신을 찬양코자 합니다. 부스러기에 불과한 제게 주님을 찬양코자 하는 마음을 주셨기 때문입니다. 당신이 일깨우지 않고서야 제가 어찌 찬양할 마음을 갖겠습니까? … 당신을 만나고서 어찌 찬양하지 않을 수 있겠습니까?"

다윗을 추격해 온 사울은 다윗이 숨어 있는 바로 그 동굴에 들어와서 낮잠을 자고 있었습니다. 이 광경을 목도한 다윗에게 지금까지의 고생은 아무 문제도 아니었습니다. 스스로 판 웅덩이에 빠진 사울을 보면서 마음이 하나님께로 향하지 않을 수 없었던 것입니다. 다윗은 하나님이 자신을 기름 부어 세우신 것이 결코 사람의 행사가 아님을 알았습니다. 그리고 하나님을 이전보다 더욱 견고하게 신뢰했습니다. 다윗은 이런 기적을 베푸신 하나님을 찬양하지 않을 수 없었습니다. 하나님의 일하심을 믿음으로 목격하면 자연스럽게 그분을 향한 신뢰와 찬양으로 이어집니다.

▪▪▪ 찬양할 마음을 내게 주소서.

5월 15일
행복한 새벽으로 시작하라

내 영광아 깰지어다 비파야, 수금아, 깰지어다 내가 새벽을 깨우리로다 (57:8)

허드슨 테일러(James Hudson Taylor, 1832~1905)는 중국선교의 아버지라 불리는 사람입니다. 사람들이 그에게 물었습니다. "당신은 어떻게 일생을 사역자로 보낼 수 있었습니까? 그리고 행복한 비결은 무엇입니까?" 그가 대답했습니다. "제 헌신과 행복의 비결은 하루를 어떻게 시작하느냐에 달려 있습니다. 연주자는 음악회가 시작되기 전 악기를 조율합니다. 음악회가 끝난 뒤 조율한다면 어리석은 사람이겠지요. 저는 아침에 일어나면 하나님의 뜻과 내 뜻을 맞추는 일부터 합니다."

그렇습니다. 하나님의 뜻과 내 뜻을 조율해야 합니다. 하나님의 뜻에 내 뜻을 맞추고 나서 무슨 일이든 시작해야 합니다. 다윗은 자신의 영혼을 깨워 하나님을 찬양할 결심을 합니다. 그는 사울을 피해 다니느라 찬양하는 삶을 잃어버렸습니다. 이제 사울의 시대는 지고, 하나님의 언약이 다윗을 통해 이루어질 아침이 동터 오고 있습니다. 다윗은 자신의 탁월한 연주 실력으로 하나님을 찬양하고자 합니다. 만물이 잠든 새벽을 깨우면서 하나님을 찬양하기로 결단합니다. 하루를 시작하는 새벽부터 모든 관심과 생각을 하나님께로 고정하여 행복한 출발을 하기 원하는 것입니다.

▪▪▪ 새벽부터 모든 삶이 하나님께로 향하게 하소서.

5월 16일
첫마음으로 돌아가라

**통치자들아 너희가 정의를 말해야 하거늘 어찌 잠잠하냐
인자들아 너희가 올바르게 판결해야 하거늘 어찌 잠잠하냐 (58:1)**

"첫마음으로 돌아가라"는 말이 있습니다. 그러나 세상에는 초심마저도 믿을 수 없는 사람들이 많습니다. 대학시절 정부와 통치자들을 향해서 화염병을 던지고 돌을 던지며 정의를 외쳤던 사람들이 있습니다. 당시 그들은 불의와 거짓을 참지 못했습니다. 그런데 그렇게 정의를 외치던 그들이 나중에 정치에 입문하고 기업에 입사하면 비슷한 구태를 반복하는 것을 쉽게 볼 수 있습니다.

다윗은 악한 왕 사울과 그 일당을 잘 알았습니다. 그들의 마음과 정치 행각을 다 지켜보았습니다. 지도자의 자리에서 정의를 실현하고 올바른 판결을 해야 할 그들은 본연의 자리를 이탈했습니다. 그들 때문에 백성들은 오히려 더 고통스러웠습니다. 권력을 남용하여 이득을 챙기고 불의를 행하기에 급급했으며, 섬김은 사라지고 권력을 휘두르는 폭군만 남았습니다.

노동자들의 권익을 옹호하려는 노조, 학생들의 바른 교육을 위해 목청 높이는 교원, 국민들의 권익을 보호하려는 정치인들은 본연의 자리로 돌아가야 합니다. 우리의 첫마음은 무엇입니까? 어디로 돌아가야 합니까?

▪▪▪ 본연의 자리, 초심을 잃지 않게 하소서.

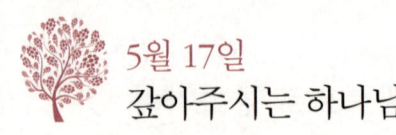

5월 17일
갚아주시는 하나님

**그 때에 사람의 말이 진실로 의인에게 갚음이 있고
진실로 땅에서 심판하시는 하나님이 계시다 하리로다 (58:11)**

『사랑에 빚진 자 최태섭』이라는 책을 펴낸 한국유리 최태섭 회장의 이야기입니다. 1·4 후퇴 때, 그가 사업자금을 빌린 은행에 찾아가 돈을 갚으려 하자, 직원은 난리통에 어떻게 될지 모르니 갚을 필요가 없다며 피난이나 가라고 했습니다. 그래도 그는 돈을 갚고 난 후에야 피난길에 올랐습니다.
후에 최 회장은 제주도에서 국군에 생선을 납품하는 원양어업을 할 기회를 얻었습니다. 큰 돈이 필요했으나 돈도 담보도 전혀 없었습니다. 최 회장은 융자를 신청하기 위해 은행을 찾아갔습니다. 그런데 은행장이 1·4 후퇴 때 돈을 갚고 피난을 간 최 회장을 알아보고 무담보로 2억 원을 융자해 주었습니다.

의롭고 정직하게 사는 사람에게는 보상이 주어집니다. 그런데 때때로 의를 행하는 사람이 고통받고, 악을 행하는 사람이 오히려 잘되는 모습을 보기도 합니다. 그러나 이 모든 것은 하나님이 선을 이루어나가시는 과정입니다. 결국 하나님은 의인이 행한 대로 갚으시며 악인은 심판하십니다. 하나님은 공의로우신 분이기 때문입니다.

▪▪▪무엇을 하든 정직하고 의로운 삶을 살게 하소서.

5월 18일
곤란 중에 하나님을 찾으라

**나의 하나님이여 나의 원수에게서 나를 건지시고
일어나 치려는 자에게서 나를 높이 드소서 (59:1)**

링컨은 기도하는 대통령이었습니다. 남북전쟁에서 북군의 전세가 불리해지자 1863년 4월 30일 목요일을 '금식기도일'로 선포하고 온 국민의 동참을 호소했습니다. 링컨은 병사들을 위로하기 위해 종종 전쟁터를 찾았는데, 그때도 간절히 기도했습니다. 그가 기도하는 시간이면 사령부 막사 입구에 하얀 손수건이 내걸리곤 했습니다. 링컨은 전쟁이 끝난 후 이렇게 고백했습니다. "북군의 승리는 기도의 승리였습니다. 우리에게 유능한 명장이 없었던 것은 오히려 다행이었습니다. 덕분에 우리는 기도로 하나님께 더욱 의지할 수 있었습니다."

이 시는 사울이 다윗을 죽이기 위해 사람을 보내 집을 지킬 때 지은 시입니다. 다윗은 원수 때문에 곤란을 당했습니다. 그 원수는 이방 장수 골리앗도 아닌, 하나님께서 기름 부어 세우신 왕이었습니다. 다윗에게는 너무 버거운 상대였습니다. 다윗은 하나님께서 건져달라고, 자기를 높이 들어 해를 당하지 않게 해달라고 간구했습니다. 곤란한 상황이 다가올 때 사람들은 자기 힘이나 지혜, 경험으로 해답을 찾으려고 합니다. 아니면 인맥을 찾아 도움을 받거나 그것도 안 되면 자포자기합니다. 그러나 우리는 가장 먼저 하나님께 호소해야 합니다. 하나님은 우리를 곤란 가운데서 능히 건져내실 것입니다.

▪▪▪ 곤란한 상황에서 하나님을 찾게 하소서.

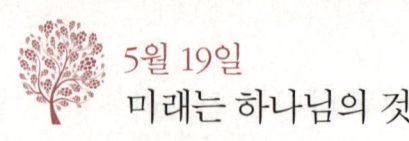

5월 19일
미래는 하나님의 것

**나는 주의 힘을 노래하며 아침에 주의 인자하심을 높이 부르오리니
주는 나의 요새이시며 나의 환난 날에 피난처심이니이다 (59:16)**

제2차 세계대전 때였습니다. 크레이턴 메이브렘 장군과 그가 인솔하는 부대가 모조리 포위당하고 말았습니다. 하지만 장군은 낙심하지 않고 오히려 용기백배했습니다. "여러분, 이 전쟁이 시작된 이래 처음으로 사방을 공격할 수 있는 절호의 기회를 맞았습니다." 그는 용기를 내어 작전을 수행했습니다. 그리고 전쟁을 승리로 이끌었습니다.

문제에는 해답이 있습니다. 위기는 기회가 될 수 있습니다. 밝은 미래를 개척하는 사람은 생각하는 것이 다르고 바라보는 것이 다릅니다. 문제는 그것을 바라보는 마음과 눈입니다. 다윗은 다가온 어려움 때문에 기죽지 않았습니다. 오히려 주의 인자하심을 노래할 아침을 바라보았습니다. 환난 날은 문제가 되지 않았습니다. 아무리 극심한 어려움이 있어도 요새가 되시고 피난처가 되시는 하나님이 곁에 계심을 알았기 때문입니다. 다윗은 주님의 힘을 알고 있었습니다. 그래서 찬양으로 나아갈 수 있었습니다.
하나님은 미래를 밝히실 수 있고, 미래의 우리는 얼마든지 웃을 수 있습니다. 하나님이 우리 편이 되시기만 하면 됩니다.

***하나님이 밝히시는 미래를 소유하게 하소서.*

5월 20일
원인을 분석하는 지혜를 가지라

**하나님이여 주께서 우리를 버려 흩으셨고 분노하셨사오나
지금은 우리를 회복시키소서 (60:1)**

성공학의 대가 존 맥스웰(John C. Maxwell, 1947~)은 '100퍼센트 실패하는 사람들의 여섯 가지 습관'을 다음과 같이 소개합니다. 패배의식, 멈춰버린 성장, 계획 없는 인생, 무변화, 다른 사람과의 관계 실패, 성공을 위한 대가를 무시하는 태도. 100퍼센트 실패하는 인생에는 언제나 이러한 공통점이 있습니다. 반면 성공적인 인생을 경영하는 사람들은 정반대의 특징을 가지고 살아갑니다. 원인을 잘 분석하면 성공은 눈앞에 보이기 마련입니다.

다윗은 감당하기 힘든 난간 앞에 봉착했습니다. 동서남북으로 대적들이 으르렁거리고 있습니다. 그것은 주께서 다윗의 무리를 버려 흩으시고 분노하셨기 때문입니다. 다윗은 지혜롭게 문제의 원인을 발견했습니다. 하나님께서 승리를 주실 때 교만하여 방심했고, 그 결과 하나님의 징계를 받게 된 것입니다. 이것은 그들을 멸망시키려는 진노가 아니었습니다. 그래서 다윗은 "하나님이여, 이제는 우리를 회복시키소서!" 하고 간구할 수 있었습니다.

▪▪▪ 하나님의 징계를 거두시고 이제는 회복시켜 주소서.

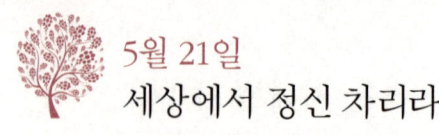

5월 21일
세상에서 정신 차리라

**우리가 하나님을 의지하고 용감하게 행하리니
그는 우리의 대적을 밟으실 이심이로다 (60:12)**

용인에 있는 정신병원에서 1년에 한두 차례 설교를 하는 목사님이 있었습니다. 어느 날 설교하는데, 한 사람이 킬킬 웃기 시작했습니다. 예배드리는 사람들은 그래도 정신이 나은 편에 속하는데, 한 사람이 키득키득 웃자 옆에 있던 사람이 그를 쿡쿡 찌르면서 말했습니다. "얘는 미쳤어요. 미쳤어." 정신이 온전치 못한 사람이 자기와 같은 사람을 보고 미쳤다고 말하는 모습이 무척 우스웠습니다. 그래서 설교하던 목사님도 함께 웃어 버렸습니다. 그때 한 사람이 목사님을 가리키면서 말했습니다. "저 사람도 미쳤다!" 나중에 목사님은 그때를 생각하며 이렇게 말했습니다. "나는 내가 미친 것을 그날 처음 알았습니다."

다윗은 아람 사람들과 싸우고 있었습니다. 그 틈에 에돔 사람들이 이스라엘을 공략했습니다. 게다가 모압과 블레셋까지 싸움을 걸어올 조짐이었습니다. 세상에는 하나님이 아끼는 사람들을 괴롭히는 자들이 있습니다. 장차 어떻게 될 것을 모르고 날뛰는 것입니다. 하나님은 그들을 밟으실 것입니다. 또 한 부류의 미친 사람들이 있습니다. 바로 하나님을 믿으면서도 하나님을 의지하지 않는 사람들입니다. 그들은 하나님을 의지하지 않기 때문에 대적들을 두려워합니다. 우리가 하나님을 믿는다면서 그분을 의지하지 않는다면 이 험한 세상에서 필경 실패할 것입니다.

*** 하나님을 의지하여 용기를 잃지 않게 하소서.

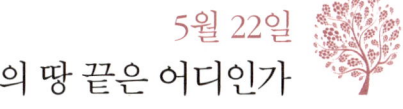

5월 22일
나의 땅 끝은 어디인가

**내 마음이 약해 질 때에 땅 끝에서부터 주께 부르짖으오리니
나보다 높은 바위에 나를 인도하소서 (61:2)**

사업하는 집사님이 있었습니다. 그런데 몇 년 전부터 사업이 힘들게 되었습니다. 자금이 돌지 않자 월급을 제대로 받지 못한 직원들은 협력해 주지 않습니다. 어음도 부도가 났습니다. 밤늦은 시간까지 발버둥쳤지만 회복될 기미는 전혀 보이지 않았습니다. 어느 새 차압이 들어오기 시작했습니다. 건강도 여의치 않습니다. 벼랑 끝에 홀로 서 있는 기분이었습니다. 도저히 안 되겠다 싶어 회사와 집을 정리했습니다. 그리고 아는 사람 회사에 직원으로 취직했습니다. 초라하지만 새로운 출발이었습니다.

벼랑 끝에 내몰려 본 적이 있습니까? 그곳이 바로 땅 끝입니다. 다윗은 땅 끝에서 절박한 심정으로 기도했습니다. 그에게 '땅 끝'은 압살롬의 반란을 피해 도망 온 요단 동편의 마하나임이었습니다. 그는 시온 땅을 떠나 더 이상 갈 곳이 없는 땅 끝에 와 있었습니다. 당시 다윗은 실신할 정도로 심신이 쇠약했습니다. 아들 압살롬의 반역은 말로 표현할 수 없는 큰 근심이었습니다. 땅 끝에서 다윗이 선택할 수 있는 것은 기도밖에 없었습니다. 다윗은 하나님께서 예비하신 피난처로 인도해 달라고 절박하게 기도했습니다. 땅 끝에서 약해진 마음을 강하게 할 것은 기도밖에 없습니다.

▪▪▪ 땅 끝에서 부르짖는 기도에 응답하소서.

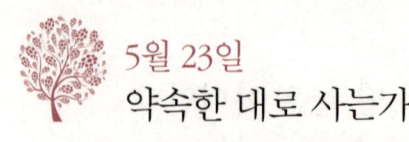

5월 23일
약속한 대로 사는가

**그리하시면 내가 주의 이름을 영원히 찬양하며
매일 나의 서원을 이행하리이다 (61:8)**

하워드 장군은 독실한 크리스천이었습니다. 그가 서부 해안 지대로 파견 나가 있을 때 그의 친구들은 수요일 저녁에 그의 영예를 축하하는 환영 만찬회를 열기로 했습니다. 그들은 장군을 깜짝 놀라게 해주기 위해 모든 준비를 마치고 제일 마지막에 그에게 알리기로 했습니다. 마침내 준비를 완벽히 끝내고 난 후 그들은 장군에게 이 소식을 알렸습니다. 그러자 하워드 장군은 이렇게 말했습니다. "나는 크리스천이네. 내가 처음 교회에 나갔을 때, 수요일 저녁에는 꼭 주님을 만나뵙겠다고 주님과 약속했다네. 어떤 것도 이 중요한 약속을 깨뜨릴 수는 없네." 결국 이 만찬회는 목요일 밤으로 미뤄졌습니다.

다윗은 압살롬에게 쫓기는 절박한 상황에서 자신의 왕권을 회복해 달라고 구합니다. 그리고 하나님께서 은혜를 베푸시면 매일 자신의 서원을 이행하겠다고 약속합니다. 그렇다면 그가 이행할 서원이 무엇입니까? 주님의 이름을 찬양하는 것과 하나님 앞에 거하는 것입니다(7). 절박할 때 드린 서원기도가 있습니까? 그때 하나님이 응답해 주셨습니까? 그렇다면 약속대로 하나님 은혜에 보답하는 삶을 사는 것이 자녀 된 우리의 도리입니다.

▪▪▪ *서원한 것을 이행하며 살게 하소서.*

5월 24일
아무것도 아니다

**아, 슬프도다 사람은 입김이며 인생도 속임수이니
저울에 달면 그들은 입김보다 가벼우리로다 (62:9)**

알렉산더 대왕(Alexandros the Great, B.C. 356~323)은 신구약 중간기에 헬라제국의 위대한 왕이었습니다. 그는 아리스토텔레스의 제자였으며, 막강했던 페르시아 제국의 다리우스 왕을 무찌르고 고대 근동의 패권을 장악했습니다. 역사상 가장 어린 나이, 가장 짧은 기간에 가장 넓은 영토를 차지한 왕이었습니다. 그는 동방 정복을 마치고 인더스 강을 보면서 눈물을 흘렸습니다. 옆에 있는 신하가 왜 우냐고 묻자 "이제는 더 이상 정복할 땅이 없지 않느냐?" 하고 대답했다고 합니다. 그런데 불행하게도 그는 돌아오는 길에 열병에 걸려 죽었습니다. 거대한 제국과 새로운 문화를 만들어 신으로 숭배될 정도로 강력한 힘을 가진 왕이었지만, 전장에서 맹렬하게 죽은 것이 아니라 하찮은 질병을 이기지 못해 죽은 것입니다.

천한 자나 높은 자나 동일합니다. 모든 인간은 입김과 같고, 하나님의 저울에 달아보면 입김보다 가벼운 존재입니다. 자랑할 것도 신뢰할 것도 없습니다. 재물이나 권력이 늘어난다고 그것에 치우치면 안 됩니다. 하나님이 한 번 불면 한 순간에 날아갑니다. 강한 자가 앞에 있어도 부러워하거나 기죽을 필요 없습니다. 모든 것이 하나님의 손 아래 있을 뿐입니다.

■■■ 스스로 헛된 착각에 빠져 살지 않게 하소서

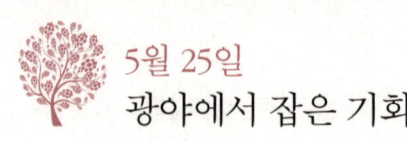

5월 25일
광야에서 잡은 기회

하나님이여 주는 나의 하나님이시라 내가 간절히 주를 찾되 물이 없어 마르고 황폐한 땅에서 내 영혼이 주를 갈망하며 내 육체가 주를 앙모하나이다 (63:1)

"시작하고 실패하는 것을 계속해 보렴. 실패할 때마다 뭔가를 얻을 수 있을 거야. 네가 원하는 것은 성취하지 못할지라도, 가치 있는 뭔가를 발견할 수 있거든." 보지도 듣지도 말하지도 못하는 삼중고의 고통을 지닌 헬렌 켈러를 위대한 위인으로 만든 앤 설리번 선생이 그녀에게 늘 들려주던 말입니다. 그는 수없는 실패를 통해 헬렌 켈러를 세계적인 인물로 키워냈습니다. 실패를 두려워하는 사람은 아무것도 이룰 수 없습니다. 실패는 성공으로 가는 징검다리일 뿐입니다.

다윗은 사울에게 쫓기기도 했고, 나중에는 아들 압살롬의 반역 때문에 광야로 도망치기도 했습니다. 다윗에게 광야는 실패의 자리, 배신의 상처를 가지고 간 자리입니다. 권력이나 부귀영화도 다 버려야 하는 포기의 자리입니다. 모든 것을 잃은 황폐한 자리에서 그는 하나님을 갈망합니다. 가장 비참하고 처절한 자리이기에 하나님을 만나지 않으면 견딜 수가 없는 것입니다. 광야는 물과 빵이 없는 결핍의 장소이고 짐승들이 우글거리는 위험한 곳이지만 하나님을 경험할 수 있는 곳이기도 합니다. 이곳에서조차 하나님을 경험할 수 없다면 그것이야말로 인생낭패입니다.

▪▪▪ *실패의 자리가 영적 갈망의 기회가 되게 하소서.*

5월 26일
누가 주의 권능과 영광을 보는가

**내가 주의 권능과 영광을 보기 위하여
이와 같이 성소에서 주를 바라보았나이다 (63:2)**

뒤늦게 예수를 믿은 여인이 있었습니다. 그녀는 예수를 믿은 뒤에도 수많은 역경이 있었습니다. 한 아들은 사고를 당하고, 사업을 하는 다른 아들은 부도가 났습니다. 한번은 사업하는 아들에게 돈이 필요했습니다. 그런데 빌릴 곳이 없었습니다. 마을 사람들은 그 집에 돈을 빌려주면 못 받을 거라면서 외면했습니다. 마지막으로 교회에서 신임받는 장로님 댁을 찾아갔습니다. 그러나 그곳에서조차 돈을 빌리지 못했습니다. 서글프기 그지없었습니다. 그때마다 찾아가는 곳이 있었습니다. 바로 교회였습니다. 그곳에서 하나님 앞에 아픈 가슴을 토로했습니다. 하나님은 그때마다 여인의 상처 난 마음을 만져주셨습니다. 우리가 인생의 수많은 상처들을 안고 달려가는 곳은 어디입니까?

현재 다윗이 거한 곳은 광야입니다. 하나님의 성전이 있는 예루살렘에서 멀리 떨어져 있습니다. 그의 감정은 구겨질 대로 구겨졌습니다. 그의 자존심과 명예는 실추될 대로 실추되었습니다. 하지만 다윗은 힘든 상황에서도 주님의 권능과 영광을 보고자 하는 거룩한 비전을 포기하지 않았습니다. 성전을 바라보는 자, 깨지고 낮은 마음을 가진 자가 하나님의 권능과 영광을 경험합니다.

■■■ 주님의 권능과 영광 보기를 포기하지 않게 하소서.

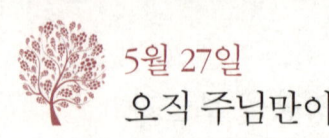
5월 27일
오직 주님만이

**주의 인자하심이 생명보다 나으므로 내 입술이 주를 찬양할 것이라 이러므로
나의 평생에 주를 송축하며 주의 이름으로 말미암아 나의 손을 들리이다 (63:3-4)**

뇌성마비의 몸으로 하나님을 향한 뜨거운 사랑과 고백의 언어로 우리에게 감동을 주는 시인 송명희의 두 번째 시집 『내가 너와 함께 하리라』에는, "주님의 손이 쉬면"이라는 시가 실려 있습니다. "주님의 손이 쉬면 우리는 아무것도 할 수 없고, 주님이 눈을 감으시면 우리는 없어지며, 주님이 발을 잠깐 멈추시면 우리는 살 수가 없습니다."

생각한 대로 만사가 순조롭게 진행되어 갈 때 우리는 득의양양합니다. 물론 그런 순간에도 '하나님의 은혜'라는 수식어를 붙이지만, 사실 이야기의 주인공은 주님이 아니라 자기 자신이라는 사실을 누구보다도 자기가 잘 압니다. 그러나 우리의 삶은 주님의 도우심 없이는 한 순간도 버텨낼 수 없습니다. 현대 과학의 빛나는 업적을 자랑하는 사람들 역시 수개월 동안 비가 오지 않아 대지가 타들어갈 때, 하늘을 바라보는 것 외에는 할 수 있는 것이 아무것도 없음을 인정합니다. 우리는 이런 주님의 보살핌과 우리를 향한 인자하심을 바라보며 그분께 찬양하고 영광을 돌려야 합니다.

주님을 향한 찬양이 열납되게 하소서.

5월 28일
영혼의 부요

**골수와 기름진 것을 먹음과 같이 나의 영혼이 만족할 것이라
나의 입이 기쁜 입술로 주를 찬송하되 내가 나의 침상에서 주를 기억하며
새벽에 주의 말씀을 작은 소리로 읊조릴 때에 하오리니 (63:5-6)**

어느 날 어거스틴이 밤늦게까지 성경을 묵상하다 깜빡 잠이 들었습니다. 꿈속에서 주의 천사가 나타나 어거스틴에게 물었습니다. "그대는 무엇을 원하는가?" 비록 꿈이었지만 어거스틴은 잠재의식 속에 깊이 자리 잡고 있는 것을 고백했습니다. "저는 아무것도 원하는 것이 없습니다. 주님밖에는요." 어거스틴의 유일한 소망과 만족은 바로 예수 그리스도였습니다. 그렇기에 참회록에서 "하나님이 당신 자신을 위해 우리를 창조하셨으며, 우리의 마음은 그분 안에서 안식을 찾을 때까지 결코 진정한 안식을 발견하지 못한다"고 고백할 수 있었던 것입니다.

골수와 기름진 것은 짐승의 영양가 높고 가장 좋은 부분을 가리킵니다. 시인은 하나님과의 관계에서 그런 만족을 경험하고 있습니다. 그의 영혼을 부요케 하는 것은 무엇입니까? 입술로 주를 찬양하는 것, 침상에서 주를 기억하는 것, 아침에 주의 말씀을 작은 소리로 읊조리는 것입니다. 세상이 주는 만족은 갈증이 납니다. 아무리 채워도 허전합니다. 그러나 하나님이 주시는 만족은 근본적이고 궁극적입니다. 만유의 주님이 영혼의 만족이 되시기 때문입니다. 나는 언제 영혼의 만족을 누립니까?

■■■ 육체적인 고통 속에서도 영혼을 부요케 하소서.

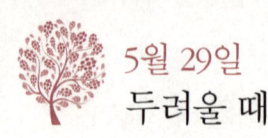

5월 29일
두려울 때

**하나님이여 내가 근심하는 소리를 들으시고
원수의 두려움에서 나의 생명을 보존하소서 (64:1)**

LA 흑인 폭동을 경험한 한인이 가장 두려워하는 사람은 흑인이라고 합니다. 그런데 흑인은 멕시칸을 두려워합니다. LA에는 멕시칸이 흑인보다 많고, 또 멕시코 국경과도 가까워 흑인들은 멕시칸을 조심합니다. 그런데 멕시칸은 월남인을 두려워합니다. 월남인들은 나라 패망 후 목숨 걸고 보트를 타고 미국으로 건너온 한(恨) 많은 사람들이기에 잘못 건드리면 폭발합니다. 실제로 LA의 월남 갱들은 수는 적지만 가장 잔인하기로 소문이 자자합니다. 그런데 월남인들은 한국인을 제일 두려워합니다. 월남전 당시 한국인들이 극한 상황에서 얼마나 무섭게 변하는지 경험했기 때문입니다.

다윗은 악을 꾀하는 자들의 계략에 노출되어 있습니다(2). 잘나가는 다윗을 노리는 사람들이 처처에 도사립니다. 그들은 은밀하게 덫을 준비하고 있습니다. 다윗은 원수들로 인해 두려움에 휩싸입니다. 그래서 근심 중에 하나님 앞에서 기도합니다. "나의 생명을 보존하소서!" 숨어서 은밀하게 공격하는 원수들을 피할 방법은 없습니다. 다만 기도할 뿐입니다. 우리가 가장 두려워하는 것이 무엇이라 할지라도 그것을 주님의 제단에 올려놓을 때, 하나님은 그것을 다루기 시작하십니다.

두려움이 엄습할 때 기도의 굴을 찾게 하소서.

5월 30일
사탄이 즐겨 사용하는 무기

그들이 칼 같이 자기 혀를 연마하며 화살 같이 독한 말로 겨누고 숨은 곳에서 온전한 자를 쏘며 갑자기 쏘고 두려워하지 아니하는도다 (64:3-4)

일본의 유명 작가인 미우라 아야꼬(1922~1999) 여사는 이런 말을 남겼습니다. "이 세상에서 사람을 제일 많이 죽이는 도구는 무엇일까? 총? 총도 사람을 죽이는 데 많이 사용된다. 칼? 칼도 많이 사용된다. 원자폭탄? 물론 그것도 사람을 무지막지하게 많이 죽인다. 그러나 역사 이래 이런 것들보다 사람을 더 많이 죽인 것이 있는데, 바로 세 치도 안 되는 사람들의 혀다. 대포와 총, 칼과 폭탄은 사람의 몸을 죽이지만 사람의 혀는 인격을 죽인다. 총과 대포를 쏘아 사람을 죽이는 일도 알고 보면 사람의 말로 시작된다."

다윗 주변에는 칼을 갈듯이 자기 혀를 날카롭게 갈고 있는 사람들이 있었습니다. 그들은 독을 가득 묻힌 화살처럼 독이 가득한 말로 다윗을 겨냥합니다. 다윗에게 아무런 잘못이 없는데도 쏘려고 준비하고 있는 것입니다.

사탄이 가장 즐겨 사용하는 효과적인 무기가 바로 말입니다. 없는 말을 꾸며내고, 흠 잡고 비난하는 말로 애매한 사람을 죽입니다. 혀가 가진 살상의 위력을 누가 부인하겠습니까? 그러나 혀의 위력을 가슴으로 느끼면서 혀를 조심하는 사람은 드뭅니다. 온전한 사람은 혀를 잘 다루며, 주님의 통제 아래 복종시킬 줄 압니다.

▪▪▪ 혀를 사탄에게 내어주지 않게 하소서.

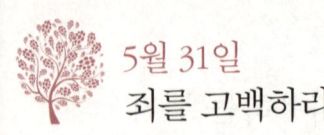

5월 31일
죄를 고백하라

죄악이 나를 이겼사오니 우리의 허물을 주께서 사하시리이다 (65:3)

전쟁이 치열해질수록 링컨은 더 깊이 신앙에 몰두했습니다. 그는 역사를 이끄는 분은 하나님이며 자신은 도구에 불과함을 잊지 않았습니다. 링컨은 전쟁 중에도 때때로 국가 금식일을 지정했습니다. "우리의 죄를 회개하고 또 고백해서 전능하신 하나님께 긍휼과 용서를 구해야 합니다. 우리는 평화와 풍요 속에서 하나님의 손길을 잊어왔습니다. 전쟁이라는 재난 앞에서 국가적인 죄를 자백하고 세상의 최고 통치자이신 하나님께서 이 백성을 멸망시키지 않기를 기도합시다." 링컨의 기도는 죄를 자백하는 기도, 하나님의 긍휼을 구하는 기도였습니다.

죄는 영적 거장 다윗도 넘어뜨렸습니다. 죄를 정복할 영웅은 없습니다. 죄문제를 해결할 수 있는 분은 하나님밖에 없습니다. 하나님도 예수님의 피 값을 통해 해결하셨습니다. 우리가 할 수 있는 것은 용서를 구하는 것뿐입니다. 허물이 문제가 아닙니다. 죄를 가지고 하나님께 나아가지 않는 것이 문제입니다. 인간이 누릴 수 있는 최고의 축복은 하나님의 사면입니다. 죄가 해결되지 않고는 행복도 축복도 오지 않습니다.

▪▪▪ 숨겨놓은 죄까지도 고백하게 하소서.

말씀으로 시작하는 아침 6월

"나는 항상 소망을 품고 주를 더욱더욱 찬송하리이다"
- 시 71:14

6월 1일
주님의 뜰

**주께서 택하시고 가까이 오게 하사 주의 뜰에 살게 하신 사람은 복이 있나이다
우리가 주의 집 곧 주의 성전의 아름다움으로 만족하리이다 (65:4)**

이용규 선교사가 예배드리고 있을 때 몽골의 한 자매가 땀으로 뒤범벅되어 교회에 들어왔습니다. 자매는 예배드리기 몇 시간 전에 소를 잃어버려 분주하게 소를 찾으러 뛰어다녔습니다. 그러나 예배시간이 임박한 것을 알고는 소를 버려둔 채 들판을 가로질러 교회로 달려온 것입니다. 그러면 소는 어떻게 되었을까요? 예배를 마치자마자 밖에서 소 울음소리가 들려왔습니다. 잃어버렸던 소가 자기 집이 아닌 예배 처소를 먼저 찾아온 것입니다. 자매는 소가 아닌 예배의 기쁨을 선택했습니다. 그러자 하나님은 예배와 소, 두 가지를 모두 주셨습니다.

하나님이 택하신 자들은 주의 뜰에 살아야 합니다. 지성소는 하나님의 임재 장소를 뜻하는데, 진정한 복은 하나님의 임재 안에서 친밀한 교제를 나누는 것입니다. 다시 말해 하나님이 거하시는 집에서 이탈하는 것 자체가 저주이며, 주의 집으로 가까이 나아가는 것이 곧 축복인 것입니다. 이곳에서는 형제에 대한 사랑도 경험할 수 있고 섬김도 누릴 수 있습니다. 어떤 상황에서든 주의 뜰로 가야 합니다. 죄 사함의 은총을 받은 자들은 주의 뜰에서 영혼의 만족을 누립니다.

■■■ 주님의 뜰로 달려가는 기쁨을 누리게 하소서.

6월 2일
내 인생의 경영자

주께서 밭고랑에 물을 넉넉히 대사 그 이랑을 평평하게 하시며 또 단비로 부드럽게 하시고 그 싹에 복을 주시나이다 (65:10)

한 청년이 있었습니다. 어렸을 때부터 교회에 다녔지만 인격적으로 예수님을 만난 것은 고등학교 시절이었습니다. 청년은 하나님 앞에 목사가 되겠다고 서원했습니다. 그런데 대학은 경제학과를 지원했습니다. 어려운 가정 형편 때문에 돈을 벌어야겠다는 생각이 더 앞섰던 것입니다. 그러나 대학교 3학년이 되자 하나님은 청년의 생각을 바꾸셨습니다. 청년은 한 달 동안의 작정기도 끝에 신학을 하기로 결정했습니다. 그때 하나님 앞에 기도했습니다. "하나님, 두 가지만 약속해 주세요. 하나는 까마귀를 통한 기적을 제게도 베풀어주세요. 다른 하나는 저 대신 형제들을 축복해 주세요." 그리고 30년의 세월이 흘렀습니다. 하나님은 그 약속을 모두 응답해 주셨습니다. 그리고 그 청년은 목사가 되어 지금 이렇게 글을 쓰고 있습니다.

내 인생의 경영자는 누구입니까? 다윗은 농사꾼 비유를 통해 자기 인생의 경영자가 하나님이심을 설명합니다. 하나님은 밭고랑에 물을 넉넉히 대시고, 밭이랑을 평평하게 하시며, 단비로 땅을 부드럽게 하십니다. 그리고 싹이 돋아나고 자라게 하십니다. 마찬가지로 내 인생의 더욱 풍성한 경영을 가능케 하시는 분은 최고의 농사꾼이신 하나님뿐입니다.

▪▪▪ 내 인생의 경영자를 하나님으로 삼게 하소서.

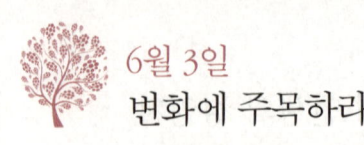

6월 3일
변화에 주목하라

하나님이 바다를 변하여 육지가 되게 하셨으므로 무리가 걸어서 강을 건너고 우리가 거기서 주로 말미암아 기뻐하였도다 (66:6)

중국 남서쪽에 예수님을 믿는 미아오 사람들이 살고 있었습니다. 그들은 공동으로 투자해서 뽕나무를 사다 심었습니다. 그런데 늦은 봄 어느 날, 뽕나무 잎을 갉아먹는 송충이들이 발견되었습니다. 송충이는 순식간에 번졌습니다. 아이들까지 동원해 연일 송충이를 잡았지만 엄청난 수를 줄이기에는 역부족이었습니다. 상황은 절망적이었습니다. 이때 한 성도가 소리쳤습니다. "교회에 갑시다. 하나님을 부릅시다. 하나님께서 우리를 도우실 겁니다!" 그들은 밤늦게까지 기도에 힘썼습니다. 다음 날 이른 아침, 회색 하늘 한가운데 검은 새들이 떼를 지어 날고 있었습니다. 새들은 뽕나무 언덕을 향해 쏜살같이 내려오더니 살이 통통하게 오른 송충이들을 잡아먹었습니다. 순식간에 문제가 해결된 것입니다.

이스라엘은 국가적인 위기에 처했습니다. 그때 다윗은 출애굽을 회상합니다. 당시 이스라엘 백성들은 절망적인 상황에 놓여 있었습니다. 앞으로 가면 홍해 바다이고, 뒤로 돌아서면 강한 애굽 군대가 쫓아오고 있었으니까요. 그 절박한 상황 속에서 하나님은 주무시지 않고 이스라엘을 위해 위대한 일을 하셨습니다. 하나님이 행하시는 곳에서는 변화의 역사가 일어납니다.

■■■ 상황에 주목하지 말고 변화를 가져오실 분을 주목하게 하소서.

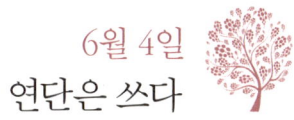

6월 4일
연단은 쓰다

**하나님이여 주께서 우리를 시험하시되
우리를 단련하시기를 은을 단련함 같이 하셨으며 (66:10)**

어느 날 한 성도가 몸에 이상증세를 느꼈습니다. 검사를 받고 병실에 누워 있는데 밖에서 가족들이 이야기하는 소리가 들렸습니다. "암인데 앞으로 얼마 살 수 없대…" 그는 깜짝 놀랐으나 신앙으로 받아들였습니다. 그때부터 가진 재산을 정리해서 불우한 이웃에게 나눠주었습니다. 그리고 유서까지 준비해 두었습니다. 6개월이 지난 어느 날, 점점 나빠져야 할 몸이 이상하게도 멀쩡했습니다. 그래서 병원에 갔더니 암으로 얼마 살 수 없다던 진단은 오진인 것으로 밝혀졌습니다. 주변 사람들은 대부분의 재산을 다 써버린 그를 안타까워했습니다. 그런데 그는 말했습니다. "6개월 동안의 시한부 인생이 제 삶 전체에서 가장 진지하고 보람 있게 살았던 순간이었습니다."

하나님은 이스라엘이 죄의 도성 애굽에서 빠져나오는 것에 만족하지 않으셨습니다. 그들을 정금같이 연단하여 거룩한 제사장 나라로 세우길 원하셨습니다. 불순물 없는 깨끗한 보석은 용광로의 연단을 통해서 만들어집니다. 고통스러워도 철저하게 녹아져야 합니다. 광야는 쓸데없는 고통의 나날이 아닌 연단을 위한 하나님의 처방입니다.

광야에서 받는 연단을 잘 이겨내게 하소서.

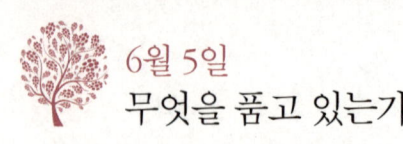

6월 5일
무엇을 품고 있는가

내가 나의 마음에 죄악을 품었더라면 주께서 듣지 아니하시리라 (66:18)

존 오웬은 우리 안에 있는 죄의 정욕이 얼마나 위험한지에 대해 이렇게 말했습니다. "은혜 언약은 하나님과 화평을 누리고 그분과 동행할 힘을 약속해 준다. 바로 이와 같은 평화와 힘을 통해 우리 영혼은 삶을 얻는다. 그런데 죄의 정욕은 일생 동안 쌓아온 평화와 힘을 빼앗아갈 수 있다. 하나님과 화평 가운데서 그분의 얼굴을 보지 못하고 하나님과 동행하는 힘을 상실한다면 그런 삶은 우리에게 더 이상 무의미하다. 정욕을 죽이지 못할 때 그 정욕은 영혼에게서 평화와 힘을 빼앗는다."

죄를 품고 성할 사람은 없습니다. 하나님은 죄의 쓴뿌리를 제거하기 위해 철저히 연단하십니다. 연단을 받고 난 후 깨끗한 마음과 영으로 기도할 때 하나님은 그 기도를 들어주십니다. 죄악은 축복의 문을 닫고, 기도 응답의 문을 잠급니다. 죄의 정욕을 벗어나야 영혼에 자유가 임하고 하나님의 임재를 경험할 수 있습니다. 하나님은 두 손이 깨끗한 사람의 기도를 기다리십니다.

▪▪▪ 죄를 품지 말고 내뱉게 하소서.

6월 6일
하나님의 스케일

**하나님이여 민족들이 주를 찬송하게 하시며
모든 민족들이 주를 찬송하게 하소서 (67:3)**

어느 날, 존 웨슬리가 용서에 대해 설교하고 있었습니다. 웨슬리의 설교가 끝나자 웨슬리 앞으로 한 사람이 나왔습니다. 그는 거칠고 난폭하기로 소문난 장군이었습니다. 그는 웨슬리 앞에서 얼굴을 붉히며 말했습니다. "목사님, 목사님은 은혜롭게 설교하셨습니다. 하지만 저는 제 앞에 총부리를 겨누는 사람들을 절대 용서할 수 없습니다." 웨슬리는 그 장군을 바라보며 말했습니다. "장군님, 그렇다면 장군님은 앞으로 절대 죄를 짓지 말아야 합니다."

사람들마다 용서의 스케일이 다릅니다. 그러나 믿음의 사람들은 용서에 있어 하나님을 닮아야 합니다. 하나님은 이스라엘만 용서하시고 그들에게만 은혜를 베푸신 것이 아닙니다. 하나님을 거역하던 이방인에게조차도 은혜의 빛을 비추셨습니다. 하나님의 스케일은 감히 우리가 상상할 수 없습니다. 시인은 모든 민족들이 주를 찬양하는 날을 사모하고 있습니다. 죄로 어두워진 우리의 영혼에 비춰진 하나님의 빛이 이방 모든 백성들에게 비춰지도록 하나님의 스케일로 살아야 합니다.

▪▪▪ 가슴을 열어 하나님의 스케일로 살게 하소서.

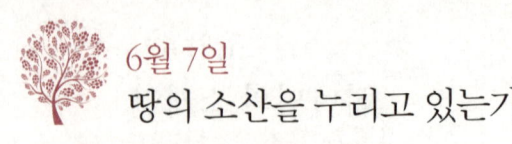

6월 7일
땅의 소산을 누리고 있는가

**땅이 그의 소산을 내어 주었으니 하나님
곧 우리 하나님이 우리에게 복을 주시리로다 (67:6)**

세계적으로 유명한 도미노피자의 창업주는 톰 모너건(Tom Monaghan, 1937~)이라는 사람입니다. 그는 고아원에서 불우한 소년시절을 보냈습니다. 중학생이 될 무렵 어느 가정에 입양되었으나 학교에서 몇 차례 사고를 치는 바람에 퇴학 처분을 받았습니다. 그때 문득 고아원 시절 문제아였던 자기를 아껴주시던 한 선생님의 말씀이 생각났습니다. "하나님은 너를 절대로 버리시지 않는단다. 그러니 낙망하지 말고 큰 별을 따도록 노력하거라." 그는 용기를 내어 피자 가게에 취직했습니다. 그리고 밀가루 반죽부터 부지런히 배웠습니다. 그 결과 오늘날 전 세계에 8천여 체인점을 둔 피자 전문점을 일구어냈습니다. 그는 말합니다. "청년들이여, 그대의 생애를 하나님께 맡기고 한번 크게 승부를 걸어보십시오."

하나님은 영혼의 죄 문제만 해결해 주시는 것이 아닙니다. 영혼이 잘됨같이 범사가 형통하고 강건하기를 원하십니다. 하늘의 기업을 누리는 것은 중요합니다. 그러나 하나님은 땅의 기업도 풍성하게 누리길 원하십니다. 왜냐하면 영향력 있는 삶, 감동을 만드는 삶을 살도록 하기 위해서입니다. 우리는 하나님이 베푸시는 소산의 풍성함으로 예술적인 삶을 창조해야 하겠습니다.

▪▪▪ 영향력을 발휘하도록 땅의 소산을 풍성케 하소서.

6월 8일
하나님의 침묵이 깨지는 날

**하나님이 일어나시니 원수들은 흩어지며
주를 미워하는 자들은 주 앞에서 도망하리이다 (68:1)**

독일의 한 무신론 철학자가 사람들 앞에서 외쳤습니다. "하나님이여, 당신에게 5분이라는 시간을 주겠소. 나는 5분 동안 당신을 저주할 것이오. 만약 당신이 살아있다면 나를 저주하고 형벌을 내리시오." 그는 그렇게 5분 동안 욕설을 퍼부으면서 하나님을 저주했습니다. "여러분, 저를 보십시오. 이만하면 하나님이 존재하지 않는다는 사실이 충분히 입증된 거 아닙니까?" 그때 한 노인이 걸어 나와 말했습니다. "내가 믿고 경험한 하나님은 내가 그분을 떠나서 거스를 때 책망하시고 때로는 징계까지 하셨소. 하나님은 그의 자녀를 그냥 내버려두시지 않기 때문이오. 그런데 오늘 하나님은 당신에게 침묵하셨소. 그분의 침묵은 곧 당신이 그분의 자녀가 아니라 버림받은 사람이라는 것을 입증한 것이오."

하나님은 때때로 침묵하십니다. 그때 악한 자들은 승승장구하고 의인은 압제를 당합니다. 그래서 의인들은 외칩니다. "언제까지 이래야 합니까?" 그러나 하나님이 악을 몰아내고 원수들을 심판하실 날이 다가오고 있습니다. 하나님을 대적하고 미워하는 자들을 연기같이 흩으시기 위해 하나님은 일어나실 것입니다. 하나님의 침묵이 깨질 때 악한 자들은 아수라장을 경험할 것입니다.

*** 하나님이 일어나실 때까지 인내하게 하소서.

6월 9일
왕의 행차를 준비하라

**하나님께 노래하며 그의 이름을 찬양하라
하늘을 타고 광야에 행하시던 이를 위하여 대로를 수축하라
그의 이름은 여호와이시니 그의 앞에서 뛰놀지어다 (68:4)**

어느 날 일본의 유명한 신학자 우찌무라 간조(內村鑑三, 1861~1930)에게 한 대학생이 찾아와서 물었습니다. "우찌무라 선생님, 저는 성경에 나오는 모든 기적들을 믿을 수 없습니다. 홍해가 갈라졌다는 이야기, 태양이 머물렀다는 이야기, 예수께서 물 위를 걸으셨다는 이야기, 부활하셨다는 이야기 등을 말입니다. 제 이성으로는 도대체 이해할 수도 없고 받아들일 수도 없습니다. 그런 황당한 이야기나 이해할 수 없는 기적들은 빼놓고 다른 내용으로만 성경공부를 하면 안 될까요?" 그는 대답했습니다. "학생, 성경에서 사람의 이성으로 받아들이기 어려운 기적들을 다 제하고 성경공부를 한다면, 꼭 두 가지만 남는다네. 그것은 바로 성경의 앞뒤 표지뿐이지."

다윗은 감격하여 하나님을 찬양하라고 외칩니다. 스스로 계신 자, 언약을 신실하게 이루시는 여호와 앞에서 즐거이 경배해야 합니다. 그분은 하늘을 타고 광야에서 행하시던 분이기 때문입니다. 그분에게는 광야가 문제되지 않습니다. 기적을 몰고 다니는 그분은 홍해가 갈라지고, 반석에서 물이 나오며, 하늘에서 고기가 내려오게 하십니다. 그렇기에 우리는 그분이 두루 행하시도록 대로를 닦아야 합니다.

▪▪▪ 왕의 기적을 준비하는 자가 되게 하소서.

6월 10일
약한 자를 살피시는 분

하나님이 고독한 자들은 가족과 함께 살게 하시며 갇힌 자들은 이끌어 내사 형통하게 하시느니라 오직 거역하는 자들의 거처는 메마른 땅이로다 (68:6)

최근 경제적인 한파로 노숙자들이 늘어났습니다. 노숙자들을 위한 사회의 관심도 늘어났고, 그들을 위한 교회의 사역도 활발해지고 있습니다. 그러다 보니 대부분의 노숙자들은 어느 교회에 가면 무엇을 얼마만큼 얻을 수 있는지 정보를 공유하고 있습니다. 이 교회 저 교회 돌아다니면서 음식과 돈을 부지런히 챙깁니다. 다는 아닐지라도 상당히 많은 노숙자들이 그 돈으로 술을 마시고 약물도 복용합니다. 이러한 일이 발생하자 항간에서는 노숙자들을 위한 그런 적선이 오히려 더 큰 해악을 가져온다고 말하기도 합니다. 하지만 방법이 문제일 뿐 그들을 향한 마음과 사랑이 줄어들어서는 안 됩니다. 그러한 유혹에 빠지지 않도록, 실질적인 도움은 주되 소외당한 마음까지 어루만질 수 있는 지혜를 구해야 합니다.

하나님은 거룩한 처소에 계신 분입니다. 너무나 고고해서 이 세상과는 거리가 먼 분 같습니다. 그런데 그분은 고아의 아버지시고, 과부의 재판장이시며, 고독한 자들과 갇힌 자들에게 필요에 따라 적절한 은혜를 베푸시는 분입니다. 또 약한 자들을 돌보시고, 약자들을 괴롭히는 불의한 자들을 징벌하십니다. 하나님의 마음은 여전히 약한 자들에게 있고, 그들에게 필요한 은혜를 입혀주십니다.

하나님의 마음으로 약한 자를 돌보게 하소서.

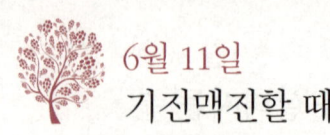

6월 11일
기진맥진할 때

하나님이여 나를 구원하소서 물들이 내 영혼에까지 흘러 들어왔나이다 (69:1)

누군가 이런 이야기를 합니다. "뒤로 물러설 곳이 없는 상황에서 사람들은 두 가지 선택을 한다. 하나는 나아가는 것, 또 하나는 물러서는 것이다. 뛰어난 인재는 이 순간에 구분된다. 어디로도 물러설 곳이 없는 벼랑 끝에 자신을 세워라. 그것으로 자신에게 마지막 남은 희망과 기회의 중요성을 다시금 깨닫게 되고, 세상을 긍정적으로 볼 수 있게 된다."

다윗은 헤어날 수 없는 다급한 상황에 놓여 있었습니다. 그것은 깊은 수렁과도 같았습니다. 수렁에서 빠져나오려고 몸부림칠수록 더 깊이 빠져들었습니다. 자기 힘으로는 도저히 방법이 없고 도와줄 사람도 없었습니다. 벌써 물은 목까지 차올랐습니다. 그의 영혼을 집어삼키기 일보직전이었습니다. 힘도 다 빠져 기진맥진한 상황이었습니다. 이때 다윗은 하나님을 긴급 호출했습니다. 하늘을 향한 문을 열었습니다.
벼랑 끝에 있다는 것은 보통 힘든 상황이 아닙니다. 그때 진짜 인생의 진위가 판가름납니다. 앞으로 나아가는 사람, 뒤로 물러서는 사람, 어떻게 하는 사람이 지혜로운 사람인가요?

▪▪▪ 기진맥진할 때 하늘을 향한 문을 열게 하소서.

6월 12일
소신을 갖고 살아가는가

**까닭 없이 나를 미워하는 자가 나의 머리털보다 많고
부당하게 나의 원수가 되어 나를 끊으려 하는 자가 강하였으니
내가 빼앗지 아니한 것도 물어 주게 되었나이다 (69:4)**

미국의 손꼽히는 부호 중에 집손이라는 사람이 있습니다. 그는 캐나다의 가난한 집 아들로 태어나 물방앗간 심부름꾼으로 시작했지만, 후에 산림 20만 에이커와 철도 280마일을 가진 부자가 되었습니다. 어느 날 친구가 그에게 물었습니다. "자네, 돈 버는 비결이 무엇인가?" 집손은 대답했습니다. "지금까지 지켜온 성공의 3계명이 있다네. 제1은 술을 먹지 말 것, 제2는 수고를 싫어하지 말고 일할 것, 제3은 하나님을 믿고 만사 의심하지 말 것. 이 3계명으로 오늘이 있게 된 것일세." 그 말에 친구는 대답했습니다. "그야 누구나 다 알고 있는 사실이 아닌가?" 그러자 집손은 웃으며 말했습니다. "삼척동자가 다 아는 사실이라도 실천을 못하면 아무 소용이 없지 않겠나?"

까닭 없이 다윗을 대적하는 원수가 너무 많고 강합니다. 다윗이 빼앗지 않은 것도 물어달라고 생떼를 씁니다. 억울해서 견딜 수 없습니다. 그런데 왜 이런 사태가 벌어졌습니까? 다윗이 소신을 꺾지 않았기 때문입니다. 악한 자와 손을 잡지 않고 그 계략에 찬성하지 않으며 하나님 앞에서 원칙을 지키며 살았기에 사람들은 그를 책잡아 누명을 뒤집어씌웠습니다. 하나님과 동행하다 뜻하지 않게 당한 재난이 있다면 주님께 호소하십시오. 사람들에게 앙갚음하는 것은 지혜로운 일이 아닙니다.

▪▪▪ 고집이 아닌 거룩한 소신을 갖고 살게 하소서.

6월 13일
불이익 때문에 열정을 꺾지 말라

**주의 집을 위하는 열성이 나를 삼키고
주를 비방하는 비방이 내게 미쳤나이다 (69:9)**

아메리칸 드림을 위해 단돈 300달러를 들고 미국으로 간 젊은이가 있었습니다. 한국에서 그는 대학원을 졸업하고 2년 동안 은행에 근무했었습니다. 그런데 그 경력은 미국에서 별 도움이 되지 않았습니다. 그래서 건물 청소하는 일을 시작했습니다. 가족들은 극구 말렸습니다. 그래도 한국에서는 잘 나가던 은행원이었는데 그런 일을 한다는 것이 안타까웠던 것입니다. 하지만 그는 이렇게 말했습니다. "어떤 일을 하는지 중요하지 않습니다. 무엇을 하든지 열심히만 하면 곧 인정받고 성공할 수 있을 것입니다." 그는 노력은 결코 배반하지 않는다는 신념으로 최선을 다해 열심히 일했습니다. 다른 사람들보다 한 시간 먼저 출근하고 더 늦게 퇴근했습니다. 그의 이러한 열정은 후에 미국 한인 최대의 부동산그룹을 일구게 한 원동력이 되었습니다. 그가 바로 뉴스타 부동산의 남문기 회장입니다.

주님의 집을 위한 다윗의 열정은 대단했습니다. 예수께서도 이러한 그의 열정을 기억하셨습니다(요 2:17). 다윗은 언약궤를 예루살렘에 안치했고, 성전건축을 위해 모든 것을 다 준비했습니다. 하나님을 훼방하는 자들은 다윗의 열정 때문에 그를 괴롭혔습니다. 하지만 어떠한 불이익을 당해도 다윗은 열정을 꺾지 않았습니다. 결국 주님을 향한 사랑과 열정이 그를 위대하게 만들었습니다.

■■■ 상황이 불리하더라도 하나님을 향한 거룩한 열정을 꺾지 않게 하소서.

6월 14일
감사함을 표현하라

**내가 노래로 하나님의 이름을 찬송하며
감사함으로 하나님을 위대하시다 하리니 (69:30)**

미국 워싱턴대학의 심리학 교수 존 가트맨(Jone Gottman) 박사는 35년간 3천 쌍의 부부를 임상 연구했습니다. 그 결과 중요한 사실을 발견했는데, 그것은 대화의 패턴이 행복과 불행을 결정짓는다는 것입니다. 대화의 패턴이 부정적인 부부, 즉 서로 비판하고 경멸하는 부부는 결국 이혼으로 가는 확률이 무려 94퍼센트나 되었습니다. 그러나 대화의 패턴이 긍정적인 경우는 이혼율이 극히 미미했습니다. 그래서 박사는 이혼 직전의 부부에게 한 가지 처방을 내리곤 했습니다. 그 처방은 바로 "서로 감사하라"는 것입니다. 하루에 한 번 이상 고마움을 표현하도록 하자, 곧 놀라운 효과가 있었습니다. 우리의 인간 관계는 서로 감사를 표현할 때 더욱 깊어집니다.

하나님은 당시 최고의 제물인 황소로 제사를 드리는 것보다 감사로 찬양하는 것을 더 기뻐하셨습니다. 하나님의 위대하심을 경험한 사람은 감사할 수밖에 없습니다. 그리고 감사하는 마음이 있을 때 찬양은 저절로 나오게 됩니다. 우리의 영혼과 삶을 가장 아름답게 장식하는 것이 바로 감사로 찬양하는 것입니다. 위대하신 하나님께 감사로 찬양하는 자가 하나님의 기적을 경험할 것입니다.

■■■ 감사로 인생을 물들이게 하소서.

6월 15일
간증을 캐내고 있는가

**주를 찾는 모든 자들이 주로 말미암아 기뻐하고 즐거워하게 하시며
주의 구원을 사랑하는 자들이 항상 말하기를
하나님은 위대하시다 하게 하소서 (70:4)**

하나님이 인도하시는 삶에는 실로 간증거리가 가득합니다. 이스라엘 백성들이 출애굽 할 때 간증거리가 수두룩했습니다. 곡창지대인 애굽을 떠나고 나름대로 안정된 생활을 버리는 것이 부담스럽기는 했지만, 광야에 들어선 그들에게는 하나님이 만드시는 기적 때문에 날마다 간증거리가 생겼습니다. 바위에서 물이 터지고, 하늘에서 만나가 내렸습니다. 물론 하나님의 백성들에게도 어려운 순간들이 다가옵니다. 그들도 먹는 것과 입을 것 때문에 걱정했습니다. 생로병사의 신음 아래 묶여 있었습니다. 그러나 위대하신 하나님은 그 속에도 간증을 예비해 두셨습니다.

다윗은 악인들에 의해 많은 고통을 경험했습니다. 그러자 악한 사람들은 기뻐서 손뼉을 쳤습니다. 하나님의 사람이 당하는 비웃음과 조롱은 처절했습니다. 그러나 다윗은 자신이 "하나님은 위대하시다"란 간증을 하게 될 것을 확신하고 있습니다. 살아계신 하나님은 주를 찾는 모든 자들에게 기쁨과 즐거움을 주시는 분이기 때문입니다. 하나님은 그 백성들이 어려움과 낭패를 당할 때도 구원을 베푸시는 전능자입니다. 하나님은 간증 제공자요, 우리는 간증 수혜자입니다.

▪▪▪ 날마다 하나님이 베푸시는 간증을 누리게 하소서.

6월 16일
어떤 상황에서도 신뢰하라

내가 모태에서부터 주를 의지하였으며 나의 어머니의 배에서부터 주께서 나를 택하셨사오니 나는 항상 주를 찬송하리이다 (71:6)

신뢰는 창조와 승리를 빚는 에너지의 근원입니다. 2002년 서울 월드컵에서 우리나라 축구대표팀은 전 세계가 전혀 예측하지 못한 4강 진출이라는 쾌거를 이루었습니다. 그때 박지성의 역할은 지대했습니다. 후에 그는 "히딩크 감독의 믿음으로 나는 스스로를 믿을 수 있었다. 이는 어린 선수들에게 아주 중요한 일이다. 그는 나와 동료들이 기량을 다 보여줄 수 있도록 항상 자신감을 불어 넣어주었다"고 말했습니다. 경영자 코칭의 권위자 중 하나인 로버트 하그로브(Robert Hargrove) 박사 역시 이렇게 말했습니다. "박지성이 성공할 수 있었던 것은 불가능해 보이는 미래를 이룰 수 있다고 믿게 만든 히딩크가 있었기 때문이다."

악한 사람들이 더러운 입으로 비난과 조소를 빗발처럼 퍼부을 때 얼마나 마음이 상하겠습니까? 그때 시인은 과거를 회상했습니다. 자신의 모든 삶 가운데 개입하신 하나님을 묵상했습니다. 어머니 태에서부터 간섭하신 하나님은 어려운 순간순간을 돌봐주십니다. 지금 당하는 어려움은 우리를 사용하기 위한 하나님의 작품 활동에 불과합니다. 마치 아기가 엄마를 의지하듯이 우리는 언제나 주님을 의지하고 그분을 따라 행해야 합니다. 성도의 근본적인 힘은 하나님을 믿는 데에서 오는 신뢰에 있습니다.

▪▪▪ 어떤 상황에서도 하나님을 신뢰하게 하소서.

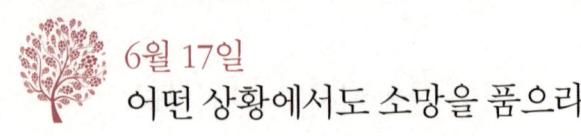

6월 17일
어떤 상황에서도 소망을 품으라

나는 항상 소망을 품고 주를 더욱더욱 찬송하리이다 (71:14)

어마 봄벡(Erma Bombeck, 1927~1996)은 미국의 칼럼니스트입니다. 그녀는 한때 글 쓰는 것을 포기하는 게 좋겠다는 조언을 들었습니다. 의사에게는 아기를 가질 수 없다는 절망적인 말을 듣기도 했습니다. 그녀는 아이를 입양했는데, 2년 후 기적같이 임신이 되었습니다. 그 후 4년 동안 네 번 임신했고, 그중 두 아이만 살아남았습니다. 그밖에도 유방암과 유방 절제 수술, 그리고 신장 기능 부전을 포함하여 많은 괴로움과 시련을 겪었습니다. 수없는 수술과 신장 투석, 이로 인한 실망과 고통, 아픔과 상처는 말로 형용할 수가 없었습니다. 그러나 이런 아픔 속에서도 희망을 잃지 않았습니다. 30년 동안 유머 칼럼을 썼고, 15권의 책을 출판했습니다. 결국 미국에서 가장 영향력 있는 여성 25인 중 한 명이 되었고, 〈타임〉의 표지모델이 되었습니다.

원수들이 모해하고 수치와 멸망을 주기 위해 대적해 올지라도 우리는 두려워하지 말아야 합니다. 하나님의 허락 없이는 머리털 하나도 상하지 않기 때문입니다. 하나님이 하시는 일을 인간이 측량할 수 없습니다. 분명한 사실은, 우리가 겪는 모든 어려움은 우리를 더 고결한 사람으로 만들기 위한 하나님의 모략이라는 것입니다. 그러므로 우리는 어떤 일이 있어도 소망의 끈을 놓지 말아야 합니다.

■■■ 어렵더라도 소망만은 포기하지 않게 하소서.

6월 18일
어떤 상황에서도 굳은 의지를 가지라

**하나님이여 내가 늙어 백발이 될 때에도 나를 버리지 마시며
내가 주의 힘을 후대에 전하고 주의 능력을
장래의 모든 사람에게 전하기까지 나를 버리지 마소서 (71:18)**

"인간의 의지력이 그 운명을 결정한다. 인간이 인간다워질 수 있는 힘은 재능이나 이해력에 있는 것이 아니라 의지력에 있다. 제 아무리 재능과 이해력이 뛰어나고 풍부해도 실천력이 없다면 아무런 효과를 거둘 수 없기 때문이다. 인간의 의지력이 그 운명을 결정한다." 우리가 잘 알고 있는 랄프 왈도 에머슨(Ralph Waldo Emerson, 1803~1882)의 말입니다. 동일한 재능을 가졌다 하더라도 의지가 얼마나 강한지에 따라 사람의 미래가 바뀌는 것을 우리는 자주 봅니다.

시인은 주께서 많은 어려움과 힘든 시간을 주신 데는 이유가 있다고 믿고 있습니다(71:20). 목적을 가지신 하나님은 다시 살리고 끌어내실 것입니다. 이것이 성도의 견인입니다. 시인은 하나님의 위대한 힘과 능력을 후대에까지 전할 것과 늙어 죽을 때까지 하나님만 의지하며 살 것을 결심합니다. 그러면서 그때까지 자신을 붙들어달라고 매달립니다. 굳은 의지로 선한 목적을 이루려는 자를 하나님은 버리지 않고 끝까지 붙들어주십니다. 비록 여러 가지 고난으로 마음이 복잡하고 생각이 많을지라도 하나님을 향한 의지만은 포기하지 말아야 합니다.

▪▪▪ 선한 일을 위해 강한 의지력을 발휘하게 하소서.

6월 19일
지혜로운 사명 수행자가 되라

하나님이여 주의 판단력을 왕에게 주시고 주의 공의를 왕의 아들에게 주소서 (72:1)

프랑스의 드골 대통령이 케네디 대통령의 취임식 때 한 축하 메시지입니다. "케네디 대통령, 당신은 세계에서 가장 큰 권세를 쥐고 있습니다. 당신 손에 있는 권세로 세계의 역사와 운명이 좌우됩니다. 당신은 노련한 전문가인 수많은 보좌관을 데리고 있습니다. 만일 문제가 생기면 그 보좌관들은 제각기 자신의 전문적인 지식을 바탕으로 당신에게 조언할 것이고, 이 사람 저 사람의 말에 귀를 기울이다 보면 쉽게 결정을 내릴 수 없을 것입니다. 당신은 그들의 말을 모두 경청해야 합니다. 그러나 판단을 내려야 할 때는 아무도 없는 곳에서 혼자 하나님 앞에 묵상하고, 가슴 깊은 곳에서 울려나는 하나님의 음성을 들어야 합니다." 훌륭한 통치자가 되려면 하나님의 음성을 듣고 바른 판단력을 가져야 합니다. 우리에게 맡겨진 사명을 수행할 때도 마찬가지입니다.

왕에게 가장 중요한 것은 백성을 잘 다스리는 것입니다. 위대한 통치력을 발휘하려면 올바른 판단력을 가져야 합니다. 그래서 솔로몬은 주의 판단력과 주의 공의를 달라고 기도하고 있습니다. 그는 집권 초기에 백성들을 정의롭게 잘 다스릴 수 있는 지혜를 구했습니다. 왕이 바른 판단을 내리지 못하면 공동체의 운명이 위태로워지고, 왕이 공의로운 정치를 하지 않으면 백성들이 고통스러워지기 때문입니다.

*** 주님의 판단력으로 사명을 잘 감당하게 하소서.

6월 20일
거룩한 영향력을 발휘하라

그의 날에 의인이 흥왕하여 평강의 풍성함이 달이 다할 때까지 이르리로다 (72:7)

인도 건국의 아버지 간디(1869~1948)가 어느 날 출장길에 올랐습니다. 그는 출발하고 있는 기차에 급히 올라탔는데, 너무 서두른 나머지 그만 신발 한 짝이 벗겨져 플랫폼에 떨어지고 말았습니다. 그러나 이미 기차가 출발하고 있던 터라 신발을 주울 수도 없었습니다. 그러자 간디는 얼른 나머지 한 짝도 벗어 떨어진 신발 쪽으로 던졌습니다. 동행하던 사람들이 눈이 휘둥그레져 물었습니다. "아니, 왜 신발을 떨어뜨립니까?" 간디는 조용히 미소 지으며 말했습니다. "어떤 가난한 사람이 바닥에 떨어진 신발 한 짝을 주웠다고 상상해 보세요. 신발 한 짝은 아무런 쓸모가 없을 겁니다. 하지만 이제는 나머지 한 짝도 갖게 되지 않았습니까?"

악한 통치자가 있으면 의인들은 싸우다 죽든지 아니면 은둔 생활로 들어갑니다. 그러나 지혜롭고 의로운 통치자가 다스릴 때 의인들은 일어납니다. 의인이 많아야 나라가 평안하고 견고해집니다. 그리고 의로운 통치자 메시아의 영향력은 영원토록 평강을 가져옵니다. 우리는 의로운 통치자이신 예수님 안에서 의로운 삶을 살아야 합니다. 주변에 선한 영향력을 끼치는 성도를 하나님은 기뻐하십니다.

▪▪▪ 나로 인해 주변 사람들이 영적인 부자가 되게 하소서.

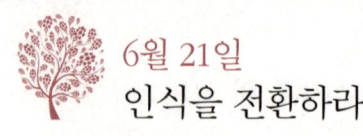

6월 21일
인식을 전환하라

볼지어다 이들은 악인들이라도 항상 평안하고 재물은 더욱 불어나도다 (73:12)

전도를 잘하는 한 성도가 있었습니다. 그분은 1년에 수십 명씩 전도하곤 했습니다. 전도한 사람 중에는 남편이 알코올 중독자이고 딸은 오래 전에 교통사고를 당해 정신이 온전하지 못한 사람도 있었습니다. 아들은 고등학교도 졸업하지 않은 채 학교를 그만두었고, 전도 받은 당사자 역시 술로 답답함을 달래고 있었습니다. 그분은 전도할 때 "예수님을 믿어보세요. 그러면 모든 것이 잘 풀립니다" 하고 말해 놓고 '이렇게 말해도 되나?'라는 생각이 들었다고 합니다. 믿음으로 사는 사람이 복 받고 악한 사람은 망한다는 논리가 현실에서 모두 맞지는 않기 때문입니다.

이것은 심각한 딜레마입니다. 시인은 "나는 거의 넘어질 뻔하였고 나의 걸음이 미끄러질 뻔하였으니" 하고 고백합니다(2). 악인은 형통한데 의인은 그렇지 않은 경우가 많습니다. 악한 사람인데 항상 평안하고, 재물은 날이 갈수록 불어나며, 하는 일마다 잘 풀립니다. 그래서 마음에 큰 시험이 들어 믿음을 포기할 뻔하기도 합니다. '의인은 잘되고 악인은 망한다'는 인식의 틀을 깨야 시험에 들지 않습니다. 하나님이 하시는 대로 받아들여야 합니다. 오히려 악인이 형통할 수 있고, 의인에게 시험이 닥칠 수도 있습니다. 중요한 것은 하나님께서 우리 편에 계시는지, 우리 길을 인정하시는지 여부입니다.

▪▪▪ 고정된 인식의 틀을 넓히게 하소서.

6월 22일
깨달음이 보배

하나님의 성소에 들어갈 때에야 그들의 종말을 내가 깨달았나이다 (73:17)

커닝을 하는 학생이 장학금을 탄다면? 사원들의 임금을 체불하면서도 회사가 일취월장 성장한다면? 온갖 부조리로 사회에 불법을 저지르면서도 일등 기업으로 존경받는다면? 우리는 이런 어처구니없는 일들을 주위에서 많이 봅니다. 그래서 '하나님이 살아 계시다면 어떻게 이런 자들이 떵떵거리며 살 수 있을까?' 하는 회의에 빠지곤 합니다. 하지만 이 생이 전부는 아닙니다. 하나님 없는 형통함의 종말을 깨닫는다면 우리는 그들의 형통에 마음 흔들리지 않을 것입니다.

시대가 변해도 여전히 풀기 어려운 것이 있습니다. '악인이 어떻게 형통할 수 있는가?' 시인에게도 그것이 풀기 어려운 고민거리였습니다. 그런데 성소에 들어갈 때에야 거기에 숨어 있는 하나님의 깊고 오묘한 뜻을 알 수 있었습니다. 시인은 악한 사람들이 영원히 형통할 것처럼 생각했습니다. 그런데 하나님은 악인의 비참한 종국을 깨닫게 하셨습니다. 비록 지금은 악인이 득세하지만 영원히 그렇지는 못합니다. 악인의 종말을 깨달으니 어떻게 살아야 할지에 대한 해답이 보입니다.

■■■ 악인의 종말을 깨달아 믿음으로 살게 하소서.

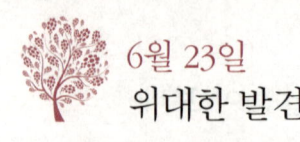
6월 23일
위대한 발견

하나님께 가까이 함이 내게 복이라
내가 주 여호와를 나의 피난처로 삼아 주의 모든 행적을 전파하리이다 (73:28)

톨스토이는 귀족 출신이라 온갖 부귀영화를 한껏 누리며 살았습니다. 그러나 그에게는 진정한 만족이 없었습니다. 작품을 통해 수많은 사람들에게 갈채를 받았지만, 죄에 대한 공포와 불안한 마음은 어쩔 수가 없었습니다. 어느 날 한적한 시골 길을 걸어가다 얼굴이 유난히 평화로워 보이는 순박한 시골 농부를 만났습니다. 그는 농부에게 다가가 물었습니다. "그렇게 평화로운 삶을 누리는 비결이 무엇입니까?" 농부가 대답했습니다. "하나님을 의지하고 살기 때문이죠. 그래서 내 마음은 기쁨으로 가득합니다." 농부의 말에 톨스토이는 큰 충격을 받았습니다. 그 후로 톨스토이는 진지하게 하나님을 찾기 시작했습니다. 결국 그는 하나님의 품 안에서 참된 평안을 경험할 수 있었습니다.

악인의 형통함을 보고 속상했던 시인은 드디어 주님밖에 사모할 자가 없다고 고백합니다. 여호와만이 진정한 피난처임을 깨달은 것입니다. 그러자 세상적인 복이 복으로 느껴지지 않고 하나님을 가까이 하는 것이 참된 복임을 알았습니다. 인생의 참된 가치를 발견하니 이제 새로운 사명이 다가옵니다. "주의 모든 행적을 전파하리라!"

*** 내 눈을 열어 주의 참된 진리를 깨닫게 하소서.

6월 24일
다른 사람을 탓하기 전에

**하나님이여 주께서 어찌하여 우리를 영원히 버리시나이까
어찌하여 주께서 기르시는 양을 향하여 진노의 연기를 뿜으시나이까 (74:1)**

일류대학을 졸업한 젊은이가 있었습니다. 머리가 좋았던 그는 우수한 성적으로 입사시험을 통과하고 취업을 했습니다. 회사를 위해서도 열심히 일했습니다. 그런데 어느 날, 회사로부터 해고통보를 받았습니다. 너무 억울했습니다. "왜 내가 이런 대우를 받아야 해. 무엇인가 잘못된 결정일 거야. 그렇지 않고야 이럴 수 없지." 그가 해고된 이유는, 자신의 능력과 학벌을 믿고 교만하게 굴었기 때문이었습니다. 원만하지 못한 인간관계로 팀워크에 문제가 생기자 회사는 개인적인 능력보다 팀워크를 선택한 것입니다.

'어찌하여'를 반복하는 것을 볼 때 시인의 마음은 매우 불편합니다. 시인은 바벨론 포로 중에 있습니다. 예루살렘이 멸망한 것도 가슴 아픈데 화려했던 예루살렘 성전에서 예배드릴 때를 생각하니 속이 더 상합니다. '주께서 기르시는 양인 우리를 왜 버리셨나요?' '진노의 연기를 영원히 내뿜으시겠습니까?' 버림받은 아픔에 탄식합니다. 그러나 그것은 하나님 탓이 아닙니다. 누군가를 탓하고 원망하기 전에 먼저 자신의 행동을 돌아보고 반성하는 것이 필요합니다. 특히 하나님의 마음을 아프게 하지는 않았는지 잘 살펴보아야 합니다.

■■■ 오해가 생길 때 자신을 돌아보는 지혜를 주소서.

6월 25일
불가능의 벽을 넘으라

**주께서 바위를 쪼개어 큰 물을 내시며
주께서 늘 흐르는 강들을 마르게 하셨나이다 (74:15)**

필 케기(Phil Keaggy, 1951~)는 기타를 연주하는 사람들에게는 전설과 같은 이름입니다. 그는 네 살 때 사고로 오른손 가운데 손가락을 잃었습니다. 예수님을 믿지 않았던 10대 후반에는 마약과 음악에 빠져 젊은 시절을 낭비하기도 했습니다. 하지만 그는 여동생을 통해 예수님을 알게 되었고, 세 손가락만으로 기타 연주하는 방법을 터득했습니다. 그리고 그 후 부와 명성이 아닌 자신을 변화시킨 그리스도를 전하기 위해 최고의 뮤지션으로 거듭났습니다. 그는 그래미 어워드 '베스트 록 가스펠 앨범'을 두 번 수상하고, 도브 어워드 '올해의 연주앨범'을 일곱 번이나 수상했습니다. 또 가스펠 뮤직 명예의 전당에 오르기도 했습니다.

시인은 주께서 행하셨던 일들을 묵상합니다. 하나님은 바위를 쪼개어 큰 물을 내셨고, 철철 흘러넘치는 강들을 마르게 하여 길을 내셨습니다. '불가능'은 인간에게나 사용되는 단어입니다. 하나님이 좋아하시는 단어는 '가능'입니다. 믿음의 사람은 불가능의 벽에 도전합니다. 하나님이 일구시는 가능의 세계를 찬양합니다. 믿음과 기도는 불가능을 가능으로 바꾸는 힘입니다.

▪▪▪ 불가능이란 말 대신 믿음으로 기도하게 하소서.

6월 26일
교만의 뿌리를 제거하라

너희 뿔을 높이 들지 말며 교만한 목으로 말하지 말지어다 (75:5)

중국의 병법서를 보면 적을 쓰러뜨리는 세 가지 전략이 나옵니다. 최하수는 '힘으로 밀어붙이는 것'입니다. 두 번째는 적을 '속이는 것'입니다. 최고수 전략은 적을 '교만하게 만드는 것'입니다. 왜 그렇습니까? 교만해지면 결국 자멸하기 때문입니다. 교만이야말로 인간이 가장 나약해지는 지름길입니다. 드러나는 교만보다, 겸손한 척하는 교만이 더 큰 문제입니다. 더구나 교만한 줄도 모르는 상태라면 아주 심각합니다.

시인은 악인들에게 뿔을 높이 들지 말라고 경고합니다. '뿔'은 짐승의 머리에 있는 것으로서 힘, 능력, 권세, 자부심 등을 의미하는데, 본문에서는 자기의 힘과 권력을 믿고 하나님과 의인에게 거만하게 도전하는 자를 가리킵니다. 또 시인은 머리를 쳐들고 교만하게 행하지 말라고 경고합니다. 이 경고는 악한 사람들에게만 해당하지 않습니다. 이스라엘 백성도 교만 때문에 고통받았습니다. 자신 안에 감춰진 교만의 뿌리를 찾아 제거하지 않으면 그것은 파멸의 지름길이 됩니다. "교만하면 실패한다"는 인생 불변의 법칙을 절대 무시해서는 안 될 것입니다.

교만은 흉내도 내지 않게 하소서.

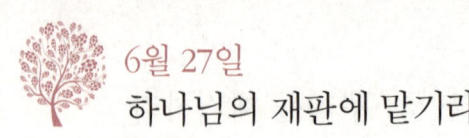

6월 27일
하나님의 재판에 맡기라

오직 재판장이신 하나님이 이를 낮추시고 저를 높이시느니라 (75:7)

예수님의 제자들을 보십시오. 예수님은 비장한 각오로 죽음의 길을 걷기 위해 예루살렘으로 가고 계십니다. 그런데 제자들은 "누가 크냐?"는 문제를 둘러싸고 서로 얼굴을 붉히면서 싸웁니다. 제자들은 예루살렘에 도착하면 높은 자리에 앉을 것을 꿈꾸고 있습니다. 어떤 모임을 가더라도 이 제자들처럼 자신을 뽐내려고 애쓰는 사람들이 있습니다. 아는 체하고, 남들보다 자신이 더 나은 존재라는 것을 증명하기 위해 애를 씁니다. 어떻게 해서라도 더 높은 자리에 앉기 위해 몸부림을 칩니다. 그런데 야고보 사도는 이렇게 말합니다. "주 앞에서 낮추라 그리하면 주께서 너희를 높이시리라"(약 4:10).

재판장이신 하나님은 우리를 낮추기도 하고 높이기도 하십니다. 악한 자들의 교만이 문제가 없어 보여도 하나님은 철저하게 규명하실 것입니다. 성경은 하나님만이 사람을 높이고 낮출 수 있다고 증언합니다. 하나님의 은혜를 떠난 사울은 낮아졌지만, 하나님의 은혜 안에 머문 다윗은 점점 높아졌습니다. 재판장이신 하나님께서 다 지켜보고 계셨기 때문입니다. 하나님의 재판은 한 점의 오류도 없습니다. 그렇기에 우리는 결정해야 합니다. "내가 스스로를 높일 것인가? 하나님이 나를 높이시게 할 것인가?"

■■■ 재판장이신 하나님께 모든 것을 맡기며 살게 하소서.

6월 28일

인생의 판도를 바꾸시는 분

**마음이 강한 자도 가진 것을 빼앗기고 잠에 빠질 것이며
장사들도 모두 그들에게 도움을 줄 손을 만날 수 없도다 (76:5)**

전쟁을 하면 '강할수록, 많을수록' 유리한 법입니다. 그런데 기드온을 선두로 한 이스라엘 백성들이 미디안과 전쟁을 할 때 재미있는 현상이 벌어졌습니다. "너를 따르는 백성이 너무 많으니 그들의 수를 줄이라!"(참조. 삿 7:2) 여호와께서는 기드온에게 군사의 수를 줄이라고 명령하셨습니다. 그때 적군의 수는 셀 수 없을 정도로 많았습니다. "미디안과 아말렉과 동방의 모든 사람들이 골짜기에 누웠는데 메뚜기의 많은 수와 같고 그들의 낙타의 수가 많아 해변의 모래가 많음 같은지라"(삿 7:12). 그런데도 적군은 기드온의 3백 군사를 이기지 못했습니다. 강하신 하나님이 기드온을 도우셨기 때문입니다. 우리가 아무리 불리한 상황에 처할지라도 하나님이 함께하시면 인생이 판도가 완전히 달라질 수 있습니다.

앗수르 왕이나 군대는 완고한 마음으로 고집을 부렸습니다. 그들은 한때 천하를 호령하는 힘으로 주변 나라들을 약탈했습니다. 그러나 하나님은 악을 행하는 자들을 그냥 두지 않으십니다. 하나님이 일어나시면 강한 장사라도 아무 소용이 없습니다. 하나님은 병거와 말을 잠들게 하시고, 그들을 도울 손길을 끊어버리실 것입니다. 실제로 앗수르 군대는 천막에서 잠을 자다가 18만5천 명이 죽었습니다(사 37:36). 하나님의 위엄 앞에서는 그 어떤 것도 힘을 쓸 수 없습니다. 우리 인생에 개입하시는 하나님이 계시기에 우리는 어떤 가운데서도 절망하지 않고 소망을 갖습니다.

▪▪▪ 주님의 위엄에 감사하는 삶을 살게 하소서.

6월 29일
은혜를 망각하지 말라

너희는 여호와 너희 하나님께 서원하고 갚으라 사방에 있는 모든 사람도 마땅히 경외할 이에게 예물을 드릴지로다 (76:11)

큰 호두나무가 호두알을 주렁주렁 맺었습니다. 호두나무는 무척 기뻐했습니다. 그런데 지나가던 사람들이 삼삼오오 몰려오더니 돌멩이를 집어 호두나무를 향해 마구 던졌습니다. 그럴 때마다 호두가 와르르 떨어져 내렸습니다. 어느 날은 꼬마들이 긴 장대를 가지고 왔고, 또 어느 날은 어른들이 몰려와 나무가 상하든 말든 신경 쓰지도 않고 돌멩이를 던져댔습니다. 몇날 며칠을 이렇게 지낸 호두나무는 온몸이 상처투성이가 되었고, 가지도 여기저기 부러져 나갔습니다. 돌에 맞은 자리가 몹시도 아팠습니다. 나무는 찢긴 상처를 내려다보며 탄식했습니다. "아! 나는 사람들에게 열매를 주려고 오랜 세월을 애쓰며 기다렸는데, 사람들은 정말 은혜를 모르는구나."

하나님은 교만한 대적들을 물리쳐주셨습니다. 그 은총과 축복이 얼마나 큽니까? 그래서 시인은 받은 복과 은혜를 잊지 말고 감사하라고 말합니다. 받은 은혜가 많으면 더 많은 예물을 드리면서 헌신해야 합니다. 그리고 하나님이 주신 것을 다른 사람들과 더불어 나누어야 합니다. 은혜를 잊는 것은 금수와 다를 바 없는 배은망덕입니다.

▪▪▪ 받은 은혜를 갚으며 살게 하소서.

6월 30일
기도는 테스트다

**내가 내 음성으로 하나님께 부르짖으리니
내 음성으로 하나님께 부르짖으면 내게 귀를 기울이시리로다** (77:1)

"사람은 왜 기도하는가?" 이에 대해 존스라는 학자는 말했습니다. "이 질문은 '뻐꾸기는 왜 우는가?' 하는 질문과 같습니다. 또 '독수리는 왜 끝없이 창공을 솟아오르는가?' 하는 질문과도 다를 바가 없습니다." 뻐꾸기는 울도록 지음 받았습니다. 독수리는 높이 날 수 있도록 지음 받았습니다. 그리고 인간은 기도하도록 지음 받았습니다. 기도 없이는 생명을 얻을 수 없고 살아갈 수 없는 것이 인생입니다. 인류는 누구에겐가 구하고 의지합니다. 다만 그 대상이 누구인지가 문제입니다.

시인은 지금 굉장한 어려움에 봉착해 있습니다. 도저히 해결할 능력과 방법이 없습니다. 그래서 소리 내어 절박하게 하나님께 부르짖고 있습니다. 어린아이가 조르면 부모가 해결해 줄 것을 알듯, 하나님께 부르짖으면 들어주실 것을 아는 것입니다. 기도는 인간 됨의 증표이고, 하나님에 대한 신뢰의 테스트이며, 기다림의 테스트이고, 순종의 테스트입니다.

■■■ 기도의 테스트에 합격하게 하소서.

July | Daily Bible of the Psalms

말씀으로 시작하는 아침 7월

"우리는 주의 백성이요 주의 목장의 양이니
우리는 영원히 주께 감사하며 주의 영광을 대대에 전하리이다"
- 시 79:13

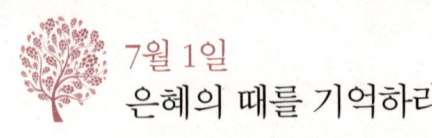

7월 1일
은혜의 때를 기억하라

**내가 옛날 곧 지나간 세월을 생각하였사오며 밤에 부른 노래를 내가 기억하여
내 심령으로 내가 내 마음으로 간구하기를 (77:5-6)**

이런 기억들이 있을 겁니다. 철부지 학생 시절, 믿음이라고 하는 것도 제대로 정립되지 않은 때였죠. 친구들과 삼삼오오 어울려 함께 찬양하고 기도하는 것이 마냥 좋았습니다. 예수님과의 깊은 교제의 맛도 몰랐지만, 친구들에게 전도하고 싶었습니다. 누군가 방언을 하면 그것이 신기하고, 또 시샘도 나서 기도원 종탑에 올라가 소리 높여 기도했습니다. 그러다 방언 체험도 하고요. 대학 진학에 실패하여 힘들고 어려운 고비도 있었지만, 그래도 뿌리를 다른 곳에 둘 수 없어 다시 제자리로 돌아오기도 했습니다. 어떤 날은 눈물 뿌려 회개하면서 밤을 지새워보기도 했습니다. 이 모든 기억은 소중한 은혜의 경험들이 되어 오늘을 살아가는 힘이 됩니다.

지금 시인은 긴박한 상황입니다. 그가 당하는 것이 정확히 무엇인지 알 수는 없지만 힘든 순간인 것만은 분명합니다. 그런데 그는 옛날 일을 다시 떠올리고 있습니다. 당시 하나님이 베푸신 은혜와 축복이 너무나 감사해서 그분과 한밤중에 나누었던 노래들을 잊을 수가 없습니다. 이것이 힘들고 어려운 고비를 이겨내고 불안을 떨쳐버릴 수 있는 비결입니다. 우리가 어떤 상황에 있더라도 하나님을 맛본 은혜의 기억들은 그분께 나아갈 수 있는 통로가 됩니다.

▪▪▪ 옛 은혜를 잊지 않고 오늘을 새롭게 하는 힘이 되게 하소서.

7월 2일

동일한 전철을 밟지 말라

그들의 조상들 곧 완고하고 패역하여 그들의 마음이 정직하지 못하며 그 심령이 하나님께 충성하지 아니하는 세대와 같이 되지 아니하게 하려 하심이로다 (78:8)

지혜로운 사람은 역사를 인생의 교훈으로 삼습니다. 아름다운 과거, 때로는 잘못된 과거를 통해서도 새로운 삶을 개척합니다. '반면교사'라는 말이 있습니다. 다른 사람의 잘못된 행동을 보면서 '나는 그렇게 하지 말아야지' 하는 교훈을 얻는 것을 말합니다. 도박을 좋아하고, 매일 술에 취해 있는 아버지. 술만 들어가면 어머니를 폭행하고, 가정을 돌볼 줄 모르는 그런 아버지 밑에서 자라는 자녀는 '나는 절대로 저렇게 살지는 않을 거야' 하고 다짐합니다. 그런데 절대 그렇게 살지 않을 거라고 다짐하면서 자신도 모르게 닮아가는 경우가 많습니다. 그만큼 과거의 길에서 벗어나는 일은 힘이 듭니다.

시인은 후세대들이 하나님의 계명대로 바르게 살아 하나님의 진노를 받지 않기를 기대합니다. 그래서 후대들에게 분명한 길을 가르쳐주길 원합니다. 선조들은 완고하고 패역했으며 정직한 마음을 갖지 못했습니다. 또 하나님을 신실하게 신뢰하지도 않았습니다. 그러나 이제 새로운 세대는 그렇게 살지 말아야 합니다. 동일한 전철을 밟으면 같은 고통이 반복되기 때문입니다.

▪▪▪ 후세대에게 좋은 유산을 물려주게 하소서.

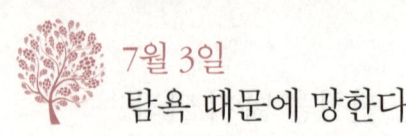

7월 3일
탐욕 때문에 망한다

**그들이 그들의 탐욕대로 음식을 구하여
그들의 심중에 하나님을 시험하였으며 (78:18)**

북미에서 유적을 탐사하던 탐사단이 한 오지에서 광부가 기거했던 것으로 보이는 오두막을 찾았습니다. 그들은 집안에서 해골 두 개와 많은 금을 발견했습니다. 광부 두 명이 그렇게 많은 금을 두고서 죽었다는 말인데, 왜 그랬을까요? 한 단원이 말했습니다. "북쪽에는 겨울이 일찍 온다는 것을 몰랐던 그들이 금을 캐는 일에 정신을 빼앗겨 갑자기 불어 닥친 눈보라와 매서운 추위에 어찌지 못하고 죽은 것 같습니다." 물론 그 엄청난 금은 죽은 그들에게 아무런 도움이 되지 못했습니다.

하나님은 이스라엘 백성들이 광야를 지날 때 많은 은혜를 베풀어주셨습니다. 그들을 향한 은혜가 부족하지 않았는데도 그들은 하나님 앞에서 범죄했습니다. 탐욕 때문이었습니다. 그들은 배고픈 것도 아닌데 늘 더 달라고 떼를 썼고, 하나님이 주시는 것에 만족하지 못했습니다. 하나님만으로 만족할 수 없었으며, 하나님의 배려와 조처가 마음에 들지 않았습니다. 그래서 결국 하나님을 시험하기까지 이르렀습니다. 탐욕은 우리가 받은 은혜보다 우리에게 없는 것에 관심을 돌리게 합니다. 탐욕 때문에 인생이 누추해진 사람이 참 많습니다.

내 안에 일어나는 탐욕의 노예가 되지 않게 하소서.

7월 4일

성공적인 인생을 위한 두 날개

**이에 그가 그들을 자기 마음의 완전함으로 기르고
그의 손의 능숙함으로 그들을 지도하였도다 (78:72)**

조지 휫필드는 무리한 사역으로 지칠 대로 지쳤습니다. 그러나 불타는 사명감은 그에게 휴식할 여유조차 주지 않았습니다. 며칠 동안 침대에서 일어날 수 없을 정도로 쇠약해졌지만, 그는 이렇게 말했습니다. "오 예수여, 그리스도를 위하여 내가 좀 더 많은 일을 할 수 있게 된다면 얼마나 좋겠습니까? 오, 내가 주님의 심장처럼 순결하고 거룩하게 타오르는 불꽃이었으면, 수많은 사람들이 나로 말미암아 귀하신 구속자를 바르게 믿고 섬기면서 살게 된다면 얼마나 좋을 것입니까? 귀중한 영혼들이 길을 잃고 방황하는 모습을 보면 견딜 수가 없습니다. 그러기에 나는 가능한 한 내 생명이 다하는 날까지 하나님의 구원을 전파하는 일에 내 몸을 조금도 아끼고 싶지 않습니다."

하나님은 목동 다윗에게 양떼를 돌보게 하셨고, 80세가 되어서는 이스라엘 백성들을 이끌도록 사명을 주셨습니다. 그때 다윗은 부끄럽지 않고 아쉬움이 남지 않도록 최선을 다했습니다. 그는 온전한 인격과 능숙한 기술로 사명을 감당했습니다. 성공적인 인생을 위한 두 날개는 바로 개인적으로는 온전한 인격을 갖추고, 밖으로는 하나님이 주신 재능을 극대화시키는 것입니다. 이 둘이 조화롭게 갖추어질 때 하나님은 그 사역에 기름을 부어주십니다.

❈❈❈ 온전한 인격과 능숙한 기술로 최선을 다하게 하소서.

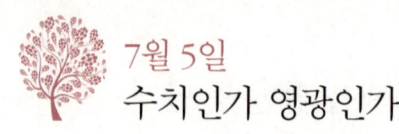

7월 5일
수치인가 영광인가

**하나님이여 이방 나라들이 주의 기업의 땅에 들어와서
주의 성전을 더럽히고 예루살렘이 돌무더기가 되게 하였나이다 (79:1)**

역사가 유세비우스(Eusebius, 263~339)는 2세기 순회전도자들의 영광스러운 모습을 이렇게 기록합니다. "당시 많은 기독교인들은 도덕적으로 성결한 삶을 살라는 성경의 명령에 신실하게 복종했다. 이러한 주님의 명령에 순종하기 위해 그들은 먼저 재산을 팔아 가난한 자들에게 나누어주었다. 그리고 나서 집과 고향을 떠나 복음 전도자로서의 사명을 완수하기 위해 방랑생활을 했다. 아직 복음을 듣지 못한 자들에게 복음을 증거하고 성경을 전해주는 것만이 그들의 유일한 소망이었다. 그들은 외국인들에게 신앙의 기초를 놓은 후 떠나는 것으로 만족했다. 교회의 지도자들을 세우고, 이미 세워진 교회를 그들의 손에 위탁했다. 그러고는 성령님의 인도와 도움을 받아 또 다른 나라와 민족들에게 이러한 선교사역을 계속해 나갔다."

시인은 억장이 무너지는 아픔을 토로합니다. 하나님도 모르는 이방 바벨론이 예루살렘을 정복하고, 예루살렘 성전을 초토화했습니다. 그들은 거룩한 성전에 더러운 신을 신고 들어왔습니다. 이것은 바로 이스라엘 백성들의 죄 때문이었습니다. 이처럼 죄에 대한 무장해제는 말할 수 없는 수치를 가져옵니다. 요즘은 옛적 초대교회 선배들의 발자취, 성령의 능력으로 살아갔던 모습들이 그리운 시대입니다. 이제 다시 거룩한 무리들이 영광을 회복할 수 있도록 기도해야 합니다.

▪▪▪ 수치대신 영광을 회복케 하소서.

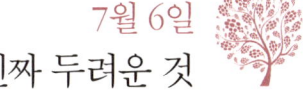

7월 6일
진짜 두려운 것

**우리는 우리 이웃에게 비방거리가 되며
우리를 에워싼 자에게 조소와 조롱거리가 되었나이다 (79:4)**

로마 황제가 크리소스톰(John Chrysostom, 347~407)을 체포했습니다. 그런데 크리소스톰은 신앙을 부인하지 않았습니다. 황제는 크리소스톰을 어떻게 해야 할지 신하들과 의논했습니다. "이놈을 깜깜한 지하실에 가둘까?" 신하 중에 하나가 말했습니다. "아닙니다. 그놈은 자기가 믿는 그리스도를 위하여 지하실에 갇히는 것을 기뻐할 것입니다. 그는 신의 자비를 구하는 조용한 장소를 갈망하고 있습니다." "그러면 이놈을 사형시킬까?" 역시 신하가 대답했습니다. "아닙니다. 그놈은 죽기를 원하고 있습니다. 그놈은 죽는 순간에 주님 앞에 간다고 말했습니다." 왕이 다시 물었습니다. "그러면 우리가 그놈을 어떻게 해야 할까?" 신하가 대답했습니다. "죄를 짓게 하십시오. 그는 죄 이외는 아무것도 두려워하는 것이 없습니다."

시인은 바벨론의 포로로 있는 것보다 자신들이 하나님의 영광스러운 백성의 가치를 상실한 것을 두려워하고 있습니다. 이방인에게 조롱거리가 되는 현실은 비참했습니다. 육체를 해하는 무리보다 영혼을 더럽히는 힘이 더 두렵습니다. 육체의 고통은 내 몸이 아플 뿐이지만, 영혼을 더럽히는 것은 하나님의 마음을 아프게 하기 때문입니다. 우리는 이웃과 세상의 비방거리가 된 것으로 인해 애통해 해야 합니다.

▪▪▪ 영혼을 더럽힘으로 조롱거리가 되지 않게 하소서.

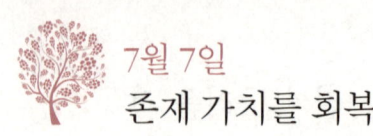

7월 7일
존재 가치를 회복하라

우리는 주의 백성이요 주의 목장의 양이니 우리는 영원히 주께 감사하며 주의 영예를 대대에 전하리이다 (79:13)

"사랑하는 톰슨 선생님, 제가 의대를 졸업하고 의사가 되었습니다. 멋지죠? 그리고 이제 결혼합니다. 제 어머니가 돌아가신 것 아시죠? 결혼식 때 선생님께서 제 어머니 자리에 앉아주세요. 선생님은 제 어머니십니다." 어떤 사람이 선생님에게 쓴 편지입니다. 이 사람의 4학년 시절 생활 기록부는 이랬습니다. "아이에겐 미래가 없습니다. 아버지는 가출했고 현재 이모님이 양육하고 있습니다. 아마도 학대당하고 있는 것 같습니다." 그런데 톰슨 선생님은 그 아이를 품고 사랑으로 격려해 주었습니다. 선생님의 사랑과 관심 속에 자란 아이는 의사가 되었고, 그 아이는 선생님의 격려 속에서 자신의 존재 가치를 발견했습니다.

시인은 바벨론의 포로에서 해방될 기미가 보이지 않는 현실, 하나님의 돌보심이 멀리 사라진 서글픔에서 헤어 나오고 있습니다. 자신의 존재 가치를 회복하는 길은 자신이 누구인지를 정확하게 발견하는 데 있습니다. 사람들이 평가하는 나, 심지어 내가 바라보는 나도 아닌 하나님이 바라보시는 나를 발견해야 합니다. 누가 뭐래도 나는 주의 돌보심과 양육을 받는 주의 백성이고 주님의 목장에서 사랑받는 양입니다. 능력의 하나님은 어떤 상황에서도 자기 양떼를 책임지십니다.

▪▪▪ 주변 여건에 상관없이 참된 나를 발견하게 하소서.

7월 8일
눈물의 근원

주께서 그들에게 눈물의 양식을 먹이시며 많은 눈물을 마시게 하셨나이다 (80:5)

아침문화재단 이사장 고도원의 글입니다. "나는 울지 않는 소년이었다. 아파도, 배고파도, 싸워서 코피가 나도 울지 않았다. 아버지는 늘 울지 말라고 가르치셨다. 당신 역시 자식들 앞에서 눈물을 보이시지 않았다. 그러나 나는 이따금씩 아버지가 기도하면서 오열하는 것을 보았다. … 고등학교 2학년 때 세례를 받으면서 처음으로 눈물을 흘렸다. '부름 받아 나선 이 몸 어디든지 가오리다'를 부르며 내면에서 무언가가 뜨겁게 달아오르는 것을 느꼈다. 내 인생이 주님께 달려 있다는 일종의 영적 경험을 했다."

눈물에는 다양한 종류가 있습니다. 기쁨의 눈물, 회한의 눈물, 고통의 눈물 등…. 시인이 흘리는 눈물, 바벨론 포로로 있는 이스라엘 백성들이 흘리는 눈물은 '죄로 인한 고통의 눈물'입니다. 하나님은 이스라엘 백성들이 새로운 관계를 회복하고 그것을 즐기게 하기 위해 눈물의 양식을 놓아두셨습니다. 크고 작은 시련 때문에 흘리는 눈물은 이제 그만하면 됐습니다. 이제 우리는 은혜의 눈물을 회복해야 합니다. 그분과의 회복된 관계를 통해 나오는 눈물로 모든 죄의 찌꺼기들을 씻어내야 합니다.

▪▪▪ 눈물의 근원인 죄를 근절하게 하소서.

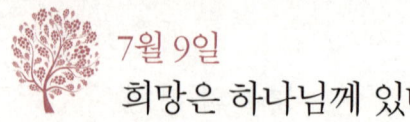

7월 9일
희망은 하나님께 있다

주의 오른손으로 심으신 줄기요 주를 위하여 힘 있게 하신 가지니이다 (80:15)

고난이라는 먹구름이 가득해 삶이 힘들지라도 우리는 구름 너머 밝은 태양이 있다는 것을 믿기에 견딜 수 있습니다. 그러나 '나는 할 수 있다'는 막연하고 거짓된 희망에 속지 마십시오. 무작정 그 말을 믿어서는 안 됩니다. 우리는 주님이 주시는 능력 안에서만 할 수 있을 뿐입니다. 하나님은 삶의 현장에서 우리가 그분을 의지할 수 있는 만큼의 여지를 남겨놓으십니다. 그래서 언제든지 그분께 돌이킬 때 주님 안에서 희망을 발견하고 다시 시작할 수 있도록 하십니다. 그 희망의 씨앗을 발견하십시오.

이스라엘은 보잘것없이 밑바닥으로 내몰렸지만 여전히 희망은 사라지지 않은 상황입니다. 이스라엘의 희망은 그들의 능력이나 군사력, 지력이 아닙니다. 그 희망의 뿌리는 하나님께 있습니다. 큰 능력의 손이 이스라엘을 심으셨고 강건케 하시며 인도하십니다. 이는 비단 이스라엘만의 이야기가 아닙니다. 우리의 희망 역시 하늘에서 살피시는 하나님께 있습니다. 그래서 바울은 감격스럽게 외칩니다. "소망의 하나님이 모든 기쁨과 평강을 믿음 안에서 너희에게 충만케 하사 성령의 능력으로 소망이 넘치게 하시기를 원하노라"(롬 15:13).

■■■ 절망 너머에 있는 희망을 보게 하소서.

7월 10일
주를 위해 정렬된 삶

**주의 오른쪽에 있는 자
곧 주를 위하여 힘 있게 하신 인자에게 주의 손을 얹으소서 (80:17)**

『데이비드 브레이너드 생애와 일기』 중에는 이런 고백이 나옵니다. "몹시 피곤한 몸을 이끌고 거처로 돌아왔다. 오랫동안 떠나 있다가 이렇게 돌아와 불쌍한 우리 주민들에게 복음을 전하게 해주신 하나님께 감사했다. 허약하고 고통에 시달리긴 했지만 오늘밤은 조금이나마 눈을 붙일 수 있겠다. '살아도 주를 위하여 살고 죽어도 주를 위하여 죽을 것이니, 사나 죽으나 주님의 뜻대로 되게 하소서!'" 브레이너드는 고단한 삶의 현장에서도, 때때로 다가오는 육체적인 연약함 속에서도 주님을 향한 끓어오르는 열정의 불만만은 식지 않았습니다. 그의 모든 삶은 하나님을 위해 정렬되어 있었습니다.

이스라엘은 실패작처럼 보입니다. 그러나 하나님은 "주의 오른쪽에 있는 자"를 통해 일하십니다. 여기서 '인자'가 메시아인지 이스라엘 왕인지 아니면 이스라엘인지는 분명하지 않습니다. 그러나 분명한 것은 그가 "주를 위하여" 존재한다는 사실입니다. 그는 주의 기쁨과 영광을 위해 세움 받습니다. 하나님의 능력의 손이 그를 붙들고 높이십니다. 하나님의 능력과 권능이 그를 덮고 힘과 능력을 공급해 주어 성공적으로 쓰임받게 하십니다.

▪▪▪ 주를 위해 정렬된 삶을 살게 하소서.

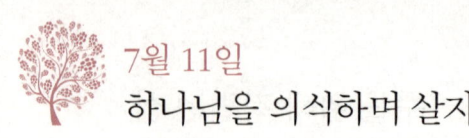

7월 11일
하나님을 의식하며 살자

네가 고난 중에 부르짖으매 내가 너를 건졌고 우렛소리의 은밀한 곳에서
네게 응답하며 므리바 물가에서 너를 시험하였도다 (81:7)

한 제자가 스승에게 불평했습니다. "스승님, 외람된 말씀이지만 스승님께서는 한 사람만 편애하시는 듯합니다." 스승은 대답했습니다. "그렇게 느꼈다니 다행이로구나." 스승은 제자들을 모두 불렀습니다. 그리고 그들에게 비둘기를 한 마리씩 주면서 말했습니다. "모두 이 비둘기를 가지고 내가 볼 수 없는 먼 곳에 가서 죽여 땅에 묻고 오너라." 한참 후 제자들이 모두 빈손으로 왔는데, 유독 한 제자만 비둘기를 죽이지 않고 가지고 왔습니다. 제자들을 모은 후 스승은 그 제자에게 까닭을 물었습니다. "너는 왜 비둘기를 죽이지 않고 그냥 가지고 왔느냐?" 제자가 대답했습니다. "예, 스승님께서 볼 수 없는 곳으로 가서 죽이라고 하셨으나, 아무리 찾아봐도 그런 곳은 없었습니다. 스승님의 모습과 모든 가르침은 항상 그림자처럼 저와 함께하고 있었습니다."

하나님은 이스라엘 백성이 부르짖을 때 건져주셨습니다. 이스라엘 백성에게 하나님은 먼 데 있지 않고 늘 가까이 계신 분이었습니다. 그러나 므리바에서 마실 물이 없는 시험을 겪자 불평하고 원망했습니다. 하나님의 임재는 여전했지만 그들은 하나님을 의심한 것입니다. 하나님은 이방인의 의심보다 백성들의 의심과 불신에 대해 더 심각하게 다루십니다. 그것은 의지적이고 적극적으로 주님을 대적하는 일이기 때문입니다.

▪▪▪ 매 순간 하나님의 임재를 기억하며 주님을 거역하지 않게 하소서.

7월 12일
입을 크게 열라

나는 너를 애굽 땅에서 인도하여 낸 여호와 네 하나님이니 네 입을 크게 열라 내가 채우리라 하였으나 (81:10)

어떤 사람이 하나님과 대화하고 있었습니다. "하나님, 100만 년이란 세월은 하나님께 어느 정도의 시간입니까?" "그건 단 1분에 지나지 않는다." "그럼 1천만 원은 어느 정도인가요?" "그건 내게 단 1원에 불과하다." "사랑하는 하나님, 그렇다면 제게 1원만 하사하십시오." "알았다. 그럼 1분만 기다려다오." 하나님을 어떤 분으로 알고 있으며, 어떤 태도로 살아가고 있습니까? 스코틀랜드의 존 낙스는 이렇게 기도했습니다. "오 하나님이여, 제게 스코틀랜드를 주시옵소서. 그렇지 않으면 이 생명을 거두어 주소서." 그의 기도는 한 나라의 운명을 걸머지고 백성을 대신하여 생명을 바치고자 했던 큰 기도였습니다. 그래서 여왕 메리는 "일만 군대보다 존 낙스의 기도가 더 무섭다"고 한 것입니다.

하나님은 놀라운 기적들을 동원하여 이스라엘 백성을 애굽에서 건져내셨습니다. 그 위대하신 하나님이 이스라엘 백성들에게 명령하십니다. "네 입을 크게 열라 내가 채우리라" 하나님의 백성들은 큰 꿈을 꿔야 합니다. 큰 기도를 해야 합니다. 큰 일을 사모해야 합니다. 자기 수준에서 열심히 하면 될 그런 일 말고, 하나님이 도와주시지 않으면 불가능한 그런 일을 꿈꿔야 합니다. 그러면 전능하신 하나님이 일하실 것입니다.

하나님을 기대하며 주를 위한 큰 꿈을 품게 하소서.

7월 13일
구별된 삶

너희가 불공평한 판단을 하며 악인의 낯 보기를 언제까지 하려느냐 (82:2)

하나님은 선택 받은 백성이 당신의 형상을 닮아 변화되어 갈 기대하십니다. "내가 거룩하니 너희도 거룩하라." 예수님도 제자들에게 "하늘에 계신 아버지께서 온전하신 것 같이 너희도 온전하라"고 하셨습니다. 믿지 않는 사람들 역시 그리스도인이나 교회에 대한 막연한 기대가 있습니다. 바울은 예수 안에서 한 가족 된 자들이 서로 송사하는 일을 금했습니다. 세상 법정 앞에서 형제들끼리 싸우는 것이야말로 꼴불견이 아닐 수 없기 때문입니다. 그럴 바에는 차라리 불의를 당하는 것이 더 낫다고 말합니다. 그리스도인들은 무엇인가 달라야 한다는 것입니다.

하나님은 이스라엘을 특별하게 대우하셨습니다. 그래서 하나님의 선택된 백성들을 공명정대하게 다스릴 통치자와 재판관들을 세우셨습니다. 그들에게는 하나님을 대신해서 재판하도록 신적인 권위가 주어졌습니다. 그러나 그들은 공정하게 재판하지 않았고, 특정인 편에서 재판을 굽게 행했습니다. 하나님은 그들이 백성다운 삶을 살길 기대하셨습니다. 그러나 이스라엘은 구별된 삶을 거부했습니다. 정의를 심지 않고 악을 심었습니다. 우리는 달라야 합니다. 하나님은 당신의 기대를 이룰 수 있도록 우리를 격려하시고 힘을 주십니다. 우리는 하늘나라 왕족으로 살아갈 존귀한 자들임을 잊지 마십시오.

*** 하나님을 실망시키지 않고 구별된 삶을 살게 하소서.

7월 14일
행하는 믿음

**가난한 자와 고아를 위하여 판단하며
곤란한 자와 빈궁한 자에게 공의를 베풀지며 (82:3)**

어떤 사람이 아프리카에 봉사하러 갔습니다. 먹지 못해 죽어가는 사람들이 눈에 들어왔습니다. 먹을 것이 없어 어른, 아이 할 것 없이 기운을 잃고 죽음을 기다리고 있는 비참한 모습이었습니다. 그런데 어느 도시를 지나다 보니 커다란 식량창고가 눈에 띄었습니다. 그 식량창고에는 식량이 가득 차 있었습니다. '지금 먹지 못해 사람들이 죽어가고 있는데 왜 식량을 풀지 않고 있지?' 하도 이상해서 창고주인에게 물어보았습니다. "아직 곡물 값이 많이 오르지 않아서 그렇소." 이처럼 세상은 자기 욕심을 채우느라 바로 옆에서 사람이 죽든 말든 상관하지 않습니다.

하나님이 세우신 재판관들은 가난한 자와 고아, 곤란한 자와 빈궁한 자 같은 사회적인 약자들을 보호해 주어야 합니다. 그들이 당하는 원통함을 감싸주고, 빼앗긴 인권을 보호해 주어야 합니다. 우리의 믿음은 현실과 동떨어져서 이상에 머물러서는 안 됩니다. 삶의 현장에서 구체적으로 드러나야 합니다. 행함이 없는 믿음에는 영향력이 없습니다. 하나님은 그런 약자들을 돕는 일이 경건한 자의 몫이라고 말씀하십니다(약 1:27).

■■■ 삶의 현장에서 주님의 말씀대로 실천하며 살아가게 하소서.

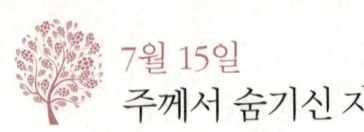

7월 15일
주께서 숨기신 자

그들이 주의 백성을 치려 하여 간계를 꾀하며
주께서 숨기신 자를 치려고 서로 의논하여 (83:3)

터키의 성지순례지 중 한 곳이 갑바도기아입니다. 그곳에는 땅에 조그만 구멍이 나 있습니다. 구멍으로 들어가면 8만 명이 살 수 있는 거대한 도시가 나옵니다. 그리고 암벽 지역에는 사방에 굴이 뚫려 있습니다. 극심한 핍박을 받아 갈 곳이 없었던 기독교인들이 살았던 곳입니다. 그들은 양과 염소의 가죽을 입고 유리하며 떠돌았습니다. 어떤 고난도 감수하며 그 속에서 믿음을 지켜냈습니다.

하나님께서 소중히 여기시는 사람들이 있습니다. 바로 "주의 백성", "주께서 숨기신 자"입니다. 하나님은 그들을 환난의 소용돌이 속에서도 특별히 지키시고 보호해 주십니다. 그런데 원수들은 간교한 계획을 세워 그들을 치려고 일어납니다. 참된 믿음은 바로 그때 발휘됩니다. 그들은 죽음의 위협 속에서도 하나님을 향한 마음을 꺾지 않습니다. 이때 가짜와 불순물은 걸러지고 순전한 신앙의 자태만 드러나게 됩니다.

▪▪▪ 시련의 때에 나를 지켜주소서.

7월 16일
하나님의 목장

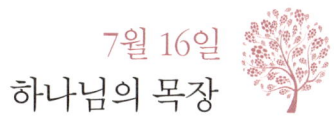

그들이 말하기를 우리가 하나님의 목장을 우리의 소유로 취하자 하였나이다 (83:12)

솔로몬은 전무후무한 권세와 지혜를 소유한 사람이었습니다. 그러나 말년에는 자기 인생을 돌아보며 이렇게 고백했습니다. "그 후에 내가 생각해 본즉 내 손으로 한 모든 일과 내가 수고한 모든 것이 다 헛되어 바람을 잡는 것이며 해 아래에서 무익한 것이로다"(전 2:11). 방탕아 어거스틴은 젊은 시절을 만족과 쾌락을 찾아 헤매며 보냈습니다. 하지만 그의 어머니 모니카의 눈물 어린 기도는 어거스틴이 하나님께 돌아오는 씨앗이 되었습니다. 어거스틴은 44세 때 세계 3대 참회록 중 하나인 『고백록』을 집필하면서 "주의 품에 안기기까지는 안식이 없나이다"라고 고백했습니다. 하나님 없는 인생은 헛될 뿐입니다.

하나님이 기르시고 돌보시는 양의 우리가 있습니다. 하나님의 목장은 행복하고 기쁨이 넘칩니다. 하나님의 목장에 거하는 인생은 복됩니다. 그런데 하나님의 목장을 공격하는 무리가 있습니다. 그들은 "하나님의 목장을 우리의 소유로 취하자"고 외칩니다. 감히 하나님의 백성과 그분의 소유를 차지하고 반기를 들려 하는 자들입니다. 그러나 하나님은 그들을 바람에 날리는 검불과 지푸라기로 만드실 것입니다. 이 목장 안에만 있으면 우리는 안전합니다. 반면 목장 밖에는 이렇듯 악한 도모가 끊이지 않는다는 것을 기억해야 합니다.

*** 하나님의 목장에서 이탈하지 않게 하소서.

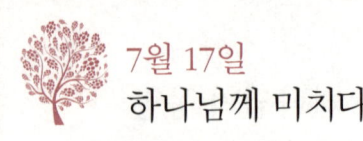

7월 17일
하나님께 미치다

**내 영혼이 여호와의 궁정을 사모하여 쇠약함이여
내 마음과 육체가 살아 계시는 하나님께 부르짖나이다 (84:2)**

불광불급(不狂不及), 즉 "미치지 않으면 미칠 수 없다"는 말이 있습니다. 어떤 일에 미치지 않으면 원하는 것에 다다를 수 없다는 뜻입니다. 성공적인 삶을 산 사람들의 공통점은 무엇엔가 미쳤다는 것입니다. 양용은은 아시안 최초로 미국 프로골프(PGA)투어 메이저대회 정상에 올랐습니다. 그는 말합니다. "골프를 시작한 뒤로 하고 싶은 것은 당장 실행에 옮기려고 노력했습니다. 좋아하는 것에 미쳐야 성공의 길이 보일 것입니다." 세상에서 가장 무서운 사람은 무슨 일이든 죽기 살기로 해내는 사람입니다. 어느 분야든 광인들이 판도를 뒤집어 놓습니다. 세상에서 가장 멋진 사람은 거룩한 일, 위대한 일에 미친 사람, 즉 거룩한 광인입니다.

시인은 주의 장막, 여호와의 궁전을 사모하는 마음 때문에 병이 들 지경입니다. 하나님이 계신 그곳은 간절한 마음으로 부르짖을 수 있는 곳입니다. 시인은 성전 예배를 드리지 못하는 아픔 때문에 병이 들었습니다. 바울 역시 그리스도와 복음에 사로잡힌 거룩한 광인이었습니다. 사람들은 이같이 병들 정도로 하나님에게 미친 거룩한 광인을 기다리고 있습니다.

*** 예수님을 위한 거룩한 광인이 되게 하소서.

7월 18일
넉넉한 하나님의 품

**나의 왕, 나의 하나님, 만군의 여호와여 주의 제단에서
참새도 제 집을 얻고 제비도 새끼 둘 보금자리를 얻었나이다 (84:3)**

종교개혁자 존 칼빈(John Calvin, 1509~1564)은 말했습니다. "사람은 죽는 것을 보아야 그 삶이 어떠했는지를 알 수 있다." 한국의 유명한 부흥사요 사랑의 배달부로 불렸던 김선주(1869~1935) 목사님은 임종 시 주변 사람들에게 이렇게 말했습니다. "하늘에서 내게 전보가 왔습니다. 이제는 떠나야 합니다. 다들 잘 있으세요." 그 말을 마치고 평안하게 눈을 감았습니다. 미국의 유명한 부흥사였던 무디는 죽기 직전에 자녀들과 일가친척들 앞에서 벌떡 일어나 이렇게 말했다고 합니다. "영광이로다! 땅이 물러가고 하늘이 내게 다가오는도다. 여러분, 내일 아침 신문에 무디가 죽었다고 보도되더라도 믿지 마세요. 무디는 죽은 것이 아닙니다. 하늘나라로 올라가는 것입니다." 그러고는 쓰러져서 눈을 감고 세상을 떠났습니다.

하나님의 성전은 하나님이 거하시는 집입니다. 그곳에는 성전을 섬기는 제사장들이나 레위인들이 살고 있습니다. 하지만 시인은 그곳에서 하찮고 보잘것없는 참새와 제비도 집을 짓고 사는 광경을 목도합니다. 우리에게 있어 보금자리와 같은 곳은 하나님의 품입니다. 누구나 와서 안식을 누릴 수 있는 무한한 사랑의 품입니다. 영적 전쟁을 하는 우리에게는 하늘의 안식이 남아 있습니다. 천국에 마련된 자신의 처소를 바라보며 살아가는 자들에게는 담대함과 평화가 늘 공존합니다.

▪▪▪ 하늘에 있는 집을 바라보는 믿음을 주소서.

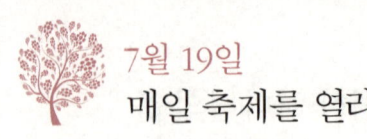

7월 19일
매일 축제를 열라

주의 집에 사는 자들은 복이 있나니 그들이 항상 주를 찬송하리이다 (84:4)

"내 영혼이 은총 입어 중한 죄짐 벗고 보니 슬픔 많은 이 세상도 천국으로 화하도다!" 처음 예수님을 만났을 때 얼마나 감격스럽게 부르던 찬양입니까? 초막이나 궁궐이나 상관없습니다. 주님과 함께 사는 그 삶이 바로 천국인 것을 발견했기 때문입니다.

시인은 하나님이 계신 "주의 집"에 대한 갈망이 있습니다. 성전에 사는 것은 무엇과도 바꿀 수 없는 최대의 행복이었습니다. 거기서는 온 마음과 영혼을 다해 찬양할 수 있었습니다. 매일 축제의 삶이었습니다. 그러나 지금의 삶은 고달픕니다. 그래서 잃어버린 성전 예배가 그립습니다. 어떻게 하든지 옛 삶을 회복하길 바라고 있습니다.

여기서 "주의 집에 사는 자"는 제사장이나 레위자손 또는 성전 문지기를 뜻하지만, 지금으로 말하면 성령님을 모시고 사는 한 사람의 성도를 지칭합니다. 마음속에 주님이 사시고, 또 주님 안에 거하는 사람은 항상 축제 속에서 살아갑니다. 주님의 몸 된 교회를 가까이 하고, 그 교회에서 영혼의 소생을 경험한 사람은 언제나 주님을 찬송할 수 있습니다. 교회 사랑을 회복하고, 잃어버린 예배를 회복하는 것이 바로 축제의 삶입니다.

▪▪▪ 매 순간 주님의 집에 거하게 하소서.

7월 20일
눈물골짜기를 당당하게 걸으라

**그들이 눈물 골짜기로 지나갈 때에 그곳에 많은 샘이 있을 것이며
이른 비가 복을 채워주나이다 (84:6)**

가장 복 있는 사람은 하나님께로 나아가는 마음의 고속도로를 지닌 사람입니다. 그는 하나님께로부터 내려오는 큰 힘을 공급받습니다. 그래서 지쳤다가도 벌떡 일어날 수 있습니다. 그러나 하나님의 자녀들도 통곡과 슬픔의 골짜기를 피할 수는 없습니다. 차이가 있다면 그때마다 하나님의 넘치는 위로가 있다는 사실입니다. 눈물 골짜기를 걸을 때도 하나님의 은총을 힘입어 살아가는 인생임을 잊지 말아야 합니다.

메마른 광야에도 파종과 경작을 가능케 하는 10~11월에 내리는 이른 비가 있습니다. 이 비로 인해 삭막하고 거친 광야도 생명의 기운이 넘치는 은총의 샘으로 변할 수 있습니다. 우리가 역경 중에 만나는 하나님이 바로 신앙의 단비입니다.
하나님은 눈물골짜기에서 신음하는 사람을 고아처럼 내버려두시지 않습니다. 위로하고 빛의 길로 인도하십니다. 시련의 때야말로 우리의 인격이 더 아름답게 다듬어지는 기회입니다. 역경은 성장을 위한 영양제이고 승자가 되기 위한 징검다리에 불과합니다.

▪▪▪ 눈물골짜기에서도 하나님의 위로로 당당하게 하소서.

7월 21일
주님으로 채워진 삶

주의 궁정에서의 한 날이 다른 곳에서의 천 날보다 나은즉 악인의 장막에 사는 것보다 내 하나님의 성전 문지기로 있는 것이 좋사오니 (84:10)

사람들은 화려한 삶을 꿈꾸고 장수하기를 원합니다. 그러나 화려함도 화려함 나름이고 오래 사는 것도 오래 사는 것 나름입니다. 시인에게 중요한 것은 '어디서 사느냐, 얼마나 오래 사느냐'가 아닙니다. '누구와 어떻게 사느냐'가 관건입니다. 주님이 계시면 바로 그곳이 궁전입니다. 거창한 삶은 아니어도 하나님의 집에서 섬길 수 있다면 만족합니다. 하나님을 모신 하루가 하나님 없이 오래 사는 것보다 더 낫습니다. 악인의 장막에서 호위호식하며 사는 것보다 하나님의 성전에서 문지기로 봉사하는 것이 훨씬 더 행복합니다.

좋은 직장에서 많은 월급을 받고 싶지만 그게 아니면 어떻습니까? 좋은 저택에서 화려하게 살고 싶지만 그게 아니어도 괜찮습니다. 초라한 옷을 입어도 하나님이 "너는 내 사랑하는 아들이다" 말씀해 주시면 그것으로 족합니다. 청와대를 드나들지 않아도 매일 주님이 보내신 곳에서 하나님의 임재를 경험하며 살아가는 그 시간이 가장 행복합니다. 주님으로 채워진 삶이 행복의 조건입니다.

▪▪▪ 주님으로 채워진 삶을 살게 하소서.

7월 22일
은혜가 승리한다

**여호와여 주께서 주의 땅에 은혜를 베푸사
야곱의 포로 된 자들이 돌아오게 하셨으며 (85:1)**

이스라엘은 하나님께 불순종하여 바벨론 포로로 잡혀갔습니다. 예루살렘 성은 불바다가 되었고, 화려했던 성전은 이방인들에게 비참하게 짓밟혔습니다. 하나님을 예배하는 행복도 사라졌고, 매일이 고달픈 삶의 연속이었습니다. 그런데 70년의 포로 생활이 끝났습니다. 다시 무너진 성전을 회복할 기회가 생겼습니다. 포로된 자들이 누리는 회복의 기쁨은 자기 노력이나 우연한 행운에 의한 것이 아니었습니다. 그것은 순전히 하나님이 주신 은혜였습니다.

시간은 지나갑니다. 힘든 시간도 지나가고, 아름다웠던 시간도 지나갑니다. 그 시간 속에는 죄로 얼룩진 우리의 흔적이 남기도 합니다. 깨끗한 캔버스는 우리의 죄로 얼룩졌지만, 하나님의 은혜가 얼룩진 인생의 캔버스를 다시 회복시킬 것입니다. 은혜를 입기 위해 예수님께 찾아왔던 사람들은 치유와 회복을 경험했습니다. 바울은 우리의 구원이 하나님의 전적인 선물임을 고백했습니다. 우리 죄를 덮는 하나님의 은혜가 결국에는 승리할 것입니다.

주님의 은혜를 새롭게 경험하게 하소서.

7월 23일
어리석은 데로 돌아가지 말라

내가 하나님 여호와께서 하실 말씀을 들으리니 무릇 그의 백성, 그의 성도들에게 화평을 말씀하실 것이라 그들은 다시 어리석은 데로 돌아가지 말지로다 (85:8)

아프리카 사람들이 곰을 어떻게 잡는지 아십니까? 그들은 곰이 다니는 길에 있는 나무에 큰 돌을 매달아 둡니다. 어느 날 길을 가던 곰의 머리가 돌에 부딪힙니다. 사람 같으면 그 돌을 피해 가겠지만 곰은 부딪힌 돌을 계속 들이받다가 죽는다고 합니다. 이와 같이 잘못된 일을 반복하는 것은 어리석은 일입니다. 잘못된 것은 한 번의 실수로 족합니다. 그래서 솔로몬은 말합니다. "개가 토한 것을 도로 먹는 것같이 미련한 자는 그 미련한 것을 거듭 행하느니라"(잠 26:11).

시인은 하나님의 말씀을 듣겠다고 고백합니다. 그는 하나님께서 자기 백성들에게 화평을 주실 것을 확신하고 있습니다. 현재 상황이 어떠하든지 하나님은 구원을 베푸셔서 평화를 경험하게 하십니다. 억압하는 현실에서 하나님이 주시는 화평을 경험한 성도는 더 이상 어리석은 데로 돌아가지 말아야 합니다. 그러기 위해서는 하나님의 말씀을 듣는 데 집중해야 합니다. 하나님의 말씀이야말로 우리로 하여금 잘못된 길을 발견하게 만들고 의의 길로 안내하기 때문입니다.

어리석은 길을 걷지 않기 위해 하나님 말씀에 귀 기울이게 하소서.

7월 24일

여호와께서 더 좋은 것을 주신다

여호와께서 좋은 것을 주시리니 우리 땅이 그 산물을 내리로다 (85:12)

하나님은 우리를 위해 온갖 좋은 선물들을 준비해 두고 계십니다. "온갖 좋은 은사와 온전한 선물이 다 위로부터 빛들의 아버지께로부터 내려오나니 그는 변함도 없으시고 회전하는 그림자도 없으시니라"(약 1:17). 바울은 하나님이 주시는 선물들에 대해 의심하지 않습니다. "자기 아들을 아끼지 아니하시고 우리 모든 사람을 위하여 내주신 이가 어찌 그 아들과 함께 모든 것을 우리에게 주시지 아니하겠느냐"(롬 8:32). 자기 아들을 아끼지 않고 선물로 내어주신 분이 그 다음에 무엇인들 내주기를 아끼겠습니까?

여호와를 경외하는 자들에게 좋은 것을 주신다는 확신을 가지십시오. 하나님의 백성들은 인애, 진리, 의, 화평과 같은 축복들을 누릴 수 있습니다(10). 뿐만 아니라 하나님은 그 백성들에게 가나안 땅의 풍요로운 산물도 허락하실 것입니다. 하나님은 자기 백성들에게 필요한 모든 것을 잘 아십니다. 그렇다면 우리가 두려워할 것도 없고 조급해할 것도 없습니다. 하나님이 선물을 주실 때를 기대하며 하루하루 최선을 다하면 됩니다.

▪▪▪ 하나님이 예비하신 좋은 것을 바라보게 하소서.

7월 25일
진솔한 기도의 세계로 나아가라

여호와여 나는 가난하고 궁핍하오니 주의 귀를 기울여 내게 응답하소서 (86:1)

어느 할머니 성도가 있었습니다. 80세의 고령인데도 늘 맨 앞좌석에서 예배를 드렸습니다. 예배시간이면 적은 액수지만 정성껏 감사헌금을 드렸습니다. 잘하지는 못하지만 자녀들을 구원해 달라고 간절하게 기도도 했습니다. 그런데 한 자녀도 하나님께 인도하지 못한 채 하나님 품으로 가셨습니다. 교회에서 장례를 마친 다음 주일이었습니다. 30여 명의 검은 옷을 입은 무리들이 교회로 들어왔습니다. 그들은 예배 전에 자신들의 명단을 적어 가지고 와서 말했습니다. "저희는 박순이 할머니의 자녀들입니다. 이번 장례식을 통해 큰 감동을 받고 우리 모두 예수님을 믿기로 작정했습니다." 할머니의 진솔한 기도는 사후에 응답되었습니다.

다윗은 자신을 괴롭히는 사람들 틈바구니 속에서 절박한 심정을 담아 진솔하게 기도했습니다. 하나님이 자신의 기도에 귀 기울이실 것을 확신했기 때문입니다. "나는 가난하고 궁핍하오니." 다윗은 자신의 상황을 꾸밈없이 고했습니다. 하나님은 미사여구를 사용한 화려한 기도보다 소박하지만 진솔한 기도를 원하십니다. 하나님은 그런 기도에 귀를 기울이십니다.

▪▪▪ 하나님께 마음을 담아 진솔하게 기도하게 하소서.

7월 26일
레일 위의 기차

**여호와여 주의 도를 내게 가르치소서 내가 주의 진리에 행하오리니
일심으로 주의 이름을 경외하게 하소서 (86:11)**

살다 보면 삶에 지쳐 힘들어하는 사람들을 많이 봅니다. 그러다 견디기 힘들 정도로 어렵게 되면 탈선의 유혹을 받습니다. '꼭 이렇게 살아야만 하나? 될 대로 되라지 뭐.' 그래서 한 번도 해보지 않은 엉뚱한 짓을 하기도 합니다. '이래서는 안 되지…' 하면서도 위로받고 평안을 누릴 곳이 없기에 자꾸 생각과는 다른 곳으로 발길을 옮깁니다. 그런데 아무리 바깥세상이 좋아도 가장 평안한 곳은 집입니다. 틀을 벗어나기에 자유로울 수 있을 것 같지만 오히려 제약이 따르기 때문입니다. 레일을 벗어난 기차는 마음껏 달릴 수 없습니다. 기차에게 가장 편안하고 안전한 곳은 바로 레일 위입니다.

다윗은 더 이상 견디기 어려울 정도로 고달팠습니다. 적당히 타협하고 싶기도 하고, 잠시 다른 길을 거닐고 싶은 마음도 들었습니다. 그런데 다윗은 주의 도를 가르쳐 달라고 간구합니다. 하나님 말씀을 따라 행하고 싶은 마음 때문입니다. 다윗은 어떤 상황 속에서도 하나님을 경외하는 길에서 벗어나지 않으려고 했습니다. 성도는 이처럼 하나님의 말씀 위에서 살아갈 때 진정한 힘을 얻습니다.

*** 자기 편의를 따라 하나님을 떠나지 않게 하소서.

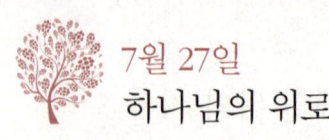

7월 27일
하나님의 위로

은총의 표적을 내게 보이소서 그러면 나를 미워하는 그들이 보고 부끄러워 하오리니 여호와여 주는 나를 돕고 위로하시는 이시니이다 (86:17)

오랫동안 섬기던 교회를 떠나면서 강준민 목사님은 이렇게 고백했습니다. "나그네길 인생에는 늘 외로움과 고통이 찾아듭니다. 그 길을 하나님과 함께함이 가장 큰 복입니다. 하나님의 위로는 마음 달래주는 것을 넘어 희망으로 이끕니다. 예수님도 가난한 나그네셨습니다. 그래서 가난한 자, 머리 둘 곳 없는 자의 마음을 아십니다. 가난 때문에 고통당하는 자의 마음을 아십니다. 하나님이 함께하시는 것보다 더 큰 복은 없습니다. 그분이 함께하실 때 형통합니다. 하나님은 항상 당신과 함께하시고, 약속하신 것을 다 이루기까지 떠나지 않으십니다." 하나님의 위로를 기대하는 사람은 절대 절망하지 않습니다.

자신을 대적하는 사람들 앞에 선 다윗은 하나님의 은총의 표징을 보여달라고 간청했습니다. 다윗은 하나님이 위로하실 것을 확신했습니다. 바울 역시 하나님의 위로를 잘 알고 있었습니다. 그래서 이렇게 고백했습니다. "우리의 모든 환난 중에서 우리를 위로하사 우리로 하여금 하나님께 받는 위로로써 모든 환난 중에 있는 자들을 능히 위로하게 하시는 이시로다"(고후 1:4). 하나님은 우리에게 도움과 위로가 필요할 때 늘 함께하십니다.

가장 힘든 때가 하나님의 위로의 순간이 되게 하소서.

7월 28일
지혜롭게 살아가라

**그의 터전이 성산에 있음이여 여호와께서 야곱의 모든 거처보다
시온의 문들을 사랑하시는도다 (87:1-2)**

사람에게는 멋지고 성공적인 삶을 살고 싶은 욕망이 있습니다. 이에 대해 발타자르 그라시안(Balthasar Gracian, 1601~1658)은 이렇게 말했습니다. "너무 재치를 부리지 마라. 지혜로운 것이 더 중요하다. 필요 이상으로 많이 아는 것은 섬세하고 이해력을 갖게 되어 좋으나, 수다쟁이가 되지는 마라. 너무 지나친 표현은 벌써 싸움거리가 된다. 차라리 필요 이상으로 생각하지 않는 고지식한 머리가 더 낫다." 지나치게 인간적인 재주를 부리기보다 하나님을 신뢰하는 묵직한 영성이 필요합니다. 인간의 선호를 따라 변덕을 부리지 말고 하나님의 기호를 따라 살아가는 것이 가장 지혜롭습니다.

이스라엘의 모든 기초는 시온에 있습니다. 시온은 원래 예루살렘 성읍 남동부 지역의 조그마한 구릉인데, 본문에서는 예루살렘 성읍을 지칭합니다. 하나님은 이스라엘의 모든 거주지들보다 예루살렘 성읍을 더욱 사랑하십니다. 이곳은 하나님의 법궤가 안치되어 있고 성전이 세워진 곳입니다. 또 이곳에서는 하나님의 말씀이 흘러나옵니다. 바로 축복과 은총의 근원지인 것이지요. 하나님의 임재와 통치 안에서 살아가는 것이 지혜로운 삶입니다.

▪▪▪ 하나님의 통치 안에서 하나님의 기호에 따라 살게 하소서.

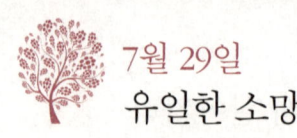

7월 29일
유일한 소망

시온에 대하여 말하기를 이 사람, 저 사람이 거기서 났다고 말하리니 지존자가 친히 시온을 세우리라 하는도다 (87:5)

사람들은 기독교가 독선적이라며 손가락질합니다. 왜 기독교에만 구원이 있다고 하느냐며 반문합니다. 산에는 여러 길을 통해 오를 수 있습니다. 그러나 진리의 길은 오직 하나입니다. 성경은 오직 시온에만 희망이 있다고 말합니다. 인간의 유일한 소망이신 여호와께서 임재하는 곳이기 때문입니다. "다른 이로써는 구원을 받을 수 없나니 천하 사람 중에 구원을 받을 만한 다른 이름을 우리에게 주신 일이 없음이라"(행 4:12). 예수님이 구원을 얻을 유일한 이름입니다. 그렇기에 구원을 희망하는 사람은 예수 그리스도께로 나와야 합니다.

모든 사람의 구원은 시온에서 출발합니다. 절대적인 능력과 지혜를 가지신 지극히 높은 여호와께서 시온을 든든히 세우실 것입니다. 그리고 시온에 사는 백성들은 하나님의 보호와 은총 속에 살아갈 것입니다. 인간의 구원과 행복은 시온에 임재하시는 하나님께 있고, 시온에서 나오는 하나님의 말씀에 근거합니다. 하나님을 떠나서 만족줄 것을 찾아 헤매는 일은 헛수고입니다.

▪▪▪ 지존자의 다스림 아래 살게 하소서.

7월 30일
절망은 없다

여호와 내 구원의 하나님이여 내가 주야로 주 앞에서 부르짖었사오니 (88:1)

우리는 눈물의 골짜기를 홀로 걸을 때가 많습니다. 힘없이 주저앉아 눈물 흘리는 것 외에는 어찌할 도리가 없어 정서적으로도 황폐해집니다. 그때 사람들은 슬픔을 주체할 수 없어 대체물을 찾아 나섭니다. 술에 푹 빠져 지내기도 하고 친구를 찾아 호소하기도 합니다. 그렇다고 가슴 속에 꽉 차 있는 아픔이 시원스레 달래지지 않습니다. 이성도 마비되는 것 같고 담대함도 사라집니다. 그러다 막다른 골목에 들어서면 죽음이라는 불청객이 마음속에 찾아옵니다.

시인의 가슴 속에도 달랠 길 없는 슬픈 사연이 많습니다. 그러나 그는 절대적인 절망은 없음을 알고 있습니다. 구원하실 하나님이 계시기 때문입니다. 아무리 힘들고 어려운 문제가 놓여 있어도 그는 하나님을 신뢰합니다. 시인은 막막한 상황에서 하나님을 향해 도움을 요청하는 창을 엽니다. 그리고 부르짖습니다. 자신의 어려운 사정을 하나님께 아뢰되 주야로 끈질기고 간절하게 부르짖습니다. 여기서 주야로 부르짖는다는 것은 응답받을 때까지 주님께 매달리는 것을 말합니다.

▪▪▪ 막막할수록 하나님을 향한 기도의 창을 열게 하소서.

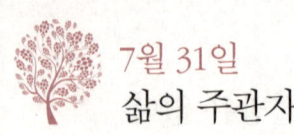
7월 31일
삶의 주관자

주께서 나를 깊은 웅덩이와 어둡고 음침한 곳에 두셨사오며 주의 노가 나를 심히 누르시고 주의 모든 파도가 나를 괴롭게 하셨나이다 (88:6-7)

최근 성공학이나 행복론에 대한 관심이 큽니다. 그것은 실패가 많고 불행하게 살아가는 사람들이 많다는 반증입니다. 세속적인 성공학이나 행복론은 근본적으로 '나'에게 집중합니다. 내가 어떻게 하느냐에 따라 인생이 달라진다는 것입니다. 자신이 경영하는 인생이 탄탄해 보일지는 모르지만, 우리는 분명 한계를 가진 존재입니다.

세상에는 두 부류의 인생이 있습니다. '내가 나의 주인이 되는 삶'과 '다른 것을 나의 주인으로 삼는 삶'입니다. 예를 들어 부모, 배우자, 술, 그 밖의 것들을 주인으로 삼는 사람들이 있습니다. 그러나 우리의 유일한 주인은 바로 하나님입니다. 하나님이 인생의 진정한 주인일 때 인정해야 할 것이 있습니다. 주님은 승리를 주시기도 하지만 패배도 주시고, 건강케도 하시지만 때때로 질병도 주신다는 사실입니다. 균형 잡인 주인관을 갖지 못하면 신앙에 대해서 회의에 빠질 수도 있습니다. 주님이 불행의 순간을 주셨다면 진노를 거두실 날도 반드시 옵니다. 아무리 코너로 몰려도 그날에는 극적인 반전이 이루어질 것입니다.

*** 코너로 몰릴수록 진정한 인생의 주인을 찾게 하소서.

August | Daily Bible of the Psalms

말씀으로 시작하는 아침 8월

"아침에 주의 인자하심이 우리를 만족하게 하사
우리를 일생 동안 즐겁고 기쁘게 하소서"
- 시 90:14

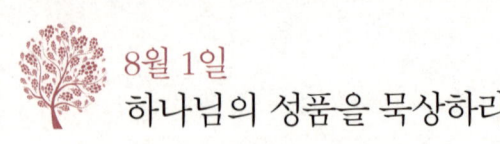

8월 1일
하나님의 성품을 묵상하라

**내가 여호와의 인자하심을 영원히 노래하며
주의 성실하심을 내 입으로 대대에 알게 하리이다 (89:1)**

타락 후에 인간은 전적으로 부패했습니다. 그래서 성경은 "만물보다 거짓되고 심히 부패한 것은 마음이라"(렘 17:9)고 지적합니다. 우리 자신의 마음 씀씀이를 보면 얼마나 형편없는 존재인지 금방 느낄 것입니다. 그러한 마음을 지닌 인간이 바른 마음으로 돌아가기 위해서는 끊임없이 하나님의 성품을 묵상해야 합니다. 자아성찰을 하는 데 중요한 것은 바로 이것입니다. 하나님의 성품을 묵상하는 동안 우리는 하나님의 마음을 닮아가게 됩니다. 하나님의 마음을 지닌 자는 세상에서 영향력을 발휘할 수 있습니다.

그러면 우리는 하나님의 어떠한 성품을 묵상해야 합니까? "여호와의 인자하심"을 묵상하고 노래해야 합니다. 여호와의 인자는 언약에 근거한 사랑과 자비를 말합니다. 죄인을 향한 하나님의 무한한 자비야말로 우리 마음에 새겨야 할 하나님의 성품입니다. 또 "주의 성실하심"을 입술로 전해야 합니다. 변화무쌍한 인간의 마음과 달리 하나님은 약속하신 모든 언약을 반드시 성취하십니다. 약속을 이루기 위해 부지런히 일하시는 신실하신 분입니다. 그 외에도 하나님의 은혜와 사랑, 존귀하심, 낮아지심 등을 묵상하면 우리 영혼은 활력을 되찾게 되고 새로운 힘을 공급받습니다.

▪▪▪ 인자와 성실하신 하나님을 묵상하면서 닮아가게 하소서.

8월 2일
하나님께로 눈을 돌리라

**주께서 바다의 파도를 다스리시며
그 파도가 일어날 때에 잔잔하게 하시나이다 (89:9)**

스트라디바리우스는 명품 바이올린의 최고봉으로 손꼽히고 있습니다. 이 바이올린은 매혹적인 소리를 냅니다. 그 아름다운 소리의 비결은 어디에 있을까요? 그것은 바로 혹한의 추위를 견뎌낸 나무로 만들었다는 데 있습니다. 극한의 추위가 아름다운 소리를 내는 명품 악기를 낳은 것입니다. 윌러드 메리엇은 "좋은 목재가 되는 나무는 어려운 환경 속에서 자란다. 바람이 강하면 나무도 강해진다"고 했습니다. 마찬가지로 우리가 경험하는 고난과 역경이라는 환경은 우리에게 보약이 됩니다.

시인은 '능하신 하나님'을 바라보는 습관을 가지고 있습니다. 창조자 하나님은 우리의 모든 삶을 인도하고 보호하십니다. 바다와 파도를 다스리시는 그분이 하지 못할 일은 없습니다. 홍수나 지진 같은 자연재해를 보면 하나님이 인간에게 무관심하신 것처럼 생각될 수도 있습니다. 그러나 삼라만상은 하나님의 돌보심을 떠나서 한시라도 존재할 수 없습니다. 넘실거리는 무서운 파도만 주목하지 말고, 그것을 다스리시는 하나님께 주목하십시오. 하나님은 그 파도를 능히 잔잔케 하십니다. 우리가 할 수 있는 일이 아무것도 없어 보여도 하나님은 그분을 의지하는 자에게 놀라운 기적을 이루십니다.

■■■ 변화무쌍한 환경을 말씀으로 다스려 주소서.

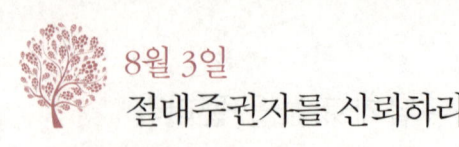

8월 3일
절대주권자를 신뢰하라

**하늘이 주의 것이요 땅도 주의 것이라 세계와 그 중에 충만한 것을
주께서 건설하셨나이다 (89:11)**

한나는 자식을 낳을 수 없었으나 하나님의 도움으로 기적을 체험했습니다. 그녀는 아들을 낳은 감격 속에서 외칩니다. "여호와는 죽이기도 하시고 살리기도 하시며 스올에 내리게도 하시고 거기에서 올리기도 하시는도다 여호와는 가난하게도 하시고 부하게도 하시며 낮추기도 하시고 높이기도 하시는도다"(삼상 2:7). 하나님의 절대주권에 대한 확신이 없으면 조바심이 생깁니다. 인간의 진정한 자유는 하나님의 절대주권에 자신의 모든 것을 내어맡긴 삶에 있습니다.

사람들은 세상의 주인이 되려고 합니다. 하늘과 땅 그리고 그곳에 있는 모든 것을 소유하려고 합니다. 그러나 아무리 많은 것을 가졌다 하더라도 그것은 하나님의 소유를 잠깐 빌려 사용하는 것에 불과합니다. 하늘과 땅의 모든 것 중에 인간이 진정 자기 소유로 말할 수 있는 것은 없습니다. 시인은 하나님이야말로 온 세상의 절대주권자라고 고백합니다. 하나님의 절대주권을 인정하는 사람은 아무리 어려운 일이 닥쳐와도 불평하지 않습니다. 생활 곳곳에서 그분의 손길을 경험하기에 험한 일을 만나더라도 주님을 신뢰할 수 있습니다.

*** 생활 속에서 하나님의 절대주권을 인정하게 하소서.

8월 4일
시간을 아끼며 살자

주의 목전에는 천 년이 지나간 어제 같으며 밤의 한 순간 같을 뿐임이니이다 (90:4)

어릴 때는 '언제나 시간이 지나갈까? 빨리 지나갔으면 좋겠다'고 생각합니다. 그런데 시간은 나이만큼의 속도로 흘러간다고 합니다. 나이가 들수록 '언제 시간이 이렇게 빨리 지나갔지?' 하는 생각이 들면서 새삼 인생의 속도에 놀랍니다. 무대에 올라간 지 얼마 안 된 것 같은데 벌써 무대에서 내려와야 한다는 느낌 같습니다. 한정된 시간 속에 살아가는 우리는 우물쭈물할 겨를이 없습니다. 하나님은 우리가 보낸 시간에 대해서도 판단하실 것입니다. 그때 착하고 충성된 종이라고 칭찬받아야 하지 않을까요?

인간은 흙으로 만들어졌고, 결국 흙으로 돌아가야 하는 유한한 존재입니다. 그렇기 때문에 우리는 하나님이 선물로 주신 시간을 소중히 사용해야 하며, 시간의 생산성을 높이기 위해 지혜를 구해야 합니다. 화살처럼 빨리 지나가는 시간 속에서 하나님이 내 인생을 통해 이루실 목표를 분명히 하고 집중해야 합니다. 반면 하나님은 시간을 초월하시는 분입니다. 인간에게 천 년이란 어마어마한 시간이지만 하나님께는 아주 짧은 순간에 불과합니다. 우리는 주어진 시간 안에서 최선을 다해야 하지만, 한편으로는 그것을 통해 일을 성취하시는 하나님께 겸손하게 매달려야 합니다. 이것이 인간의 실존입니다.

▪▪▪ 짧은 시간을 생산적으로 활용케 하소서.

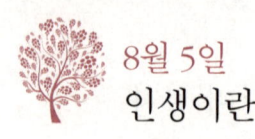

8월 5일
인생이란

우리의 연수가 칠십이요 강건하면 팔십이라도 그 연수의 자랑은 수고와 슬픔뿐이요 신속히 가니 우리가 날아가나이다 (90:10)

인생이란 무엇일까요? 철학자들과 지혜자들이 이에 대한 답을 찾으려고 몇 천 년 동안 애를 썼지만 결론을 내지 못했습니다. 하지만 성경은 인생을 양면적으로 표현합니다. 한편으로는 하나님의 형상을 지닌 특별한 존재요 하나님의 자녀라고 합니다. 그러나 동시에 인간은 이슬과 안개 같은 연약한 존재이고 허무한 존재입니다. 결코 독립적일 수 없는 의존적인 존재 말입니다. 화려한 인생을 꿈꾸지만 그 화려함의 수명은 그리 길지 않습니다. 그렇기에 인생을 바로 깨닫는 것이 중요합니다.

모세는 인생이 칠십이요, 강건하면 팔십이라고 말합니다. "나는 천부적으로 건강한 체질을 타고났어. 난 건강관리를 잘해서 이렇게 오래 살고 있잖아." 하고 자랑하는 사람도 별것 없습니다. 그들이 자랑하는 장수와 건강도 금방 날아갑니다. 살아가면서 자랑할 것이라고는 수고와 슬픔밖에 없습니다. 웃었던 시간들보다 울었던 시간이 더 많지 않습니까? 열심히 살았던 사람도 손해 보는 장사를 했다는 생각이 드는 것처럼, 인생의 성공은 마치 모래성을 쌓는 것처럼 부질없는 일입니다. 그래서 솔로몬은 하나님을 경외하고 그의 명령들을 지키라고 말합니다(전 12:13). 아무리 오래, 건강하게 살더라도 하나님을 경외하는 인생에게만 의미가 있습니다.

*** 인생을 바로 알고 본분을 지키며 살게 하소서.

8월 6일
해 뜰 날을 기다리라

**아침에 주의 인자하심이 우리를 만족하게 하사
우리를 일생 동안 즐겁고 기쁘게 하소서 (90:14)**

몽골의 가을은 도무지 감을 잡을 수 없을 정도로 변화무쌍합니다. 한줄기 소나기가 내리더니 금방 햇볕이 쨍쨍 내리쬡니다. 인생도 마찬가지입니다. 햇살이 찬란하게 비취는 날이 있는가 하면, 먹구름이 가득하다 천둥번개를 동반한 소나기가 내리는 날도 있고, 가을 석양같이 아름다운 날도 있습니다. 그러기에 우리는 어두운 한 면만 보고 인상 찌푸리지 말고, 밝은 면을 바라보고 감사하는 삶을 살아야 합니다.

시인에게는 잠을 이룰 수 없는 번민의 밤이 있었습니다. 그러나 하나님께서 자신에게 돌아오기만 하면 인생이 바뀔 것이라고 확신하고 있습니다. 어두운 밤은 아침 햇살에 반드시 밀려납니다. 그리고 밝아오는 아침에는 주의 인자하심을 맛보리라는 소망이 있습니다. 참된 인생의 만족은 하나님이 우리를 찾아오실 때 비로소 맛볼 수 있기 때문입니다. 그래서 "우리를 일생 동안 즐겁고 기쁘게 하소서"라고 간청합니다. 슬픔의 날이 있다고 낙담하지 말고, 찬란한 아침을 몰고 오실 하나님을 기다립시다.

▪▪▪ 하나님을 기다리는 나에게 밝은 빛을 비추사 점점 더 강하게 하소서.

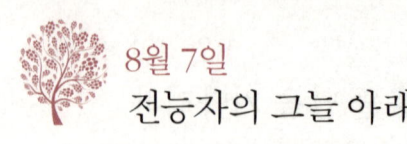

8월 7일
전능자의 그늘 아래

지존자의 은밀한 곳에 거주하며 전능자의 그늘 아래에 사는 자여 (91:1)

이스라엘은 아랍 민족들로 둘러싸여 있습니다. 우리나라 경상북도 크기밖에 안 되는 작은 나라가 늘 전쟁의 위협 속에서 살아갑니다. 주변 아랍권에서 왕따를 당하는 격입니다. 그러나 인구도 얼마 안 되는 소수 민족이 세계의 정치, 경제, 문화, 과학 등의 전 분야를 주도하고 있습니다. 그들이 가지고 있는 힘은 바로 하나님을 경외하는 데서 나오는 지혜입니다. 근본적으로 그들을 움직이고 있는 힘은 하나님이십니다.

시인은 다급한 상황에 놓여 있습니다. 사냥꾼의 올무, 심한 전염병(3)은 시인이 당하고 있는 절박한 상황을 묘사합니다. 그는 "지존자의 은밀한 곳"에 거하기 원하고, "전능자의 그늘 아래" 살기 원합니다. 하나님은 성도가 피할 수 있는 아주 은밀한 밀실입니다. 어떤 어려움이나 위협이 닥쳐와도 어미 닭이 병아리를 품듯 하나님은 성도들을 안전하게 품어주십니다. 자신을 보호해 줄 장소를 찾으려 하지 말고, 전능하신 하나님의 품으로 나아갑시다. 어떤 상황이 닥쳐와도 그분의 그늘 아래 사는 자는 두려움 없이 하나님의 뜻을 이루어갑니다. 여러분은 하나님을 만나는 자기만의 은밀한 장소가 있습니까?

■■■ 전능자의 그늘 아래서 안전히 보호받게 하소서.

8월 8일

두려움의 공포를 떨쳐버리라

너는 밤에 찾아오는 공포와 낮에 날아드는 화살과 어두울 때 퍼지는 전염병과 밝을 때 닥쳐오는 재앙을 두려워하지 아니하리로다 (91:5-6)

살다 보면 두려움과 공포에 떠는 날이 많습니다. 인간이 아무리 주의한다 해도 완전한 안전은 없습니다. 인간이 손을 쓸 수 없는 불가항력적인 일들이 많기 때문입니다. 인도를 걸어가다 차에 치이기도 하고, 머리 위에 건물 간판이 떨어져 죽기도 합니다. 날아가던 비행기가 떨어지는 것을 보면 비행기 타는 것이 두렵고, 열차가 탈선하는 것을 보면 기차 타는 것이 두렵습니다. 인간을 위협하는 주변 상황들을 생각하면 다리 펴고 잘 날이 없습니다.

시인은 인간에게 다가오는 공포를 열거합니다. 우선 "밤에 찾아오는 공포"와 "낮에 날아드는 화살"로 표현된 것은 사람들에게 받는 위협으로서 우리가 지혜롭게 산다면 피할 수도 있는 것들입니다. 그러나 "어두울 때 퍼지는 전염병"이나 "밝을 때 닥쳐오는 재앙"은 초자연적으로 일어나는 문제입니다. 인간의 힘으로는 감당할 방법이 없습니다. 그렇기 때문에 우리는 언제나 하나님의 날개 아래 거해야 합니다. 그럴 때 우리는 두려워하지 않고 그분의 선하심을 확신하며 담대히 나아갈 수 있습니다.

■■■ 감당할 수 없는 일을 만날 때 하나님을 기억하게 하소서.

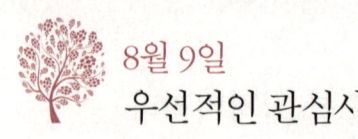
8월 9일
우선적인 관심사

**하나님이 이르시되 그가 나를 사랑한즉 내가 그를 건지리라
그가 내 이름을 안즉 내가 그를 높이리라 (91:14)**

다윗은 하나님을 사랑하는 사람이었습니다. 그는 기름부음을 받은 후 수많은 연단을 받으면서도 하나님이 함께하시는 손을 믿었기에 자기 손으로 복수하지 않았습니다. 어쩔 수 없이 사울의 음모를 받아들였지만, 이를 계기로 블레셋 군사들을 물리칠 수 있었습니다. 광야로 도망갔을 때도 사울의 군대로부터 목숨을 지킬 수 있었습니다. 하나님은 모든 위협으로부터 그를 보호하셨고, 급기야 이스라엘의 위대한 성군으로 높여주셨습니다. 이런 삶의 비결이 무엇입니까? 그것은 다윗이 하나님을 사랑했고, 그분과 나누는 교제를 즐거워했기 때문입니다. 거기서 나오는 힘은 실로 대단합니다.

내가 몸부림을 치지 않아도, 어떤 상황에서도 우리를 건지시는 분이 있습니다. 내가 자신을 높이려고 애쓰지 않아도, 우리를 높여주시는 분이 있습니다. 하나님께서 우리를 건지시고 높여주십니다. 그렇다면 우리가 관심을 갖고 해야 할 일은 무엇입니까? 하나님을 사랑하는 것이요, 하나님을 알고 그분과 깊은 교제를 나누는 것입니다. 하나님을 안다는 것은 하나님의 성품을 체험하고 깨닫는 것을 말합니다. 성도가 우선적으로 생각하고 관심을 가질 것은 바로 그것입니다. 그렇게 되면, 다른 것들은 하나님께서 책임져 주십니다.

▪▪▪ 하나님을 더 사랑하고 깊이 알아가게 하소서.

8월 10일
인생 만족가를 부르자

**지존자여 십현금과 비파와 수금으로 여호와께 감사하며
주의 이름을 찬양하고 아침마다 주의 인자하심을 알리며
밤마다 주의 성실하심을 베풂이 좋으니이다 (92:1-3)**

미국 시카고대학교 일반사회연구소에서 미국 직장인 27,587명을 무작위로 선정하여 직업의 만족도에 대해 설문조사를 실시했습니다. 목회자의 87퍼센트가 자신의 직업에 '매우 만족한다'고 답해 직업 만족도에서 1위를 차지했습니다. 2위는 소방관(80%), 3위는 물리치료사(78%)였습니다. 4위는 작가(74%), 5-7위는 교육 관련 종사자, 8위는 화가와 조각가(67%), 9위는 심리학자(66%), 10위는 보안 및 금융 관련 서비스 종사자(65%) 순위였습니다. 목회자가 자기 직업에 가장 만족하는 이유는 무엇일까요? 모든 것이 만족스럽지는 않겠지만, 만족의 비결이 무엇인지 알고 있기 때문이 아닐까요? 외적인 조건보다는 내면 세계에 눈뜬 사람일수록 자신에 대한 만족이 큽니다.

이 시는 안식일 아침에 부르는 노래입니다. 시인은 하나님을 가리켜 "지존자"라고 부릅니다. 지존자란 전혀 부족함이 없는 존귀하신 분이라는 고백입니다. 이어서 시인은 자신의 인생에 만족하며 아침부터 밤까지 한 순간도 멈추지 않고 자기 백성을 위해 일하시는 하나님의 성품을 찬양합니다. 아침에는 풍성한 사랑을 느끼게 하시고, 밤에도 성실하심으로 치유와 회복을 베풀어주시는 분이 계시기에 어디 있든지 만족하며 지낼 수 있습니다.

▪▪▪ *주님은 나의 지존하신 분입니다. 주님 사랑합니다.*

8월 11일
주님께 주목할 때 행복하다

여호와여 주께서 행하신 일로 나를 기쁘게 하셨으니 주의 손이 행하신 일로 말미암아 내가 높이 외치리이다 여호와여 주께서 행하신 일이 어찌 그리 크신지요 주의 생각이 매우 깊으시니이다 (92:4-5)

아침 출근길 전철이나 버스 안에는 피곤에 지쳐 조는 사람들이 많습니다. 늦은 밤 축 처진 어깨로 파김치가 되어 퇴근하는 사람들을 보면 '이게 사람 사는 것일까?' 하는 의구심을 떨칠 수가 없습니다. 늘 긴급한 일로 쫓기면서 정작 가장 중요한 일은 등한히 하는 모습을 보면 뭔가 크게 잘못된 것 같습니다. 우리가 자기 사업과 환경 개선에만 주목한다면 참된 만족이 있을 수 없습니다. 행복은 행복 그 자체를 추구할 때보다 복되신 주님이 행하신 일이 내 것이 될 때에 비로소 경험할 수 있기 때문입니다. 스스로 자신에게 질문해 보십시오. "나는 행복한 사람인가? 나는 무엇 때문에 행복한가?"

믿음의 삶은 "주께서 행하신 일"에 주목하는 것입니다. 천지만물을 창조하시고, 안식을 주시며, 우주만물과 인간의 모든 삶을 통치하시는 하나님, 죄인들을 구원하셔서 영원한 안식과 축복에 참여케 하신 하나님께 주목하는 것입니다. 그분은 인간의 생각을 초월하는 방법으로 세상을 다스리십니다. 그분의 행하심은 위대하고 생각은 깊고 높습니다(시 40:5, 사 55:9). 피조물의 기쁨은 그분의 행하심에서 나옵니다. 그런 의미에서 복음이란 그분이 행하신 일에 우리가 동참하는 것이라고 할 수 있습니다.

▪▪▪ 주님의 행하심과 생각에 나를 맡기게 하소서.

8월 12일
승리의 비결

**그러나 주께서 내 뿔을 들소의 뿔 같이 높이셨으며
내게 신선한 기름을 부으셨나이다 (92:10)**

어느 날 마세오 형제가 아시시의 성자 프란체스코에게 물었습니다. "당신은 용모가 뛰어나지도 않고, 학식도 별로 없는데 어떻게 해서 모든 사람들이 당신을 존경하고 따르고 있습니까?" 그러자 프란체스코는 쑥스러운 듯 미소를 지으며 대답했습니다. "그 이유는 간단합니다. 가장 높이 계시는 분께서 그렇게 하시려고 했기 때문이지요. 그분은 모든 사람들을 다 내려다보고 계시다가 그 거룩한 눈으로 마침내 한 사람을 택하신 듯합니다. 가장 못난 인간인 나를 지명해서 자신의 놀라운 일을 성취하고자 하신 거지요. 나보다 더 천한 인간을 찾지 못했기 때문에 그분은 미천한 나를 택하셨고, 그런 나를 통해 이 세상의 모든 고귀한 신분과 위엄, 강함, 미모, 그리고 높은 학식을 깨뜨리고자 하셨던 게 아닐까요?"

시인은 어리석은 자와 악인들을 봅니다. 때로 그들은 거세게 일어나 하나님을 향해 어리석은 일을 행하기도 합니다. 시인은 원수들이 패망할 것과 죄악을 행하는 자들이 다 흩어질 것을 확신합니다. 그러나 여호와를 경외하는 성도는 하나님이 공급하시는 힘으로 들소의 뿔처럼 승리할 수 있습니다. 주께서 신선한 기름을 머리에 부어주실 것이니까요. 여기서 신선한 기름이란 최고 품질로 통하는 푸른 기름을 가리키는 것으로, 기쁨과 승리의 삶을 상징합니다. 주님은 우리 인생에 능력의 근원이 되어주십니다.

▪▪▪ 원수를 이길 수 있는 능력을 부어주소서.

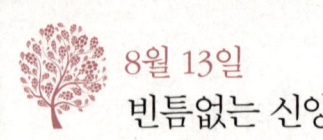

8월 13일
빈틈없는 신앙

여호와께서 다스리시니 스스로 권위를 입으셨도다 여호와께서 능력의 옷을 입으시며 띠를 띠셨으므로 세계도 견고히 서서 흔들리지 아니하는도다 (93:1)

"저 사람은 빈틈없는 사람이야!" 어떤 일을 완벽하고 철저하게 처리하는 사람에게 하는 말입니다. 그러나 세상에 절대적으로 빈틈없는 사람은 없습니다. 세상에 완전한 사람은 없기에 사람의 힘을 전적으로 믿을 수는 없는 것입니다. 우리는 서로 신뢰하는 사회를 이루어야 하지만 사람에게 모든 것을 기대해서는 안 됩니다. 그랬다가는 실망하고 상처받기 십상입니다. 오직 여호와 하나님만이 우리를 빈틈없이 지키십니다.

여호와는 세상의 영원한 왕입니다. 고대 왕들이 화려한 옷을 입듯이 하나님은 능력과 권위의 옷을 입으십니다. 하나님의 능력과 권위가 세상을 견고게 할 것입니다. 빈틈없는 건축가이신 하나님이 다스리는 세상은 절대적으로 안전합니다. 그분은 말씀으로 세상을 온전하게 통치하십니다. 절대적인 하나님의 통치 앞에서 우리는 '빈틈없는 인생'을 살려고 하지 말고 '빈틈없는 신앙'을 갖도록 해야 합니다. 이는 곧 주님이 다스리시는 인생이 되어야 함을 말합니다. 하나님의 통치에서 벗어나려는 모든 시도를 내려놓고 그분의 권위 아래에 순종하는 삶을 살아야 합니다.

••• 빈틈없는 인생을 살기보다 빈틈없는 믿음으로 살게 하소서.

8월 14일
나를 집어 삼키려는 세력 앞에서

높이 계신 여호와의 능력은 많은 물소리와 바다의 큰 파도보다 크니이다 (93:4)

'골리앗 공포증'이라는 말이 있습니다. 혼자서 감당하기엔 상대가 너무 크고 벅차기 때문에 싸워보지도 않고 포기하는 것이지요. 싸워보고 지면 후회라도 없을 텐데 아예 겁먹고 도전하지도 않은 채 포기해 버리는 것입니다. 이런 사람에게는 하나님의 능력에 대한 신뢰가 꼭 필요합니다. 약하기 때문에 하나님 능력을 의지한다면 그는 더 이상 약한 사람이 아닙니다. 반면 강하기 때문에 자기 능력을 믿고 하나님을 의지하지 않는다면, 그는 더 이상 강한 사람이 아닙니다. 내 앞에 있는 적을 바라보기 전에 하나님을 바라보아야 합니다.

'물'은 인간 세계를 위협하는 세력을 말합니다. 성경은 '바다'를 세상과 악한 세력으로 표현합니다. 하나님은 홍해와 요단강을 정복하셨습니다. 여호와의 능력은 우리로 하여금 "많은 물소리"에 주눅 들지 않게 하고, "바다의 큰 파도"에 밀리지 않는 힘을 줍니다. 하나님의 능력은 이 모든 세력을 능히 이기게 합니다. 이 세상에서 진정한 강자는 높이 계신 하나님을 붙잡고 살아가는 사람입니다. 아무리 강하고 위협적인 세력 앞에서도 하나님을 앞세우는 자는 결코 뒤로 물러서거나 침몰하지 않습니다.

■■■ 위협하는 세력 앞에서 믿음으로 무장하게 하소서.

8월 15일
보이지 않는 하나님을 의식하라

귀를 지으신 이가 듣지 아니하시랴 눈을 만드신 이가 보지 아니하시랴 (94:9)

교통법규를 지키지 않으면 사고가 나고, 안전수칙을 지키지 않고 깊은 물에 들어가면 목숨을 잃고 맙니다. 또 법을 지키지 않으면 조직이 혼란에 빠져 공동체에 평화와 질서가 사라집니다. 그런데 악한 사람들은 공동체가 지켜야 할 수칙들을 지키지 않습니다. 보는 이가 없고 듣는 이가 없다고 착각하기 때문입니다. 그래서 양심의 가책도 느끼지 않은 채 불의한 일들을 행합니다.

세상에는 악한 자들이 득실거립니다. 그들의 교만은 하늘을 찌릅니다. 그들은 주의 백성들을 짓밟고 과부와 나그네 그리고 고아같이 사회적 보호를 받기 어려운 약자들을 무시하고 살해하기도 합니다. 그러면서 여호와께서 아픔과 고통을 당하는 사람들의 신음 소리를 듣지 않고, 억울하게 어려움 당하는 사람들의 처절한 현장을 보지 못한다고 주장합니다. 그러나 귀를 만드신 하나님은 억울한 사람들의 작은 신음소리를 듣고 계시고, 눈을 만드신 하나님은 그들이 흘리는 피를 다 보고 계십니다. 정의로우신 하나님, 심판하시는 하나님이 언젠가 반드시 일어나실 것입니다.

••• 하나님의 임재를 늘 의식하며 살게 하소서.

8월 16일
위기 대처법

여호와여 나의 발이 미끄러진다고 말할 때에 주의 인자하심이 나를 붙드셨사오며 내 속에 근심이 많을 때에 주의 위안이 내 영혼을 즐겁게 하시나이다 (94:18-19)

미우라 아야꼬라는 일본인 작가는 초등학교 교사로 일하다 일찍 퇴직했는데, 그 후 13년간 폐결핵과 '척추 카리에스'라는 희귀병과 싸워야 했습니다. 그러나 이런 죽음의 골짜기를 통과하면서 그녀는 기독교 신앙을 갖게 되었고, 자신의 믿음을 눈부시게 아름다운 언어로 살려냈습니다. 이런 놀라운 일을 이루어내기까지는 그녀의 곁에서 손과 발이 되어준 남편의 도움이 컸습니다. 남편 미쓰요는 83권의 책 중 70권을 받아 적어주었습니다. 그는 말하기를, 아내는 뭐든지 하나님께 기도하면서 했고 하나님을 향한 신뢰가 늘 있었다고 합니다. 하나님을 경험한 사람들은 그분의 위로를 받으며 창조적인 활동을 할 수 있는 힘을 얻습니다.

때때로 든든히 서 있던 발이 미끄러지는 것을 경험합니다. 어떤 때는 밤잠을 이루지 못할 정도로 복잡하고 어려운 일들이 다가옵니다. 그렇지만 아무도 도울 이 없는 상황에서도 하나님은 우리 곁에 계십니다. 믿음의 삶이란 내가 할 수 있는 최선을 다하고 나머지는 하나님께 맡기는 것입니다. 근심이 많고 넘겼다고 생각될 때 절망하여 자포자기하면 원수만 좋아합니다. 그때 우리에게 필요한 확신이 있습니다. "주의 인자하심이 나를 붙드십니다." "주의 위안이 내 영혼을 즐겁게 합니다." 위기 앞에서는 고민하지 말고 하나님을 신뢰하는 단순한 믿음을 가져야 합니다.

▪▪▪ 위기 앞에서 하나님만 신뢰하는 단순한 믿음을 갖게 하소서.

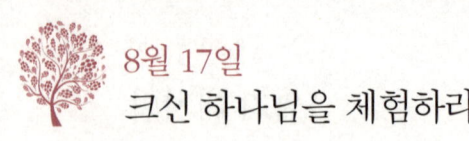

8월 17일
크신 하나님을 체험하라

**우리가 감사함으로 그 앞에 나아가며 시를 지어 즐거이 그를 노래하자
여호와는 크신 하나님이시요 모든 신들보다 크신 왕이시기 때문이로다 (95:2-3)**

"영하 40도가 아니면 추위라 말하지 말고, 40도를 넘지 않으면 술이라 말하지 말며, 4천 킬로미터를 넘지 않으면 멀다고 말하지 말라." 러시아에서는 이렇게 말한다고 합니다. 만약 한국에서 기온이 영하 40도까지 내려가고, 4천 킬로미터를 가라고 한다면 사람들은 야단법석일 것입니다. 환경에 대한 적응력은 이렇게 서로 다릅니다. 사소한 작은 일에도 호들갑을 떠는 사람이 있는가 하면, 큰일 앞에서도 의연하게 대처하는 사람이 있습니다. 일을 처리해 나가는 스케일에 차이가 있는 것입니다.

역사는 가장 훌륭한 인생 매뉴얼입니다. 어두운 역사를 통해 배우기도 하고, 밝은 역사를 통해 더 발전적인 미래로 나아갈 수도 있습니다. 시인은 출애굽하는 과정에서 이스라엘 백성을 이끄신 하나님의 위대함을 회고합니다. 모든 신들 위에 뛰어나신 하나님은 이스라엘 백성의 모든 필요를 채워주셨습니다. 상상할 수도 없는 기적들로 이끄신 위대하신 하나님 앞에 감사와 찬양으로 나아갈 뿐입니다. 뛰어넘기 어려운 장애물과 악한 자들이 교묘하게 파놓은 함정 앞에서도 두려워하지 않을 것은 크신 하나님을 체험했기 때문입니다.

▪▪▪ 매일 매사에 크신 하나님을 체험하게 하소서.

8월 18일
광야에서 조심하라

**너희는 므리바에서와 같이 또 광야의 맛사에서 지냈던 날과 같이
너희 마음을 완악하게 하지 말지어다 (95:8)**

광야를 피해갈 수 있는 사람은 없지만, 광야는 활용하기 나름입니다. 광야의 낮은 견디기 어려울 정도로 덥고 밤에는 춥습니다. 광야는 아무도 없는 적막한 곳입니다. 낮에는 굴속에 숨어 있던 무서운 짐승들이 저녁에는 어슬렁거리며 돌아다닙니다. 그러나 이렇게 척박한 광야가 몹쓸 땅, 저주받은 땅만은 아닙니다. 더 깊이 있는 인생으로 만들고, 하나님과 대면하게 하는 은총의 땅이기도 합니다. 그래서 이스라엘 초대 총리 벤구리온은 "지혜를 얻으려면 광야로 가라"고 했습니다.

이스라엘 백성이 출애굽할 때 신광야를 지나 르비딤에 진을 쳤습니다. 그런데 거기에는 마실 물이 없었습니다. 백성들은 모세를 향해 원망하고 불평했습니다. 심지어 돌을 들어 모세를 치려고까지 했습니다. 그러나 하나님은 반석에서 물을 내어 백성들이 마시게 하셨습니다. 모세는 그 장소를 가리켜 '시험하다'는 뜻의 "맛사" 혹은 '다투다'는 뜻의 "므리바"라 불렀습니다(출 17:7). 이처럼 광야는 우리의 입술을 과격하게 만들고 감정을 소용돌이치게 만드는 곳이기도 합니다. 우리는 완악해지려는 마음을 잘 지켜 맛사와 므리바가 되지 않도록 조심해야 합니다.

⁂ 광야를 영적 장애물이 아니라 영양분으로 사용하게 하소서.

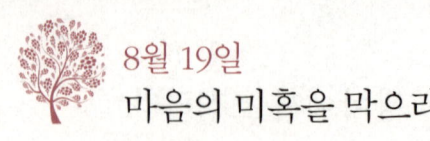

8월 19일
마음의 미혹을 막으라

**내가 사십 년 동안 그 세대로 말미암아 근심하여 이르기를
그들은 마음이 미혹된 백성이라 내 길을 알지 못한다 하였도다 (95:10)**

바른 길을 알고 그 길을 걷는 것이 복입니다. 그런데 우리는 때때로 달콤한 유혹을 받아 마음이 미혹될 때가 있습니다. 기독교 철학자 쇠렌 키르케고르(Søren Aabye Kierkegaard, 1813~1855) 역시 한때 매춘의 유혹을 받았던 적이 있었습니다. 그래서 그것 때문에 무척 괴로워했습니다. 그러나 그는 해답을 얻었고, 그것을 자신의 일기에 이렇게 기록했습니다. "마음의 깨끗함, 진정한 마음의 깨끗함은 오직 한 가지 목적에 몰두하는 데 있다. 신적인 목적, 하나님의 목적 앞에 몰두할 때 나는 내 마음이 깨끗해지는 것을 느낀다."

하나님을 근심하게 하는 삶이야말로 불행의 문을 여는 것입니다. 이스라엘 백성은 사십 년 동안 광야를 걸었지만 하나님은 그들을 위한 길을 예비해 두셨습니다. 하나님을 믿고 순종하면 하나님이 모든 상황을 만들어 가십니다. 그러나 이스라엘 백성들은 주어진 상황에 지혜롭게 대처하지 못했습니다. 자신의 마음과 생각을 통제하지 못했고, 지도자와 하나님께 선한 태도를 갖지 못했습니다. 결국 실컷 고생만 하고 약속의 땅에 들어가는 데는 실패하고 말았습니다. 마음을 지키지 못하고 미혹되었기 때문입니다.

*** 마음을 잘 지켜 상황에 흔들리지 않게 하소서.

8월 20일
날마다 잔치하는 삶

여호와께 노래하여 그의 이름을 송축하며 그의 구원을 날마다 전파할지어다 (96:2)

사랑하는 아내와 알밤 같은 세 아이를 둔 가장. 그러나 췌장암 말기로 6개월의 삶만이 보장되었다면 심경은 어떻겠습니까?『마지막 강의』를 남기고 46세에 죽은 카네기멜론대학의 컴퓨터공학 교수 랜디 포시(Randy Pausch, 1960~2008)는 의사에게 비보를 전해들은 후 아내에게 이렇게 말했습니다. "만약 내일 결과가 안 좋아도 살아서 오늘 여기에 당신과 함께 있다는 사실에 내가 아주 행복해하고 있다는 것을 알아줬으면 해. 우리가 어떤 결과를 들을지라도 당장 죽지는 않아. 다음날도, 그 다음날도, 그 다음 다음날도, 또 그 다음날도. 그러니까 오늘 바로 여기만 생각해. 기가 막힌 날이잖아. 내가 얼마나 즐거운지 당신도 알면 좋겠어."

우리가 만나야 하는 현실이 다 좋을 수는 없습니다. 광야를 거쳐야 하기에 짜증날 때도 있을 것입니다. 그러나 시인의 입술에는 아름다운 멜로디가 울려 퍼집니다. 하나님의 위대한 구원을 알고 있기 때문입니다. 그야말로 매일 잔치하는 삶입니다. 하나님의 구원을 바라보는 사람은 다가오는 상황에 연연하지 않습니다. 어렵고 힘들어도 하나님을 기대하기 때문에 오히려 감사하고 찬양할 수 있습니다. 최악의 상황에서도 하나님이 행하실 구원으로 인해 잔치를 즐길 수 있습니다.

▪▪▪ 날마다 찬양하며 잔치하는 삶을 살게 하소서.

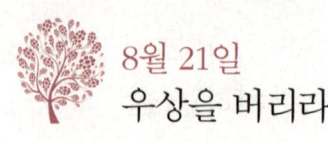

8월 21일
우상을 버리라

여호와는 위대하시니 지극히 찬양할 것이요 모든 신들보다 경외할 것임이여 (96:4)

인도는 힌두교 국가입니다. 그들에게 소는 '비옥과 힘, 대지의 은총, 모성애, 생명의 존엄성'을 상징하는 매우 성스러운 존재입니다. 그래서 인도는 소의 천국입니다. 뿔에 색칠하고, 꽃을 걸고, 예쁘게 분장한 소도 많습니다. 자동차를 몰고 가다 소를 만나면 소가 다 지나갈 때까지 기다립니다. 성우(聖牛)에게는 화환을 걸어주고, 두 손을 합장하여 절을 하며, 돈을 바치기도 합니다. 그런데 요즘 인도의 거리에서는 한가하게 '노숙하는 소'를 많이 볼 수 있습니다. 그들은 빼빼 마른 채로 길거리에 방치되어 형편없는 몰골을 하고 있습니다. 길거리를 다니면서 먹을 것을 찾아 쓰레기통을 뒤지기도 합니다.

많은 민족이 어리석게도 여전히 우상을 섬기고 있습니다. 그러나 여호와께서는 하늘과 땅을 지으신 전능하신 창조자이며, 지금도 살아계셔서 백성들을 위해 기이한 일들을 행하십니다. 창조주이신 하나님을 찬양하고 섬기는 것은 인간의 본분입니다. 하나님을 왕으로, 삶의 주인으로 고백한다면 '자신이 좋아하는 우상'을 그분 앞에 내려놓고 하나님만을 주인으로 삼겠노라 고백해야 합니다. 우리가 집착하고 있는 '신들', 자기를 지켜줄 것이라 여기는 우상들을 하나님의 존전 앞에 무릎 꿇려야 합니다.

▪▪▪ 마음의 우상을 내려놓고 하나님만을 찬양하게 하소서.

8월 22일
춤추는 예배자

**여호와의 이름에 합당한 영광을 그에게 돌릴지어다
예물을 들고 그의 궁정에 들어갈지어다 (96:8)**

블레셋에 방치되었던 법궤를 예루살렘으로 옮겨올 때 다윗은 감격스러운 마음을 주체할 수 없었습니다. 그래서 바지가 벗겨지는 줄도 모른 채 춤을 추며 기쁜 마음을 표현했습니다. 그때 사울의 딸 미갈도 그 광경을 지켜보았습니다. 그녀는 기뻐하지도, 환호하지도 않았습니다. 오히려 체통을 지키지 못하고 춤을 춘다며 남편 다윗을 비웃고 조롱했습니다. 다윗의 순전한 기쁨을 무시한 것입니다. 이 일로 미갈은 죽는 날까지 자식을 낳지 못했습니다.

이스라엘은 당시 열방들에 비해 보잘것없는 나라였습니다. 그러나 하나님은 이스라엘에게 위대한 구원을 보여주셨습니다. 그들은 열국이 여호와께로 돌아와 예배할 날을 알고 있었습니다. 주님의 은혜를 아는 성도라면 마땅히 창조자 하나님, 구원자 하나님 앞에서 성심을 다해 그에 합당한 영광을 돌려야 합니다. 그분에게서 받은 풍성한 삶의 열매를 안고 성전으로 들어가 춤추는 예배자가 되어야 합니다. 춤추는 예배자는 영과 진리로 예배드리는 사람입니다. 자신을 산 제물로 드려 아름다운 향기로 그분이 흠향하시게 하는 사람입니다. 보잘것없는 우리를 택하시고 참아 주시며 사랑해 주시는 하나님의 사랑을 생각할 때 이러한 요구가 지나친 것이겠습니까?

▪▪▪ 제 삶이 하나님께서 기뻐 받으시는 예배가 되게 하소서.

8월 23일
위대한 통치 안에 사는 삶

여호와께서 다스리시나니 땅은 즐거워하며 허다한 섬은 기뻐할지어다 (97:1)

아브라함의 인생 전체는 하나님의 다스리심을 조금씩 경험해가는 삶이었습니다. 믿음으로 메소포타미아를 떠나는 순간, 그에게는 의지할 것이 아무것도 없었습니다. 가나안 땅에 가서도 하나님의 통치 안에서 살아가는 방법을 조금씩 배워야 했습니다. 이삭을 하나님께 제물로 드리는 일은 '하나님 신뢰하기' 과목에서 치러진 기말고사와도 같았습니다. 하나님의 통치를 떠나서는 아무것도 할 수 없는 삶, 그것이 그리스도인의 참된 정체성입니다.

우주만물을 지으신 하나님이야말로 완벽한 통치자입니다. 그분이 다스리실 때만이 온전한 평화와 행복을 누릴 수 있습니다. 우리는 만유와 만사가 하나님으로부터 나와서(from), 하나님으로 말미암고(through), 하나님께로 돌아간다(unto)는 확신을 갖고 있습니다. 그리스도인은 어떤 어려운 상황 앞에서도 하나님을 인식하는 사람입니다. 선하고 완전하신 하나님의 통치 안에 머물고자 애쓰는 사람입니다. 자기가 고집하는 것이 있더라도 주님께 내려놓고 그분의 통치 가운데 즐거워할 줄 아는 사람입니다.

⋯ 나의 삶이 하나님의 통치권 아래 있게 하소서.

8월 24일
하나님을 사랑하는 삶

**여호와를 사랑하는 너희여 악을 미워하라
그가 그의 성도의 영혼을 보전하사 악인의 손에서 건지시느니라 (97:10)**

어느 날 한 율법사가 예수님께 찾아와 물었습니다. "율법 중에서 어느 계명이 큽니까?" 그때 예수님은 아주 중요한 교훈을 주셨습니다. "네 마음을 다하고 목숨을 다하고 뜻을 다하여 주 너의 하나님을 사랑하라 하셨으니 이것이 크고 첫째 되는 계명이요 둘째도 그와 같으니 네 이웃을 네 자신같이 사랑하라"(마 22:37-40). '사랑의 사도'로 불리는 요한은 말했습니다. "누구든지 하나님을 사랑하노라 하고 그 형제를 미워하면 이는 거짓말 하는 자니 보는 바 그 형제를 사랑하지 아니하는 자가 보지 못하는 바 하나님을 사랑할 수 없느니라"(요일 4:20).

하나님은 우주만물의 심판자입니다. 그분은 악한 사람들의 해악에서 성도들을 보호하십니다. 이러한 확신을 가진 사람은 어떤 일이 있어도 하나님을 사랑하는 삶을 선택합니다. 그리고 하나님을 사랑하는 사람은 악을 행하지 않을 뿐 아니라, 그 이전에 마음속에서부터 악을 미워합니다. 이웃을 향해서도 악한 일을 도모하지 않습니다. 이웃에게 악을 행하면서 하나님을 사랑한다고 말할 수 없기 때문입니다. 하나님 사랑과 형제 사랑은 서로 구분되지 않습니다. 하나님을 사랑하는 사람은 형제와 이웃을 사랑하고, 형제를 사랑하는 사람은 또한 자연스레 하나님을 사랑합니다.

■■■ 하나님을 사랑하는 만큼 이웃을 사랑하게 하소서.

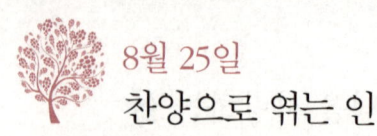

8월 25일
찬양으로 엮는 인생

새 노래로 여호와께 찬송하라 그는 기이한 일을 행하사
그의 오른손과 거룩한 팔로 자기를 위하여 구원을 베푸셨음이로다 (98:1)

어느 교회에서 성전 이전을 기념하는 감사음악회를 열었습니다. 음악회 중간에 헌신을 다짐하는 간증이 있었습니다. 한 음악교수는 이런 간증을 했습니다. "평생 음악선교 사역으로 주님을 섬기던 중 심장에 문제가 생겨 수술하게 되었습니다. 많은 어려움이 있었지만 그 일을 통해 하나님을 깊이 체험하면서 남은 생애 새로운 심장으로 하나님을 사랑하며 살겠다고 작정했습니다." 이날 그곳에 참석했던 성도들은 감사음악회 내내 가슴 뭉클한 감동을 받았습니다. 삶 속에서 일하시는 하나님을 향한 고백과 찬양이 있었기 때문입니다.

이스라엘 백성들은 출애굽 과정에서 하나님이 행하신 기적 같은 일들을 많이 경험했습니다. 이스라엘 백성을 구하시는 하나님의 능력은 "오른손"과 "거룩한 팔"로 묘사됩니다. 아무리 애굽의 바로와 그 군대가 훼방해도 하나님이 행하시는 위대한 구원사역 앞에서는 어쩔 수가 없습니다. 이 큰 구원을 경험한 자는 새 노래로 찬양할 수밖에 없습니다. 복잡한 세상에서 그 입술에 찬양을 잃지 않는 사람은 늘 행복합니다.

▪▪▪ 입술에 찬양이 떠나지 않는 하루가 되게 하소서.

8월 26일
다가오는 심판

그가 땅을 심판하러 임하실 것임이로다 그가 의로 세계를 판단하시며 공평으로 그의 백성을 심판하시리로다 (98:9)

학창시절, 내일을 바라보지 못하고 공부하지 않은 학생은 훗날 꼭 후회하게 됩니다. 젊을 때 건강을 자신하다가 나이 마흔이 넘어가면 갑자기 체력이 떨어지면서 몸과 마음이 힘들어지기도 합니다. 보통 20대는 10대에 준비한 것으로 살아가고, 30대는 20대, 40대는 30대의 자원으로 살아갑니다. 지금 이만큼이라도 살아가는 것은 과거 잠못 이루며 공부하고 일한 날들이 있었기 때문입니다. 지혜로운 사람, 내일을 바라보는 사람은 오늘의 편안함에 머무르지 않고 내일의 영광을 위해 바라며 인내합니다.

하나님은 공의로운 재판장입니다. 온 세상을 공평하게 심판하실 날이 다가오고 있습니다. 하나님은 고난의 가시밭길을 믿음으로 걸어온 의인에게 줄 상급과 위로를 준비해 두셨습니다. 그러나 성도를 괴롭히던 악인들은 엄중한 잣대로 심판하실 것입니다. 그때 하나님의 백성들은 하나님을 찬양하게 될 것입니다. 그동안 억눌렸던 고난의 세월에 대한 보상이 주체할 수 없는 기쁨으로 터져 나올 것입니다. 성도는 다가오고 있는 심판의 때를 바라보고 오늘을 승리하며 살아야 합니다.

▪▪▪ 심판하실 그날을 바라보며 성결한 삶을 살게 하소서.

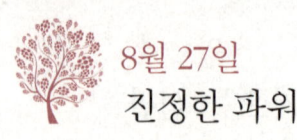
8월 27일
진정한 파워

시온에 계시는 여호와는 위대하시고 모든 민족보다 높으시도다 (99:2)

30살의 나이에 연매출 100억의 회사를 창업해서 경영하고 있는 신실한 그리스도인이 있었습니다. 누군가 그에게 물었습니다. "자네는 요즘 누구도 꿈꿀 수 없는 성공을 이루었는데, 자네 생각에는 성공이란 도대체 무엇이라고 생각하는가?" 그는 주저하지 않고 대답했습니다. "하나님은 온 우주의 주인이십니다. 그래서 이 세상 모든 것이 하나님의 것입니다. 그러니 제가 앞으로 돈을 더 많이 벌어 더 많이 십일조를 드린다 해도 하나님께는 달라질 것이 없고 크게 기쁘시게 할 일도 없습니다. 정말 하나님을 기쁘시게 하는 일은 제가 하나님과 매일 동행하는 것이라고 생각합니다. 저는 그것이 온전한 성공이라 믿습니다."

하나님은 온 땅의 통치자입니다. 모든 민족이 그의 위엄 있는 통치 앞에서 두려워 떱니다. 위대한 하나님의 통치는 시온을 중심으로 이루어지는데, 시온은 하나님이 임재하시는 곳으로 예루살렘이나 이스라엘을 지칭하기도 하고, 하늘에 있는 하나님나라를 묘사하기도 합니다. 사실 이스라엘은 보잘것없는 나라입니다. 그러나 하나님의 관심은 시온에 집중되어 있고, 시온은 하나님의 통치를 보여주는 무대가 됩니다. 아무리 보잘것없는 존재라도 위대하신 하나님의 통치 안에 있으면 파워가 생깁니다.

위대한 왕의 통치를 받는 위대한 인생이 되게 하소서.

8월 28일
정의의 기둥

**능력 있는 왕은 정의를 사랑하느니라 주께서 공의를 견고하게 세우시고
주께서 야곱에게 정의와 공의를 행하시나이다 (99:4)**

한때 〈포청천〉이라는 프로그램이 인기가 있었습니다. 포증은 송나라 제4대 황제였던 인종의 재위시절 실존했던 인물입니다. 워낙 공명정대한 판관으로 이름을 떨치고 지위고하를 막론하고 공정한 판결을 내려, 백성들이 '청천'이란 칭호를 붙여 포청천이라 불렀다고 합니다. 그는 지방관으로서 부당한 세금을 없앴으며, 판관이 되어 부패한 정치가들을 엄중하게 처벌했습니다. 그는 깨끗하고 정의로운 재판관이었습니다. 불의한 관리들은 그의 이름만 들어도 벌벌 떨 정도였습니다.

하나님은 능력 있는 왕입니다. 동시에 세상의 재판관들과는 달리 정의를 사랑하십니다. 하나님이 세우시는 나라는 공의의 기둥이 떠받치고 있어 견고합니다. 하나님은 이스라엘을 정의와 공의로 다스리실 뿐 아니라 나라를 다스리는 통치자 역시 정의와 공의로 통치하길 원하십니다. 하나님의 공의가 있는 곳에는 기쁨과 웃음이 꽃핍니다. 하나님의 통치를 따라 살아가는 사람은 불의를 일삼지 않고 용납하지도 않습니다. 주님은 자신의 백성에게도 정의와 공의를 행하십니다. 정의롭지 못한 통치자는 하나님의 판단을 피할지 못할 것입니다.

삶의 현장에서 정의로운 길을 걷게 하소서.

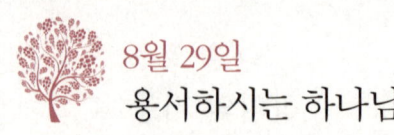

8월 29일
용서하시는 하나님

여호와 우리 하나님이여 주께서는 그들에게 응답하셨고 그들의 행한 대로 갚기는 하셨으나 그들을 용서하신 하나님이시니이다 (99:8)

하나님은 사랑이시기 때문에 기독교는 사랑의 종교입니다. 기독교의 사랑에는 실로 무한한 용서가 담겨 있습니다. 그런데 이 무한한 사랑은 공의와 충돌합니다. 공의가 없는 사회는 질서가 없고 결국 오래가지 못합니다. 공의와 사랑은 어느 것 하나 희생할 수 없고 조화를 이루어야 합니다. 그리고 그것이 바로 십자가에서 일어났습니다. 하나님은 공의로우신 분이기 때문에 인간의 죄를 그냥 넘기실 수 없었습니다. 인간은 죽어야만 했습니다. 그러나 하나님은 죽을 운명의 인간을 대신해 아들 예수님을 보내 죄와 죽음을 짊어지고 죽게 하셨습니다. 예수님이 지신 십자가는 하나님의 사랑과 용서가 완벽한 조화를 이뤄 새 생명을 만들어냈습니다.

하나님은 인간에게 지켜야 할 법을 주시며 인간이 그것을 지키기 원하셨습니다. 그러나 인간은 하나님의 법을 지키지 못했습니다. 결국 사랑의 하나님은 인간 대신 예수님이 죄를 짊어지게 하심으로 인간을 살리셨습니다. 하나님은 징계하시는 분이기도 하지만 무엇보다 용서하시는 분임을 잊지 말아야 합니다. 십자가를 경험한 사람은 징계라는 단어보다 '용서'라는 단어를 좋아합니다. 또 인간 관계에 있어서도 그 용서를 실천하며 삽니다. 그것이 대속받은 백성에게 새로 생긴 본성입니다.

▪▪▪ 십자가 정신으로 공의와 사랑을 실천하게 하소서.

8월 30일
특별한 관계

**여호와가 우리 하나님이신 줄 너희는 알지어다 그는 우리를 지으신 이요
우리는 그의 것이니 그의 백성이요 그의 기르시는 양이로다 (100:3)**

데이비드 리빙스턴(David Livingstone, 1813~1873)은 아프리카에서 선교를 하다 죽었습니다. 선교회에서는 그곳에 후임자를 보냈습니다. 후임 선교사는 원주민 교회에 가서 리빙스턴의 사역을 이어갈 것을 결심했습니다. 그리고 몇몇 지도자들을 불러 물었습니다. "리빙스턴은 어떤 방식으로 사역했습니까?" "그가 어떻게 사역했는지 우리는 모릅니다. 우리는 다만 그가 우리를 사랑했다는 것을 알 뿐입니다." 리빙스턴은 영혼을 사랑했습니다. 그들을 특별한 존재로 소중히 여겼습니다. 그것이 아프리카 원주민들을 감동시킨 것입니다.

하나님은 이스라엘 백성을 특별한 언약관계 속으로 부르셔서 자기 백성으로 삼으셨습니다. 그리고 그들의 하나님이 되셨습니다. 그것은 '내가 너희를 위해 언약을 세우고 그 책임을 다하겠다'는 약속이었습니다. 이스라엘 백성은 하나님께 양과 같았습니다. 하나님은 특별한 관계를 맺은 양을 위해 선한 목자가 되어 성실하게 돌보셨습니다. 마찬가지로 하나님은 우리와도 특별한 관계를 맺고 선한 목자로서 지금도 특별한 사랑을 쏟아 붓고 계십니다.

■■■ 선한 목자이신 하나님의 보살핌 속에 영원히 살게 하소서.

8월 31일
여호와의 궁정에 있는 두 개의 문

감사함으로 그의 문에 들어가며 찬송함으로 그의 궁정에 들어가서 그에게 감사하며 그의 이름을 송축할지어다 (100:4)

성도들은 목양실을 그리 좋아하지 않습니다. 거기 들어가는 것을 굉장히 부담스러워합니다. 그런데 아무 때나 노크도 없이 목양실을 들어오는 사람이 있습니다. 심지어 목양실에 들어와 냉장고를 뒤져 맛있는 것이 있으면 허락도 없이 먹습니다. 바로 목사의 자녀들입니다. 목사는 아이들을 꾸짖지 않습니다. 오히려 맛있는 것이 있으면 더 내줍니다. 적어도 목사의 자녀들에게는 아빠가 있는 목양실을 자유롭게 드나들 수 있는 특권이 있습니다.

하나님의 자녀에게는 하나님의 궁정에 들어갈 수 있는 특권이 있습니다. 그 궁정에는 '감사'와 '찬송'이라는 두 개의 문이 있는데, 반드시 그 문을 통과해야만 안으로 갈 수 있습니다. 하나님을 경험한 자는 감사와 찬양으로 가득합니다. 어쩌면 여호와의 궁정에 들어오기 전에는 폭풍우를 만나 찡그린 얼굴이었을 수도 있습니다. 그러나 여호와의 궁정에서 영원한 왕을 경험하고 나면 얼굴이 활짝 펴지고 마음에 기쁨과 평안을 누리게 됩니다. 영혼 깊숙한 곳에서 감사와 찬양의 물결이 일기 시작합니다.

▪▪▪ 감사와 찬송으로 예배하는 삶을 살게 하소서.

September | Daily Bible of the Psalms

말씀으로 시작하는 아침 9월

"하나님이여 내 마음을 정하였사오니
내가 노래하며 나의 마음을 다하여 찬양하리로다"
- 시 108:1

9월 1일
결단

**나는 비천한 것을 내 눈 앞에 두지 아니할 것이요 배교자들의 행위를
내가 미워하오리니 나는 그 어느 것도 붙들지 아니하리이다 (101:3)**

구원은 한 번으로 족하지만, 성결은 끊임없는 싸움의 과정입니다. 우리가 싸워야 할 죄는 네 가지 특성을 가지고 있습니다. 첫째, 고착성입니다. 죄가 우리 안에 들어오면 깊게 뿌리를 내립니다. 둘째, 발육성입니다. 욕심이 잉태하면 죄를 낳고 죄가 장성하면 사망에 이릅니다. 셋째, 전염성입니다. 나쁜 사람과 대화하고 그의 생각을 따르면 공범이 되는 것입니다. 넷째, 파멸성이 있습니다. 한 사람의 죄는 여러 사람을 파멸로 이끕니다. 여리고성에서 취한 물건을 훔친 아간의 죄 때문에 그에게 속한 가족 전체가 아골 골짜기에서 돌에 맞아 죽었습니다.

시편 기자는 하나님의 은총을 받은 자로서 그릇된 삶을 살지 않기 위해 중대한 결정을 내립니다. 그는 비천한 것을 눈 앞에 두지 않겠다고 결단합니다. 자신의 인생에 무익하고 무가치한 말과 행동은 결단코 하지 않겠다는 뜻입니다. 또 진리에서 벗어나 악한 행위를 일삼는 삶을 미워하겠다고 결심합니다. 정도에서 벗어난 삶을 추구하지 않겠다는 다짐입니다. 하나님이 기뻐하시지 않는 삶을 끊고자 한다면 이처럼 과감한 결단이 필요합니다.

▪▪▪ 거룩한 백성으로 살고자 하는 믿음의 결단을 내리게 하소서.

9월 2일
남을 헐뜯는 사람

**자기의 이웃을 은근히 헐뜯는 자를 내가 멸할 것이요
눈이 높고 마음이 교만한 자를 내가 용납하지 아니하리로다 (101:5)**

탈무드에 있는 말입니다. "남을 헐뜯는 사람은 무기로 사람을 해치는 사람보다 더 악하고 나쁜 자일지도 모른다. 무기로 사람을 해치는 사람은 가까이에 있는 사람에게만 해를 입히지만, 험담은 아무리 멀리 있는 사람이라도 해칠 수 있기 때문이다." 남을 헐뜯는 것은 무서운 살상무기와 다를 바 없습니다. 공개적으로 남을 헐뜯는 사람보다 안 그런 척하면서 은근히 헐뜯는 사람이 사실은 더 악한 자일지도 모릅니다. 그러한 행동은 더 큰 영향력을 지니고 퍼져 나갑니다.

이웃은 헐뜯어야 할 대상이 아니라 사랑해야 할 대상입니다. 그런데도 이웃을 공개적으로 또는 은근히 험담하는 사람들이 곁에 늘 있습니다. 그런 사람들은 눈이 높고 마음이 교만합니다. 남을 나보다 낫게 여기는 겸손한 마음이 있다면 결코 그렇게 할 수 없을 것입니다. 우리는 이런 사람들과 구분되도록 늘 자신을 돌아보아야 합니다. 함께하다 보면 자기도 모르는 사이 그런 분위기에 휩쓸립니다. 하나뿐인 소중한 입은 사랑을 전하고 기도하며, 사람을 세워주는 일에만 쓰더라도 시간이 부족합니다.

▪▪▪ 교만한 마음으로 이웃을 헐뜯지 않게 하소서.

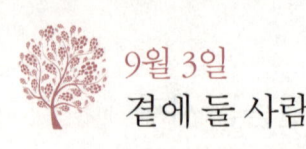

9월 3일
곁에 둘 사람

**내 눈이 이 땅의 충성된 자를 살펴 나와 함께 살게 하리니
완전한 길에 행하는 자가 나를 따르리로다 (101:6)**

통치자에게 충성된 신하가 있다는 것은 엄청난 힘입니다. 후새는 다윗에게 충성스러운 신하였습니다. 압살롬이 반역을 일으키자 다윗은 비참한 심정으로 피신할 수밖에 없었습니다. 다윗은 후새에게 압살롬을 지지하는 척하면서 정보를 캐내오도록 지시했습니다. 그것은 후새 입장에서 목숨을 걸어야 하는 위험한 일이었습니다. 그러나 후새는 왕을 위해 자신의 목숨을 내놓고 일을 잘 수행했습니다. 그는 다윗의 벗이라고 불릴 정도로 다윗왕의 신임을 얻었습니다(대상 27:33).

다윗은 사울에게 충성된 신하였습니다. 충성된 신하의 소중함을 잘 알고 있었기에 자신도 충성된 신하를 곁에 두고 싶었습니다. 다윗은 고상한 가문이나 재력, 재능, 업적을 기준으로 신하를 등용하고 싶은 마음은 없었습니다. 다윗이 소중히 여긴 것은 '충성심'이었습니다. 여기서 "완전한 길에 행하는 자"는 결점 없는 완전무결한 사람을 가리키는 것이 아닙니다. 하나님 앞에서 신실한 마음을 갖고 믿음으로 살려는 사람을 의미합니다. 하나님은 자신의 왕국을 위해 이런 사람을 찾고 계십니다.

충성된 사람을 곁에 두는 것은 물론 나도 충성된 사람이 되게 하소서.

9월 4일
괴로운 날에 기도하라

나의 괴로운 날에 주의 얼굴을 내게서 숨기지 마소서 주의 귀를 내게 기울이사 내가 부르짖는 날에 속히 내게 응답하소서 (102:2)

유명한 흑인 음악가 로렌스 헤이스(Lawrence Hayes)라는 사람이 있었습니다. 그의 첫 음악회가 독일의 베토벤 홀에서 열리게 되었습니다. 그런데 민족적 우월감을 지닌 독일인들은 흑인 음악가가 베토벤 홀에 들어오는 것을 허용할 수 없다며 야유를 퍼붓기 시작했습니다. 이 광경을 지켜보던 헤이스는 조용히 피아노 곁으로 가 두 손을 맞잡고 머리 숙여 기도하기 시작했습니다. 5분, 10분, 시간이 흐르자 아우성치던 청중의 함성도 가라앉고 홀에는 더할 수 없는 평온이 깃들었습니다. 그때 로렌스는 〈당신은 평화시요〉라는 곡을 연주하기 시작했습니다.

나그네 삶을 살다 보면 자기의 힘으로는 도무지 어쩔 수 없는 괴로운 날이 찾아옵니다. 그때 실망이 마음의 문을 두드립니다. 그러나 믿음의 사람은 자신을 도우실 하나님을 바라봅니다. 그러면 어려움을 이길 힘과 용기가 생깁니다. 하나님이 귀를 기울이시도록 부르짖으면 하나님은 조용히 우리 영혼을 덮으십니다. 괴로운 날이 있다는 사실이 문제가 아니라, 우리가 하나님께 눈을 들지 않고 부르짖지 않는 것이 문제입니다.

■■■ 괴로운 날 낙심하지 말고 하나님을 향해 부르짖게 하소서.

9월 5일
주께서 은혜를 베푸신다

주께서 일어나사 시온을 긍휼히 여기시리니 지금은 그에게 은혜를 베푸실 때라 정한 기한이 다가옴이니이다 (102:13)

위기를 만나거나 난관이 닥쳐오면 절대적인 신앙은 빛이 납니다. 휘몰아치는 폭풍우 속에서도 절망하지 말고 하나님을 기대해야 합니다. 루터는 착잡한 마음을 가다듬으면서 보름스(Worms) 의회를 향해 발걸음을 옮겼습니다. 목숨을 내놓아야 한다는 사실도 잘 알고 있었습니다. 그러나 그는 '내 가는 길에 마귀가 집 위의 기왓장같이 많을지라도 나는 가련다'고 하면서 담대하게 전진해 갔습니다. 절대믿음의 사람은 어려운 난관 앞에서 좌절하거나 멈추어 서지 않습니다. 생명을 하나님께 맡기고 담대하게 나아갑니다.

예루살렘에 어려움이 휘몰아쳤습니다. 그러나 하나님은 여전히 예루살렘을 품고 계십니다. 때가 되면 은혜 베푸실 날이 다가올 것입니다. 어렵고 힘든 고난의 시기일수록 믿음의 사람은 더 강해집니다. 어려움이 극심해 올수록 오히려 하나님의 은혜의 때가 다가옴을 잊지 말아야 합니다. 하나님의 백성들을 삼키려고 일어나는 파도를 바라보고 두려워하기보다, 그것을 잠재울 수 있는 주께서 일어나시기를 기다리면서 기도의 동굴로 들어가야 합니다.

두려움을 버리고 은혜를 간구하게 하소서.

9월 6일

연약한 존재, 붙잡으려는 노력

**그가 내 힘을 중도에 쇠약하게 하시며 내 날을 짧게 하셨도다
나의 말이 나의 하나님이여 나의 중년에 나를 데려가지 마옵소서
주의 연대는 대대에 무궁하니이다 (102:23-24)**

인간은 연약하고 부족합니다. 그러나 그것을 부끄러워하거나 숨기려고 애쓸 필요는 없습니다. 잔느 귀용(Jeanne Guyon, 1648-1717)은 고백했습니다. "우리가 자신의 부족함을 안다는 것 자체가 하나님께 돌아오는 행동입니다. 우리는 스스로 처한 상황을 제대로 인식하기 어려워합니다. 그리고 용기를 잃으면 더욱더 약해집니다. 자신의 잘못을 자꾸 되새기는 일은 잘못 그 자체보다 더 좋지 않은 분노를 가져옵니다. 그러나 겸손하고 진실한 영혼은 자신의 연약함에 놀라지 않습니다. 우리가 부족하고 허약할수록 그분의 구원이 필요함을 깨닫게 되고, 하나님께 우리를 내려놓으면서 그분을 붙잡으려 노력하게 됩니다."

시인은 어떤 연유에서인지 모르지만 생명이 단축되어가는 것을 느낍니다. 고통의 압력이 가중되고 있습니다. 시인은 자신을 병들게 하신 하나님을 원망하기보다는 인간의 연약함을 뼈저리게 느끼고 있습니다.
갑작스러운 죽음의 그림자가 드리울 때 우리는 영원하신 하나님께 주목해야 합니다. 연약한 인간 실존에 대한 진정한 경험은 하나님을 붙잡으려는 노력으로 변합니다. 성도는 그제서야 견고해집니다.

▪▪▪ 연약함을 숨기기보다 영원하신 하나님의 팔을 붙들게 하소서.

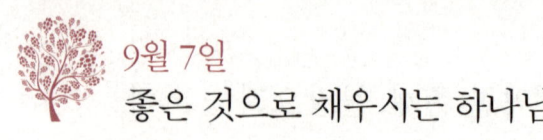

9월 7일
좋은 것으로 채우시는 하나님

**좋은 것으로 네 소원을 만족하게 하사
네 청춘을 독수리 같이 새롭게 하시는도다 (103:5)**

하나님은 우리에게 넘치도록 채우시는 분입니다. 그리스도께서는 우리를 부요케 하시려고 스스로 비우는 삶을 선택하셨습니다. "우리 주 예수 그리스도의 은혜를 너희가 알거니와 부요하신 이로서 너희를 위하여 가난하게 되심은 그의 가난함으로 말미암아 너희를 부요하게 하려 하심이라"(고후 8:9). 바울은 그리스도 안에서 비움과 채움의 비밀을 잘 알고 있었습니다. 그래서 하나님의 채우심을 얻기 위해 스스로 자신을 비우는 길로 갔습니다. 우리 역시 주님의 은혜를 넘치게 받았기에 하나님을 위한 삶이 아깝다고 생각하지 않습니다(고후 9:8).

다윗은 어려운 시절을 많이 겪었습니다. 그러면서 깨달은 사실은 '하나님은 좋으신 분'이라는 것입니다. 하나님은 그 백성에게 좋은 것으로 만족을 주시는 분입니다. 다윗은 사망의 골짜기를 걸을 때도 부족함이 없도록 하시는 하나님의 선하심을 경험했습니다. 그 백성의 소원을 좋은 것으로 채우시는 하나님을 경험하는 일은 독수리가 푸르른 하늘을 향해 힘차게 치솟는 것과 같이 우리에게 힘이 됩니다. 그리스도인들도 걱정스러운 상황을 자주 만나지만, 오히려 그때가 좋은 것으로 채우시는 하나님을 경험할 수 있는 좋은 기회가 됩니다.

*** 오늘도 나의 소원을 좋은 것으로 가득 채워주소서.

9월 8일
죄책감에서 해방되라

동이 서에서 먼 것 같이 우리의 죄과를 우리에게서 멀리 옮기셨으며 (103:12)

아담과 하와는 하나님의 명령을 어겼습니다. 그 후에 나타난 증상이 하나님의 얼굴을 피하는 것이었습니다. 그들은 하나님과 교제의 세계로 나아가지 못하고 회피했습니다. 죄는 아담과 하와를 고발했습니다. 그들은 점점 죄책감에 사로잡혀 하나님의 목소리를 듣는 것조차 두려웠습니다. 죄책감을 느끼지 못하는 것도 큰 병이지만, 죄책감에 사로잡혀 사는 것도 고질적인 병입니다. 죄책감 속에서 가룟 유다처럼 죽음의 길로 치달을 수도 있고, 베드로처럼 회개의 길로 나아갈 수도 있습니다. 이 갈림길에서 우리는 어느 길을 택할 것입니까?

다윗은 하나님 앞에서 치명적인 죄를 범했습니다. 그러나 그는 우리의 죄를 따라 처벌하지 않으시는 하나님을 알고 있었습니다. 하나님은 인간의 죄가 얼마나 중하든지 간에, 동이 서에서 먼 것처럼 우리의 죄과를 우리에게서 멀리 옮겨놓으십니다.
우리가 죄를 자복하기만 하면 하나님은 죄를 기억지도 않고 용서해 주십니다. 이것이 죄를 치유하시는 하나님의 방법입니다. 우리는 하나님의 무한한 용서를 받아들이기만 하면 됩니다.

▫▫▫ 용서의 은총으로 새로운 출발을 하게 하소서.

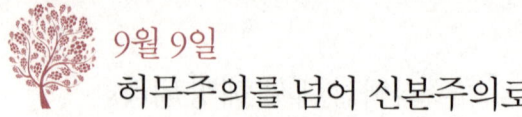

9월 9일
허무주의를 넘어 신본주의로

인생은 그 날이 풀과 같으며 그 영화가 들의 꽃과 같도다 (103:15)

영국의 어느 버스에 세상을 깜짝 놀라게 할 만한 광고가 실렸습니다. "신은 없다. 그러니 인생을 즐겨라." 이것은 영국의 유명한 무신론자 리처드 도킨스(Richard Dawkins, 1941~)의 주도 하에 이루어진 일입니다. 이 세상에는 신적 세계관을 밀어내고 인간 이성의 세계로 도배하려는 이런 시도가 쉬지 않고 일어납니다. 그러나 정직한 과학자들은 말합니다. "신을 인정하지 않고는 인간 세계를 과학으로 증명할 수 없다."

다윗은 시대의 영웅입니다. 꺼지지 않는 도전정신, 세상을 보는 안목, 사람을 다스리는 탁월한 능력을 갖춘 사람입니다. 그는 이성과 감성을 골고루 갖춘 탁월한 지도자입니다. 인생이 무엇인지도 정확히 알고 있었습니다. 아무리 싱싱함을 자랑하는 풀일지라도 아라비아 사막에서 뜨거운 바람이 불어오면 금방 시드는 사실을 몸소 체험했습니다. 인간이 누릴 수 있는 모든 영광을 다 누려본 그는 이러한 인간의 영화가 부질없음을 고백합니다. 그렇다고 다윗이 허무주의에 빠진 것은 아니었습니다. 다윗은 허무주의를 넘어 신본주의 세계로 나아갔습니다.

■■■ 허무주의로 마감하기보다 신본주의로 승화된 인생을 살게 하소서.

9월 10일
초대형 건축가

**내 영혼아 여호와를 송축하라 여호와 나의 하나님이여
주는 심히 위대하시며 존귀와 권위로 옷 입으셨나이다 (104:1)**

1878년 스페인의 바르셀로나 건축학교 졸업식장에서 교장선생님이 한 젊은이를 두고 말했습니다. "내가 한 위대한 천재를 세상으로 내보내는지 아니면 대책 없는 미치광이를 내보내는지 잘 모르겠다." 그 젊은이가 바로 20세기의 레오나르도 다빈치로 추앙받는 안토니 가우디(Antoni Gaudi, 1852~1926)입니다. 인터넷에서 그의 작품을 본 적이 있습니다. 정말 아름답고 화려한 건물이었습니다. 그는 19세기 말부터 20세기 초에 걸쳐 활동한 스페인의 위대한 건축가로, 바르셀로나뿐 아니라 전 스페인을 먹여 살릴 정도로 영향력 있는 건축가였습니다.

아랍에미리트 두바이에 있는 버즈두바이는 삼성물산이 지은 세계 최고층 건물이라고 합니다. 828미터의 높이로 4년 10개월 만에 완공되었습니다. 그러나 하나님이 창조하신 세계는 이것과 비교조차 할 수 없는 위대한 작품입니다. 위대한 하나님의 창조사역을 속속들이 알게 된다면 찬양하지 않을 수 없습니다. 그분은 위대한 창조자요, 존귀와 권위로 관을 쓰신 왕입니다. 다윗은 위대한 하나님의 창조사역을 설명하기 전에 감탄하면서 외칩니다. "내 영혼아 여호와를 송축하라" 어느 누구와도 비교할 수 없는 초대형 건축자 하나님께서 우리 삶을 다스려 가십니다.

■■■ 세상을 건축하신 여호와의 다스림을 받게 하소서.

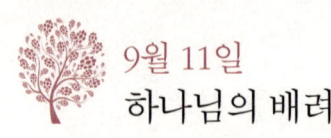

9월 11일
하나님의 배려

**사람의 마음을 기쁘게 하는 포도주와 사람의 얼굴을 윤택하게 하는 기름과
사람의 마음을 힘 있게 하는 양식을 주셨도다 (104:15)**

부모는 호흡을 멈출 때까지 자식의 뒤를 봐주는 존재입니다. 자식을 향한 마음의 끈을 끊을 수 없습니다. 그러나 어쩔 수 없는 상황이 찾아오기도 합니다. '내가 자식을 위해 해줄 수 있는 것이 고작 이것밖에 되지 않는구나!' 마음 같아서는 자신을 불태워서라도 이것저것 해주고 싶지만, 너무 많은 한계가 있기에 아무런 도움이 못 되고 그저 바라보기만 할 때도 있습니다.

하나님은 하늘과 땅, 한낱 식물과 동물도 온갖 정성을 다해 돌보십니다. 하물며 최고의 걸작품으로 만드신 인간에게는 얼마나 온갖 정성을 다 쏟으시겠습니까? 하나님은 인간에게 채소와 땅에서 나는 식물을 주셨습니다. 감람기름을 주셔서 우리의 얼굴을 윤택하게 하셨고 에너지원이 되는 양식도 풍족하게 주셨습니다. 포도주는 우리의 마음을 즐겁게 하는 하나님의 선물입니다. 한계를 지닌 인간과는 달리 하나님의 공급원은 차단되는 법이 없습니다. 오히려 우리가 생각하지 못한 것까지 공급해 주십니다. 그런 하나님을 외면하고 기쁨과 만족을 찾아 다른 곳으로 눈길을 돌리는 것은 어리석은 일입니다.

■■■ 인생의 윤택함이 하나님께 있음을 고백하며 살게 하소서.

9월 12일
경험자의 고백

내가 평생토록 여호와께 노래하며 내가 살아 있는 동안 내 하나님을 찬양하리로다 나의 기도를 기쁘게 여기시기를 바라나니 나는 여호와로 말미암아 즐거워하리로다
(104:33-34)

어느 월요일 아침이었습니다. 엘리베이터가 만원인데 안내원이 콧노래를 부르며 안내합니다. 짜증난 한 손님이 안내원에게 불쾌한 투로 쏘아붙입니다. "뭐가 그리 기분이 좋습니까?" 그러자 안내원이 생글생글 웃으면서 말합니다. "저는 기분이 좋습니다. 선생님!" "……." 안내원은 화색이 만발한 얼굴로 대답했습니다. "오늘은 제가 한 번도 살아본 적 없는 새날이거든요." 하루하루를 어떤 심정으로 살아갑니까? 짜증나는 세상, 인상 찌푸리며 살고 있습니까? 아니면 힘든 세상이지만 웃으며 살고 있습니까?

다윗은 날마다 창조자 하나님을 만나는 경험을 했습니다. 살다 보면 거친 황무지 같은 곤경에 처할 수도 있습니다. 그러나 그는 살아 있는 동안 하나님을 찬양하며 살겠다고 결심했습니다. 부족과 결핍을 경험해도 두렵지 않았습니다. '내 기도를 기쁘게 여기시는' 하나님께 날마다 부르짖을 수 있기 때문입니다. 그러니 하루하루가 즐겁고 기쁠 수밖에 없습니다. 날마다 하나님을 경험하는 사람은 흔쾌히 외칠 수 있습니다. "나는 여호와로 말미암아 즐거워하리로다!"

▪▪▪ 오늘도 하나님을 경험하면서 노래하고 기도하게 하소서.

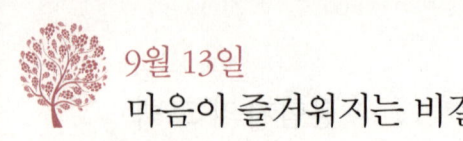

9월 13일
마음이 즐거워지는 비결

**여호와께 감사하고 그의 이름을 불러 아뢰며
그가 하는 일을 만민 중에 알게 할지어다 (105:1)**

즐거운 마음이 행복의 근원입니다. 그러나 각박해진 세상 속에서 즐거운 마음을 갖기란 무척 어렵습니다. "요즘 같으면 살고 싶은 마음이 없습니다. 물가가 오르니 모든 게 다 오르고, 아이들 학원비도 오르는데 직장은 언제 어떻게 될지 모르니까요. 도대체 사는 낙이 없습니다." 사람들은 근심이 가득하여 앞으로 30년 후에 일어날 노후문제까지 앞당겨 걱정하고 있습니다. 그러나 솔로몬은 말합니다. "마음의 즐거움은 양약이라도 심령의 근심은 뼈를 마르게 하느니라"(잠 17:22). 즐거움을 회복하는 길은 주님을 신뢰하면서 세계와 만민에게 주님이 행하신 일을 알리는 것입니다.

시인의 가슴에는 감사가 있습니다. 그의 입술에서는 노래가 흘러나옵니다. 그리고 만나는 사람들에게 여호와의 거룩한 이름을 자랑하고 싶습니다. 그의 마음과 영혼의 샘에서는 기쁨의 맑은 샘물이 흘러넘치고 있습니다. 이렇게 시인의 삶이 즐거움으로 가득 찬 이유는 '여호와를 구하는' 삶을 살기 때문입니다. 그는 하나님을 더 많이 알기 원하고, 하나님이 기뻐하시는 삶을 살고 싶어합니다. 그의 모든 관심과 생각은 하나님께 집중되어 있습니다. 하나님의 은혜에 매달리는 삶이야말로 즐거움의 원천입니다.

▪▪▪ 하나님을 구하는 삶이 마음이 즐거워지는 비결임을 알게 하소서.

9월 14일
인생의 엔진오일

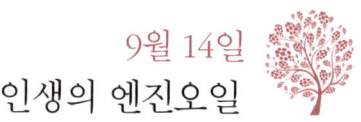

여호와와 그의 능력을 구할지어다 그의 얼굴을 항상 구할지어다 (105:4)

인도네시아에는 도심을 꽉 채울 정도로 오토바이가 많다고 합니다. 도로 가장자리에는 기름을 파는 사람들로 북새통을 이룹니다. 주유소가 아닌 길거리에서 기름을 넣는 것이지요. 그렇게 길거리에서 파는 기름 대부분이 불량품이라고 합니다. 그런데도 값이 싸기 때문에 많이들 이용합니다. 불량 기름을 사용하다 보니 그에 따른 부작용이 많이 생길 수밖에 없습니다.

나의 힘으로 세상을 살아갈 수도 있고, 남의 도움에 의지해서 살아갈 수도 있습니다. 그러나 시인이 세상을 살아가는 방식은 다릅니다. 시인은 여호와와 그분의 능력을 힘입어 살기를 원했습니다. 여호와는 돕는 분이시기에 시인의 삶은 여호와께 집중되어 있습니다. 우리 곁에는 능력 주시는 이가 도움을 주기 위해 대기하고 계십니다. 연약한 인간이 가질 수 있는 가장 정직한 태도는 강하신 여호와 앞에서 도움을 구하는 것입니다. 매사를 자기의 힘으로 살아가려는 것은 순도가 떨어지는 기름을 사용하는 것과 같습니다. 좋은 기름이 주유될 때 아름다운 인생을 살아갈 힘을 얻습니다. 성령의 기름을 받으면 능력있게 주님의 길로 갈 수 있습니다.

▪▪▪ 순간순간 도우시는 전능하신 여호와를 구하게 하소서.

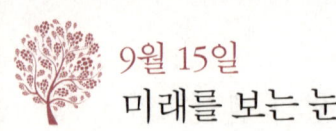

9월 15일
미래를 보는 눈

그가 한 사람을 앞서 보내셨음이여 요셉이 종으로 팔렸도다 (105:17)

하나님의 섭리는 인간의 상상을 초월합니다. 결과를 보기 전에는 하나님의 뜻이 무엇인지 알기 어렵습니다. 요셉이 형제들의 손에 의해 애굽에 종으로 팔려가던 순간에, 보디발의 집에서 노예로 생활하던 그때에, 누명을 쓰고 감옥에 갇혔던 때에 누가 과연 하나님의 깊은 섭리를 깨달을 수 있었겠습니까? 하나님은 7년간 이스라엘 민족을 기근에서 보호하기 위해 요셉을 미리 애굽으로 보내 대비케 하셨고, 야곱의 가정을 비옥한 고센으로 인도하셨습니다. 이러한 하나님의 섭리는 수년이 지난 후에야 밝혀졌습니다. 여기서 우리는 악한 자들의 죄마저도 선을 이루기 위해 이용하시는 하나님을 봅니다.

죄를 지은 당사자는 자신의 죄에 대해 하나님의 심판을 받을 것입니다. 그러나 죄인들의 악 때문에 하나님의 계획이 무너지는 경우는 없습니다. 오히려 하나님은 이들의 죄까지 이용하셔서 선을 이끌어내십니다. 믿음의 눈이 있는 사람은 현재의 환경만을 보지 않고 그 뒤에 있는 하나님의 섭리까지 미리 바라보고 감사합니다.

▪▪▪ 고통 속에서도 절망하지 않고 소망을 갖게 하소서.

9월 16일
번성하고 강하게 되는 비결

**여호와께서 자기의 백성을 크게 번성하게 하사
그의 대적들보다 강하게 하셨으며 (105:24)**

'마중물'이라는 것이 있습니다. 지하 깊숙한 곳에 있는 물은 관을 박아 펌프를 통해 물을 끌어올리는데, 이 펌프는 평소에 사용하지 않을 때에는 물이 밑으로 빠져 텅 비어 있습니다. 물이 필요할 때는 말라버린 펌프에 한 바가지 정도의 물을 붓고 손잡이를 위아래로 힘차게 펌프질해야 물을 끌어올릴 수 있습니다. 이때 사용하는 한 바가지의 물을 '마중물'이라고 합니다. 이 한 바가지의 마중물만 있으면 백 배 천 배 되는 물을 퍼낼 수 있습니다.

한때 야곱은 가족을 이끌고 애굽에 내려가 초라한 나그네 인생을 살았습니다. 그러나 여호와께서는 출애굽 당시 애굽의 극심한 압제 속에서도 이스라엘 백성이 크게 번성하도록 하셨습니다. 애굽 정부가 번성하는 이스라엘을 걱정할 정도였습니다. 이것은 이스라엘 백성들이 노력한 결과가 아니라 하나님의 은혜였고 축복이었습니다.
사람들은 번성하고 강해지려고 온갖 방법들을 찾아 나섭니다. 그러나 방법은 의외로 간단합니다. 하나님께 붙어 있기만 하면 됩니다. 하나님은 우리 인생의 마중물과 같습니다. 하나님 한 분만 계시면 크게 번성하고 강해질 수 있습니다.

■■■ 축복의 근원인 하나님께로부터 멀어지지 않게 하소서.

9월 17일
광야의 시간

광야에서 욕심을 크게 내며 사막에서 하나님을 시험하였도다 (106:14)

사람에게는 식욕, 성욕, 권력욕, 명예욕 등의 욕구가 있습니다. 이러한 욕구 가운데 가장 기본적인 것이 바로 식욕입니다. 옛날에는 먹을 것을 얻기 위해 온 가족들이 들판에 나가 일해야 했습니다. 요즘도 온 가족이 새벽부터 저녁 늦은 시간까지 동분서주하며 바쁜 것은 다 먹고 살기 위함입니다. 좀 더 편안히 살기 위해 불의한 방법을 쓰거나 남을 해하는 경우도 있습니다.

이스라엘 백성들은 광야에서 욕심을 내고 하나님을 시험하는 불신앙의 태도를 보였습니다. 배고프고 목마른 고통이 다가오자 인간 깊숙한 곳에 잠재된 본성이 솟구쳐 오른 것입니다. 그들은 애굽에서 열 가지 재앙을 보았고 홍해를 가르는 하나님의 놀라운 능력과 이적을 경험했습니다. 그런데도 하나님 능력에 대한 기억이 현재의 불편함을 이기지 못했습니다. 광야는 인간 본성을 가장 잘 자극하는 곳이자, 불안과 위험이 도사리는 결핍의 장소이기 때문입니다. 광야에서는 자기 본성의 뿌리가 드러납니다. 극한의 경험 속에서 본성대로 살아버리면 우리는 하나님을 시험하는 데까지 나아가게 됩니다. 광야의 시간은 주님이 우리 마음의 중심을 달아 보시는 때입니다. 우리는 마음을 잘 지켜 승리해야 합니다.

▪▪▪ 광야와 사막에서 범죄치 않게 하소서.

9월 18일
자기 자리를 지키라

**그들이 진영에서 모세와 여호와의 거룩한 자 아론을 질투하매
땅이 갈라져 다단을 삼키며 아비람의 당을 덮었고 (106:16-17)**

하나님은 모세와 아론을 이스라엘 백성들 위에 세우셨습니다. 한동안 이스라엘 백성들은 모세와 아론의 리더십에 따라 광야를 지났습니다. 그런데 어느 날 다른 족장들 마음속에 악한 생각이 들어갔습니다. "왜 모세와 아론은 명령만 하고 우리는 졸졸 따라야만 해? 그들이 뭔데…." 고라는 이스라엘 족장 250여 명과 함께 모세와 아론에게 따지고 대들었습니다. 하나님이 세우신 질서를 무시하고, 온유하고 겸손한 그들의 리더십을 역이용했습니다. 하나님이 세우신 권위와 질서에 믿음으로 반응하지 않고 질투심의 노예가 된 결과 하나님의 진노를 사고 말았습니다.

하나님은 질서의 하나님입니다. 이 세상을 창조하실 때도 질서에 따라 창조하셨습니다. 그래서 세상에는 질서가 있습니다. 그런데 인간에게는 질서와 권위에 도전하고자 하는 욕망이 도사리고 있습니다. 포스트모더니즘 시대는 '탈(脫), 역(逆)'이라는 단어로 특징지어집니다. 전통과 질서, 권위에서 이탈하고 그에 역행하고자 하는 현상이 두드러지게 나타납니다. 이러한 시대에 감동을 줄 수 있는 사람은 세례 요한과 바나바처럼 하나님의 권위와 질서 아래서 자신의 자리를 잘 지키는 사람입니다.

▪▪▪ 하나님이 주신 권위와 질서를 존중하는 지혜를 주소서.

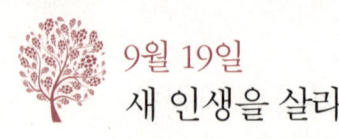

9월 19일
새 인생을 살라

**그들이 호렙에서 송아지를 만들고 부어 만든 우상을 경배하여
자기 영광을 풀 먹는 소의 형상으로 바꾸었도다 (106:19-20)**

하나님은 이스라엘 백성들을 호렙산까지 인도하셨습니다. 그리고 이스라엘 백성들은 가나안에 들어가기 전 언약을 새롭게 맺었습니다. 그 언약을 돌판에 기록하기 위해 하나님은 모세를 시내산으로 부르셨습니다. 산에 올라간 모세가 40일이 되어도 내려오지 않자 백성들은 불안해졌습니다. 아론을 충동질한 백성들은 애굽에서 섬겼던 신인 소의 형상으로 금송아지를 만들어 제사를 드리겠다고 추태를 부렸습니다. 하나님은 소와 같은 모양으로 형상화할 수 있는 분이 아닙니다. 그들은 여전히 애굽의 종교와 풍습을 버리지 못했습니다.

하나님이 이스라엘 백성들을 광야로 불러내신 이유가 무엇입니까? "이스라엘의 하나님 여호와께서 이렇게 말씀하시기를 내 백성을 보내라 그러면 그들이 광야에서 내 앞에 절기를 지킬 것이니라 하셨나이다"(출 5:1). "우리가 광야로 사흘길쯤 가서 우리 하나님 여호와께 제사를 드리려 하오니 가도록 허락하소서"(출 5:3). 이스라엘은 새롭게 하나님을 섬겨야 했습니다. 애굽에서 섬기던 신과 풍습은 모두 끊어버려야 했습니다. 그런데 과거의 삶을 버리지 못하고 반복해서 범죄했습니다. 과거의 잘못된 습관을 끊어내지 못했다면 빨리 돌이켜 하나님께 돌아와야 합니다. 하나님의 자녀인 이상 하나님의 인도하심만 따라야 합니다.

■■■ 과거 옛 사람의 모습과 인습을 끊어버리고 하나님만 바라게 하소서.

9월 20일
노예들에게 임한 희망의 노래

여호와의 속량을 받은 자들은 이같이 말할지어다 여호와께서 대적의 손에서 그들을 속량하사 동서남북 각 지방에서부터 모으셨도다 (107:2-3)

우리나라는 하나님의 은혜를 풍성히 입은 나라입니다. 30년 전만 해도 시골에는 전깃불이 들어오지 않는 곳이 많았습니다. 비가 내리지 않으면 농사를 지을 수 없어 고구마나 감자로 끼니를 때울 때도 있었습니다. 그런데 이제는 아프리카 대륙의 가난한 나라들을 돕고 있습니다. 의식주는 물론 의료와 교육시설까지 지원하고 있습니다. 절망과 탄식이 가득했던 민족에게 희망의 노래를 부를 기회가 찾아온 것입니다.

하나님은 포로로 잡혀가 희망 없던 이스라엘 민족을 노예상태에서 해방시켜 주셨습니다. 또 죄의 종노릇하던 우리를 죄와 절망의 늪에서 해방시켜 주셨습니다. 하나님은 이처럼 동서남북 온 세상에서 그의 백성들을 불러 모으십니다. 여기서 대적은 바벨론뿐 아니라 우리를 괴롭히던 근심, 슬픔, 곤경을 가리키기도 합니다. 이런 것들에 지배받던 우리를 하나님께서 건지셨습니다. 죄의 노예생활을 하던 우리에게 희망의 노래를 부르게 하신 것입니다. 우리가 노래할 수 있는 것은 강하신 하나님께서 우리를 건지셨기 때문입니다. 그러므로 앞으로도 주님의 손에 내 인생을 맡겨드릴 수 있습니다.

▪▪▪ 하나님께로부터 오는 희망의 노래를 부르게 하소서.

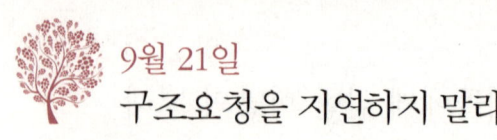

9월 21일
구조요청을 지연하지 말라

이에 그들이 근심 중에 여호와께 부르짖으매 그들의 고통에서 건지시고 또 바른 길로 인도하사 거주할 성읍에 이르게 하셨도다 (107:6-7)

몇 년 전, 한 목사님이 몽골로 단기선교를 떠났습니다. 목사님이 어느 날 집으로 전화를 했더니 사모님이 아주 반가이 전화를 받더랍니다. "얼마나 가슴을 졸였는지 몰라요. 몽골 고비사막에서 한국인이 죽었다고 난리가 났어요. 혹시나 하는 생각에 얼마나 걱정했는지 몰라요." 나중에 알고 보니 일부 사람들은 먼저 귀국하고, 몇 사람이 고비사막에 들어갔는데 사고가 나서 손을 쓸 수가 없었다는 것입니다. 결국 그들은 어떤 구조도 요청하지 못하고 죽어갔습니다.

한때 이스라엘 백성들은 기거할 곳을 찾지 못해 광야 길에서 방황했습니다. 이러한 근심과 고통이 엄습할 때 우리가 취할 방법은 여호와께 부르짖는 것입니다. 하나님께 구조를 요청하는 것이야말로 가장 지혜로운 처신이기 때문입니다. 하나님은 안전한 길과 지름길을 아시고, 우리가 거주할 곳이 어디인지 잘 아십니다. 하나님은 부르짖는 자에게 응답해 주십니다. 스스로 구원하고자 하다가 마지막에 가서야 하나님을 찾는 일은 참으로 어리석은 것입니다. 긴급한 상황일수록 구조요청이 지연되면 상당한 타격을 받게 됩니다. 우리는 언제나 먼저 하나님께 달려가야 합니다.

*** 근심과 고통에서 주님께 먼저 구조의 손길을 요청하게 하소서.

9월 22일

불행의 근원을 발견하라

사람이 흑암과 사망의 그늘에 앉으며 곤고와 쇠사슬에 매임은 하나님의 말씀을 거역하며 지존자의 뜻을 멸시함이라 (107:10-11)

"아니 땐 굴뚝에 연기 나랴?"는 속담이 있습니다. 그런데 세상을 살다 보면 때로는 아니 땐 굴뚝에 연기가 나기도 합니다. 잘못한 것이 없는데 모함 받고 억울한 일을 당할 때가 있으니까요. 하지만 대부분의 경우, 어떤 일의 결과에는 그에 맞는 원인이 있기 마련입니다. 인간의 고통과 불행은 아담의 원죄와 우리 손으로 선택한 범죄가 뒤섞여 생겨난 것입니다. 그로 인해 우리는 "흑암과 사망의 그늘"에 앉을 수도 있고, "곤고와 쇠사슬"에 매일 수도 있습니다. 고대 사회에 감옥은 빛이 전혀 들어오지 않는 컴컴한 토굴이나 지하 깊숙한 장소였습니다. 습도가 높고 캄캄해서 앞을 분간할 수도 없었습니다. 죄수들의 손과 발은 단단한 쇠사슬에 묶여 자유롭지 못했습니다.

우리가 침울하고 암담한 상황에 놓이는 것은 하나님의 말씀과 권고를 듣지 않고 무시했기 때문입니다. 하나님은 말씀을 통해 행복으로 나아가는 길을 권고해 주셨습니다. 그런데 교만한 인간은 하나님의 말씀을 무시하여, 이스라엘이 바벨론의 포로가 되듯 죄의 노예로 전락하고 말았습니다. 스스로 곤고와 쇠사슬에 매여 흑암과 사망의 그늘에 앉게 된 것입니다. 우리는 불행의 근본인 이 문제를 해결해야 합니다. 말씀에 따라 살아갈 때 진정 형통합니다.

■■■ 하나님의 권고를 잘 받아들여 행복한 삶을 살게 하소서.

9월 23일
바라는 항구로 인도하시는 분

**그들이 평온함으로 말미암아 기뻐하는 중에
여호와께서 그들이 바라는 항구로 인도하시는도다 (107:30)**

"대낮에 차가 인도를 덮쳐 사람들을 다치게 하고, 길옆에 있는 가게를 들이받아 수많은 사람들이 다치는 사고가 일어났습니다." 우리는 심심찮게 이러한 소식을 접합니다. 이것은 광란의 질주를 하는 운전자의 문제일 수도 있고, 자동차의 결함 때문일 수도 있습니다. 어쨌든 그 사고로 수많은 사람들이 고통을 당합니다. 차체 결함이 원인일 때는 운전자가 아무리 핸들을 잡고 움직이려고 해도 차가 말을 듣지 않아 결국 대형 사고를 일으키게 됩니다. 인생에는 이처럼 전혀 뜻하지 않은 광풍이 몰아와 우리를 힘들게 할 때가 많습니다.

누구에게나 '도달하고자 하는 항구'가 있기 마련입니다. 그런데 배를 타본 사람은 알겠지만, 때로는 통제되지 않는 상황이 돌발적으로 일어나기도 합니다. 광풍이 일어나 도저히 항해를 지속할 수 없는 경우입니다. 성도들의 이러한 순례 길에 선장이신 주님이 안 계신다면 우리는 풍랑 이는 바다를 건널 수 없습니다. 더군다나 원하는 항구에 도달할 수도 없습니다. 그러나 이 항해를 시작하신 분도, 우리를 그 배에 태우신 분도 주님이심을 알기에 우리는 안심이 됩니다. 주님이 우리 선장되심을 안다면 걱정 없습니다. 하나님의 안내를 받아 바라는 항구에 안전하게 닿는 축복을 누려야겠습니다.

✻✻✻ 광풍 중에도 안전하게 우리가 원하는 항구로 인도하소서.

9월 24일
어디로 마음을 정할 것인가

**하나님이여 내 마음을 정하였사오니
내가 노래하며 나의 마음을 다하여 찬양하리로다 (108:1)**

작은 중소기업을 경영하던 분이 있었습니다. 그런데 국내 경기가 어려워지면서 회사가 부도나고 말았습니다. 아무리 고민해도 수습할 방법이 없었습니다. 아내와 갈등이 생기고 해결방법을 계속 찾지 못하자 결국 집을 나갔습니다. 아내도 떠나고 두 아이는 고아원으로 보내졌습니다. 마음을 정하지 못하고 방황하던 남편은 노숙자로 살기 시작했습니다. 그렇게 사는 것이 한편으로는 마음이 편했습니다. 그러나 늘 마음 한켠에는 '내가 가야 할 길은 이게 아닌데…' 하는 생각이 있었습니다. 이런 일이 우리에게 닥치면 어떻게 될까요? 그때도 여전히 주님께 찬송하며 기뻐할 수 있을까요?

다윗은 정적 사울에게 핍박을 당해 정처 없는 망명길에 올라야 했습니다. 어려운 환경은 마음에 여러 가지 갈등을 불러일으켰습니다. 그런데 다윗은 마음의 결단을 내립니다. "내 마음을 정하였사오니." 불안한 미래로 흔들리던 마음을 굳게 지키기로 마음먹은 것입니다. 하나님에 대한 신뢰가 미래에 대한 확신으로 나타나자, 어떤 미래가 다가올지 모르는 막연한 상황에서도 노래할 수 있고 찬양할 수 있었습니다. 이처럼 사람의 영혼 깊은 곳에 하나님에 대한 믿음이 자리 잡으면 마음에서 노래와 찬송이 흘러나올 수 있습니다.

▪▪▪ 환경에 따라 흔들리는 마음을 굳게 지키게 하소서.

9월 25일
사랑하는 자에게 베푸시는 은혜

**주께서 사랑하시는 자들을 건지시기 위하여
우리에게 응답하사 오른손으로 구원하소서 (108:6)**

"요즘 영어를 잘해야 잘 산다고들 생각하는데 절대 그렇지 않습니다. 하나님을 잘 믿어야 잘 사는 나라가 됩니다. 미래의 인재들에게 영어를 통해 복음을 쉽고 확실하게 심어주는 것, 그것이 앞으로 제 사역의 방향입니다." 정철연구소 소장인 정철 집사님의 말입니다. "내가 왜 이러는지 모릅니다. 한번 시작하니 중단할 수가 없네요. 강의하고 책 쓰면서 내가 은혜를 받으니 어쩔 수 없지요." 그분은 하나님의 사랑을 경험했습니다. 자신을 향한 하나님의 은혜를 경험하고 나니 삶이 즐겁고 행복했습니다. 하나님이 주신 재능으로 어떻게 하면 복음을 전할 수 있을까 고민하게 되었습니다. 더욱 고상한 목표가 생기자 달란트를 더 잘 사용할 수 있었습니다.

"주께서 사랑하시는 자"라는 확신을 가질 수 있다면 행복한 삶입니다. 아무리 어려운 상황에 직면해도 주님이 능력의 오른손으로 건져주시기 때문입니다. 다윗은 모압과 에돔, 블레셋 등에게 위협을 당하고 있었습니다. 게다가 이스라엘 왕국 내부에서도 분열이 조장되고 있었습니다. 이 기막힌 상황에서 다윗은 자신이 "주께서 사랑하시는 자"임을 확신했습니다. 그리고 그분의 도움을 의지했습니다. 사면초가의 상황이라 하더라도, 하나님은 사랑하시는 자에게 감당치 못할 시험을 주시는 일이 없습니다.

▪▪▪ 언제나 주께서 사랑하시는 자임을 확신하며 살게 하소서.

9월 26일
대적자가 일어날 때

나는 사랑하나 그들은 도리어 나를 대적하니 나는 기도할 뿐이라 (109:4)

흔히 하는 말이 있습니다. "내가 좋으면(잘하면) 모든 사람이 다 좋아보인다." 그런데 때로는 내가 좋아도 그렇지 않은 사람들이 있습니다. 내가 아무리 선하게 대하려고 애써도 까닭 없이 악하게 대적하는 사람들을 봅니다. 물론 감정 상하는 일이 있었거나, 뭔가로 자존심이 상처받았거나, 손해본 일 때문에 그럴 수 있습니다. 직접 용서를 구하고 화해를 요청해도 막무가내일 때는 참 난감합니다. 그럴 때 우리는 어떻게 합니까? 하나님은 어떻게 하길 원하실까요?

다윗은 지도자입니다. 다윗이 아무리 선한 정치를 했다 하더라도 지도자에게는 정적이 있기 마련입니다. 악한 자들은 아무 이유 없이 다윗을 대적했습니다. 그러나 다윗은 그들을 사랑하기로 작정하고 노력합니다. 그런데도 악한 행동을 멈추지 않자 다윗은 하나님께 기도합니다.
살다 보면 사람들에게 선을 베풀려고 노력하는데 악으로 되돌아 올 때가 있습니다. 그러나 동일하게 되갚으면 안 됩니다. 우리는 자기 자리를 지키고 믿음을 저버리지 않도록 조심해야 합니다. 악한 자에 대해서는 하나님께 의뢰해야 합니다.

■■■ 기도와 선으로 악한 자를 이기게 하소서.

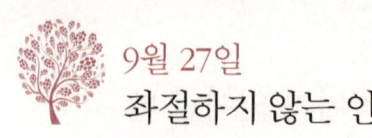

9월 27일
좌절하지 않는 인생

**그들은 내게 저주하여도 주는 내게 복을 주소서
그들은 일어날 때에 수치를 당할지라도 주의 종은 즐거워하리이다 (109:28)**

"우리는 흔들리지 않을 것이고, 지치지도 않을 것이며, 비틀거리지도 않을 것이고, 실패하지 않을 것입니다." 20세기의 가장 위대한 지도자로 기억되는 영국의 수상 윈스턴 처칠의 연설 중 일부분입니다. 그의 어린 시절은 결코 행복하지 못했고, 장년이 되어서도 항상 위기와 도전의 나날을 보냈습니다. 그러나 그는 포기를 친구로 삼지 않았습니다. 그의 장례식에서는 예포를 쏘는 대신 두 번의 나팔을 불었다고 합니다. 첫 번째 나팔은 취침의 나팔이고, 두 번째는 기상의 나팔이었습니다. 죽음은 잠시 잠드는 것이고, 때가 되면 사망의 권세를 깨뜨리고 부활하신 주님처럼 다시 깨어날 것이라는 처칠의 믿음을 드러낸 장례행사였습니다.

다윗은 악한 자들로 인해 매우 좌절했습니다. 마음속에서 분노가 저절로 일어났습니다. 그러나 속상하고 아픈 마음을 하나님께 아뢰었습니다. 그리고 하나님께서 일하시기를 기다렸습니다. 다윗은 대적들의 어떤 비방이나 핍박에도 좌절하지 않고, 오직 하나님만 의지하는 담대한 믿음을 보였습니다. 대적들이 어떻게 하느냐가 중요한 것이 아니라 하나님이 어떻게 바라보시느냐가 중요했기 때문입니다. 그는 원수들의 저주가 하나님의 축복이 되게 해달라고 기도합니다. 주님이 일하시면 가능합니다. 다윗은 하나님을 신뢰했기에 사람들로 인해 좌절하지 않았습니다.

▪▪▪ 사람들 때문에 좌절하지 않는 견고한 믿음을 주소서.

9월 28일
그리스도의 높아지심

여호와께서 내 주에게 말씀하시기를 내가 네 원수들로 네 발판이 되게 하기까지 너는 내 오른쪽에 앉아 있으라 하셨도다 (110:1)

그리스도는 기름부음 받은 자, 즉 메시아를 가리킵니다. 그런데 그리스도께는 두 가지 대조적인 모습이 있습니다. 하나는 낮아지신 메시아이고, 다른 하나는 높아지신 그리스도입니다. 하늘 보좌를 버리고 이 땅 말구유에 탄생하셔서 십자가에 못 박혀 죽으시고, 사흘 동안 무덤에 머무신 것은 모두 낮아지신 메시아의 모습입니다. 그러나 예수님은 부활하셨고, 지금은 하나님의 보좌 우편에 앉아 계십니다. 언젠가 세상을 심판하실 분으로 오셔서 만유의 왕으로 통치하실 것입니다. 이것이 높아지신 그리스도입니다.

다윗은 '다윗의 자손으로 오실 메시아'를 정확하게 바라보고 있습니다. 그리스도는 천사들보다 우월하신 분으로 천사들을 부리시는 하나님입니다(히 1:13-14). 예수님은 원수들을 굴복시킬 것입니다. 이것은 원수를 정복하고 이루실 그리스도의 왕국과 통치를 보여줍니다. 하나님은 예수 그리스도를 자신의 보좌와 나란한 오른쪽 자리에 앉아 잠시 쉬게 하십니다. 왕의 우편은 아무나 앉을 수 있는 자리가 아닙니다. 하나님은 예수님을 최고의 자리로 높이셨습니다. 가장 낮아지셨던 예수님은 가장 높은 영광을 받으셨습니다.

▪▪▪ 낮아짐에는 높아짐의 비밀이 있음을 알게 하소서.

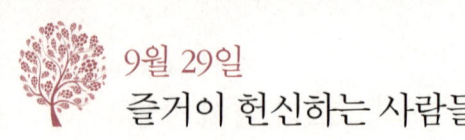

9월 29일
즐거이 헌신하는 사람들

주의 권능의 날에 주의 백성이 거룩한 옷을 입고 즐거이 헌신하니 새벽 이슬 같은 주의 청년들이 주께 나오는도다 (110:3)

1793년, 윌리엄 캐리(William Carey, 1761~1834)가 32세 되던 해였습니다. 그는 인도에 있는 영혼 구원에 보탬이 되고자 인도 선교사로 갈 것을 결단했습니다. 어느 날, 윌리엄 캐리는 목사들의 모임에서 해외선교에 대한 그의 원대한 계획을 열심히 설명했습니다. 그러자 한 원로목사가 일어나 말했습니다. "이보게 젊은이, 그만 열내고 자리에 앉게나. 만약 하나님이 이방인들을 개종시키려고 한다면 자네나 우리 도움 없이도 얼마든지 하실 수 있을 걸세." 그러나 윌리엄 캐리는 포기하지 않고 선교를 위해 즐거이 헌신했습니다.

"주의 권능의 날"은 다양하게 해석됩니다. '당신의 권능의 날에', '당신의 군대를 인도하여 낼 때', '당신의 전투의 날에', '당신의 대관식 날에' 등…. 그리고 성령 시대를 가리키는 것으로 볼 수도 있습니다. 성령이 임하시면, 하나님을 위해 특별히 구별된 나실인처럼 주의 백성이 거룩한 옷을 입고 주님을 섬길 것입니다. 그들은 새벽이슬같이 지칠 줄 모르는 청년들의 모습입니다. 시들어가는 식물을 소생시키는 새벽이슬 같은 하나님의 은혜를 경험한 사람들은, 청년들처럼 지칠 줄 모르고 주의 일에 즐거이 헌신할 것입니다. 새벽이슬 같은 은혜를 누리는 자가 즐거이 헌신할 수 있습니다.

▪▪▪ 성령의 은혜를 체험하여 즐거이 헌신하게 하소서.

9월 30일
감사와 찬양의 모임

**할렐루야, 내가 정직한 자들의 모임과 회중 가운데에서
전심으로 여호와께 감사하리로다 (111:1)**

교회 공동체 모임과 교회 밖의 일반 조직 간에는 어떤 차이가 있을까요? 교회의 회중은 복음 안에서 영적인 경험을 함께 누린 사람들입니다. 그들은 주님의 보혈로 맺어진 공동체이며, 영원히 함께 살아갈 사람들입니다. 일반적인 조직은 자기의 관심사나 유익을 기초로 모이는 데 반해, 교회는 복음을 경험한 자들이 모여 주님의 유익을 구하는 곳입니다. 그런데 정작 교회 안에서 갖는 모임을 볼 때 실망스러운 경우가 많습니다. 세상 모임과 다를 바 없이 연예인 이야기나 험담으로 영적인 힘을 소진하는 경우가 참 많습니다. 우리는 교회가 모인 이유를 분명히 기억해야 합니다.

주님은 이스라엘 백성들을 '정직한 자들의 모임'이라고 부르셨습니다. 이들은 하나님께 예배를 드리고 하나님의 말씀을 듣기 위해 정기적으로 모입니다. 그런데 사실 그들로부터 정직함과 신실함을 찾을 수 있습니까? 하나님께서 그렇게 격려해 주시니 놀라운 은혜일 뿐입니다. 그러므로 모임에 모인 자들은 '전심으로' 하나님께 감사해야 합니다. 하나님의 구원을 경험한 자들이기에 그들의 입술에는 찬양과 간증과 감사가 있어야 합니다. 주님께 관심을 갖고 그분이 원하시는 대로 살아가야 합니다.

*** 감사와 찬양이 넘치는 모임에 참여하게 하소서.

October | Daily Bible of the Psalms

말씀으로 시작하는 아침 10월

"여호와를 경외하는 자들아 너희는 여호와를 의지하여라
그는 너희의 도움이시요 너희의 방패시로다"
- 시 115:11

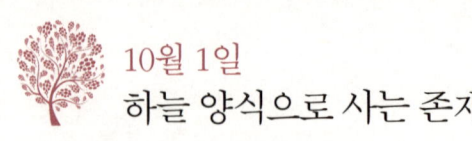

10월 1일
하늘 양식으로 사는 존재

**여호와께서 자기를 경외하는 자들에게 양식을 주시며
그의 언약을 영원히 기억하시리로다 (111:5)**

연세대학교를 전체 차석으로 졸업하고 장애인으로서는 처음으로 미국 유학을 떠나 3년 8개월 만에 석사 학위 2개와 박사 학위를 받고 교수와 교육행정가가 된 사람. 시력을 잃은 후 장애인이 되었지만 성공적인 삶을 일구었던 강영우 박사의 이야기입니다. 그에게는 하늘이 무너지는 역경과 고난이 있었습니다. 그러나 그는 다가오는 모든 시련 속에서도 하나님을 경외하는 삶을 저버리지 않았습니다. 하늘에서 내려오는 양식이 어떤 것인지를 경험을 통해 알았기 때문이었습니다.

다윗은 하나님에 대한 흔들리지 않는 믿음을 가지고 있었습니다. '여호와는 양식을 주시는 분이고, 언약을 영원히 기억하시는 분이다.' 이스라엘 백성이 광야에서 방황하고 고생할 때 하나님은 만나와 메추라기를 주셨습니다. 하나님은 백성에게 일용할 양식을 주심으로 생명을 보호해 주셨습니다. 사람이 하늘에서 내려오는 양식으로 살아갈 때, 그는 '여호와를 경외하는 사람'이 됩니다. 몸소 주님의 공급하심을 경험한 사람은 그분을 경외하지 않을 수 없습니다. 이런 믿음을 가진 사람에게 인생은 술술 풀려나갑니다.

■■■ *여호와를 경외하는 자로 하늘 양식을 공급받으며 살게 하소서.*

10월 2일
하나님의 말씀을 즐거워하는 인생

**할렐루야, 여호와를 경외하며
그의 계명을 크게 즐거워하는 자는 복이 있도다 (112:1)**

존 워너메이커가 84세 되던 1984년, 사업가로서 60년을 맞이하는 기념행사에서 어느 기자가 질문을 던졌습니다. "회장님, 지금까지 투자한 것 중 가장 성공적인 투자는 무엇입니까?" "내가 열 살 때 최고의 투자를 한 적이 있지요. 그때 나는 2달러 75센트를 주고 예쁜 가죽 성경 한 권을 구입했어요. 이것이 내 인생에서 가장 위대한 투자였습니다. 그 성경이 오늘의 나를 만들었으니까요." 기자가 다시 물었습니다. "그렇다면 성경만 구입하면 성공할 수 있나요?" "그렇지 않습니다. 먼저 하나님을 믿고 말씀을 실천해야지요. 하나님을 신뢰하며 즐겁고 기쁘게 일하다 보면 성공은 어느새 옆에 다가와 있을 것입니다."

누구나 복을 좋아합니다. 그런데 어떻게 해야 복을 받을 수 있는지에 대해서는 별 관심이 없습니다. 관심을 갖는다 해도 잘 실천하지 않습니다. 그런데 다윗은 여호와를 경외하는 자에게 복이 있다고 단언합니다. 그들은 주님의 계명을 따르는 일에 한없는 기쁨을 느낍니다. 다윗은 하나님의 계명을 크게 즐거워하는 사람이 곧 하나님을 경외하는 사람이라고 말합니다. 하나님의 말씀을 크게 즐거워하고 그대로 살아가는 사람은 하나님이 주시는 복을 누립니다.

■■■ 하나님의 말씀을 크게 즐거워하는 삶을 살게 하소서.

10월 3일
잘되는 인생

은혜를 베풀며 꾸어 주는 자는 잘 되나니 그 일을 정의로 행하리로다 (112:5)

어느 집사님의 이야기입니다. 그분은 처절할 정도로 힘든 인생을 살았습니다. 하나밖에 없는 아들이 어디서 사는지도 모른 채 홀로 정부의 기초생활 지원금에 의지해 살고 있었습니다. 그런데 어느 날, 그 집사님이 1천 8백만 원이 든 통장을 들고 와서는 전액을 장학헌금으로 바쳤습니다. 어렵게 모은 그 돈은 그분의 전 재산이나 마찬가진데, 자기 아들을 생각하며 형편이 어려운 아이들에게 도움을 주고 싶어 주님 앞에 올려드린 것이었습니다. 그 뒤부터 집사님의 얼굴은 더욱 환해졌습니다. "하나님께 드리고 나니 누가 훔쳐갈까 봐 걱정 안 해도 되고 너무 좋아요." 그분은 진정 은혜를 유통하는 삶을 실천했습니다.

사람은 태어날 때부터 손을 움켜쥐고 태어납니다. 그리고 늘 손을 움켜쥐고 생활합니다. 그래서인지 사람들은 재물을 비롯한 모든 것을 움켜쥐려고만 합니다. 그러나 믿음의 사람은 그렇게 살아가지 않습니다. 하나님의 자녀는 세상 욕심을 통제하고 은혜를 베푸는 사람입니다. 재물을 흩어 빈궁한 사람들에게 나누고, 불의한 이익을 쫓지 않습니다. 가지려고 움켜쥐는 것보다 나누려고 손을 내미는 것이 우리가 잘되는 비결입니다. 받은 은혜를 흘려보내는 삶, 그런 사람은 축복을 유통하는 통로가 되어 하나님을 드러내는 인생이 됩니다.

*** 인색하게 움켜잡는 것보다 손을 펴서 베풀게 하소서.

10월 4일
찬양하는 인생

할렐루야, 여호와의 종들아 찬양하라 여호와의 이름을 찬양하라 (113:1)

어느 시골 교회에 나이 지긋한 권사님이 계십니다. 40대 초반에 남편을 잃었고, 자녀들은 모두 읍내에 나가서 생활합니다. 혼자 지내는 어머니가 안타까워 자녀들이 계속해서 어머니를 설득합니다. "어머니, 이제 저희와 함께 읍내에서 편하게 살아요." 그런데 권사님은 계속 싫다고 거절합니다. "나는 새벽에 교회 갔다 오면 찬송하면서 혼자 부흥회를 한다. 말씀 보고 찬송하면 얼마나 힘이 나는데…. 나는 심심할 겨를이 없단다." 결국 번번이 어머니를 모시고 가지 못합니다. 아이들에게 부담을 주지 않으려는 빈말이 아닌, 진짜 매일 부흥회를 가지면서 영혼 가득히 하나님을 기뻐하는 것이 그분의 힘이었습니다.

하나님은 이스라엘 백성의 찬송 중에 거하기를 원하십니다. "여호와의 종"은 1차적으로는 성전에서 수종들던 레위인이나 제사장들을 가리키지만, 여기서는 이스라엘 백성 전체를 나타냅니다. 더 나아가 하나님의 구원을 체험한 모든 사람들을 말합니다. 여호와의 이름이 얼마나 위대한지 아는 사람들은 감출 수 없는 큰 감격으로 하나님을 찬양합니다. 절망적인 상황에서조차 희망을 노래합니다. 지하 깊숙한 빌립보 감옥에서도 기도하고 찬송한 바울과 실라처럼 말입니다.

▪▪▪ 어떤 순간에도 찬양하는 삶을 살게 하소서.

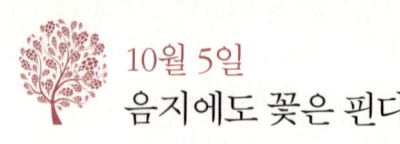

10월 5일
음지에도 꽃은 핀다

또 임신하지 못하던 여자를 집에 살게 하사 자녀들을 즐겁게 하는 어머니가 되게 하시는도다 할렐루야 (113:9)

15세 소녀가 감당하기에는 너무 혹독한 시련의 폭풍이 불어왔습니다. 어머니가 몰던 차가 교통사고를 당했습니다. 남동생 둘이 중상을 입고, 어머니는 먼저 하늘나라로 갔습니다. 풍족하지는 못했지만 단란했던 가정이 하루아침에 풍비박산이 난 것입니다. 이후 단칸 셋방에 네 식구가 기거하는 고달픈 생활을 시작했습니다. 때로는 힘이 들어 주저앉아 포기하고 싶기도 했습니다. 그러나 그녀는 용기를 잃지 않았습니다. 이제 그녀는 골프 지존이 되어 한국의 명예를 드러내고 있습니다. 바로 신지애 선수입니다.

이스라엘 백성에게 있어 '자식을 갖지 못한다' 는 것은 수치를 넘어 하나님의 저주로까지 간주되었습니다. 그래서 즐거움을 상실한 불쌍한 인생을 묘사할 때 자주 언급됩니다. 그러나 하나님은 비천한 자를 높이시고, 잉태치 못한 여자를 어미가 되게도 하십니다. 하나님은 초라한 삶을 풍성한 은혜로 채우시는 분입니다. 음지에서 신음하는 인생일지라도 하나님은 만인이 신뢰할 수 있는 전능하신 분입니다. 광야에 시내를 여시는 하나님이 함께하시면 음지에도 빛이 들고 꽃은 피어납니다.

음지에 앉아 있을지라도 능하신 하나님을 믿고 나아가게 하소서.

10월 6일
변화를 기대하라

이스라엘이 애굽에서 나오며 야곱의 집안이 언어가 다른 민족에게서 나올 때에 유다는 여호와의 성소가 되고 이스라엘은 그의 영토가 되었도다 (114:1-2)

하나님은 애굽에서 종살이하던 이스라엘을 구출하여 노예생활을 청산하도록 도우셨습니다. 그리고 그들을 여호와의 성소로 삼으셨고, 그의 영토로 삼으셨습니다. 이 땅에 천국의 모델 하우스를 지어주신 것입니다. 이러한 엄청난 변화를 주도하는 분은 하나님이십니다.

누군가는 이렇게 말합니다. "유능함은 변화의 암적 요소다." 너무 잘나고 완벽한 사람은 변화를 시도하지도, 또 원하지도 않습니다. 우리는 부족하고 연약하기 때문에 변화되려고 하는 것이지요. 물론 그 방향은 더 좋은 쪽으로의 변화입니다. 그리스도 안에서 변화를 체험한 바울은 환희에 차서 외칩니다. "그리스도 안에 있으면 새로운 피조물이라 이전 것은 지나갔으니 보라 새 것이 되었도다." 자신의 부족함을 아는 우리들은 새로운 변화를 기대해야 합니다. 끊임없이 그리스도의 형상으로 닮아가기를 갈망해야 합니다. 그럴 때 우리는 새로운 신분을 덧입는 것은 물론 생각과 감정이 바뀌고 새로운 비전을 경험하게 될 것입니다.

▪▪▪ 하나님이 주도하시는 삶에 나를 맡기게 하소서.

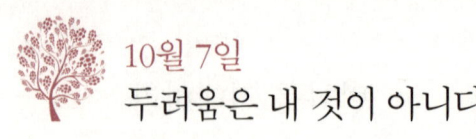

10월 7일
두려움은 내 것이 아니다

바다야 네가 도망함은 어찌함이며 요단아 네가 물러감은 어찌함인가 (114:5)

위대한 지도자 모세도 세월은 막을 수 없었습니다. 그도 죽음의 문을 통과해야만 했습니다. 모세는 하나님의 명령을 따라 후임자 여호수아를 세웠습니다. 그런데 여호수아는 두려웠습니다. 이미 기득권을 가지고 있고, 강한 군사력과 훌륭한 무기를 가진 가나안 원주민을 이길 자신이 없었습니다. 모세와 비교할 때 자신은 너무 초라했고, 앞으로 해야 할 대업을 생각하면 잠이 오지 않았습니다. 게다가 광야에서 경험한 이스라엘 백성들은 별로 믿음직한 자들이 아니었습니다. 그래서 하나님의 명령 앞에서 두려워 떨고 있었습니다. 그때 하나님은 여호수아에게 용기를 주셨습니다.

이스라엘 백성들의 가나안 행진은 계속됩니다. 그런데 눈 앞을 요단강이 가로막고 있는 것입니다. 요단강이 범람하는 시기였기 때문에 쉽사리 건널 수가 없는 상황입니다. 그러나 그런 요단강이 이스라엘 앞에서 도망하고 말았습니다. 그것은 위대하신 하나님이 이스라엘 가운데 함께 행하신다는 증거입니다. 지도자 여호수아에게 용기를 주시고, 이스라엘에게는 광야에서 함께한 것처럼 가나안 정복 전쟁에서도 함께하실 것임을 증표로 보여주신 것입니다. 하나님은 살아계십니다. 하나님의 명령을 따라 사는 사람들은 이제 외칠 수 있습니다. "두려움은 내 것이 아니다."

▪▪▪ 두려움의 노예가 되지 않게 하소서.

10월 8일
하나님께 영광을 돌리라

**여호와여 영광을 우리에게 돌리지 마옵소서 우리에게 돌리지 마옵소서
오직 주는 인자하시고 진실하시므로 주의 이름에만 영광을 돌리소서 (115:1)**

사람들에게는 인정받고 싶은 욕구가 있습니다. 누군가 자신의 존재를 알아주고 존중해 줄 때 자존감이 생기고 능력을 잘 발휘할 수 있습니다. 그러나 정도가 지나치면 문제가 됩니다. 자신이 한 일에 대해 사람들이 찬사를 보내면 행복해지지만, 사람들이 알아주지 않으면 상처받고 마음이 불편해지기도 합니다. 인정받고자 하는 욕구를 지혜롭게 다스리지 못하면 하나님의 영광을 인간이 가로채는 결과를 낳습니다.

하나님은 영원토록 영광을 받으셔야 할 분입니다. 하나님이 하시는 일을 보면 영광을 돌리지 않을 수 없습니다. 그래서 바울은 고백합니다. "그런즉 너희가 먹든지 마시든지 무엇을 하든지 다 하나님의 영광을 위하여 하라"(고전 10:31). 때때로 일이 꼬인다는 생각이 들어도 하나님이 하시는 일에 찬사를 돌려야 합니다. 그런데 범죄한 인간은 하나님을 알되 하나님을 영화롭게 하지 않습니다(롬 1:21). 하나님의 영광을 우상에게 돌리고 스스로 취하고자 합니다. 헤롯은 하나님께 영광을 돌리지 않음으로 비참한 종말을 맞았습니다(행 12:23). 하나님께 영광 돌릴 때 비로소 인간은 행복해집니다. 그분께만 영광을 돌리는 것이 인간의 본분입니다.

■■■ 모든 삶으로 하나님께만 영광을 돌리게 하소서.

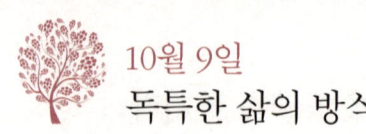

10월 9일
독특한 삶의 방식

**여호와를 경외하는 자들아 너희는 여호와를 의지하여라
그는 너희의 도움이시요 너희의 방패시로다 (115:11)**

예수님은 산상보훈에서, 세상 사람들이 감히 흉내도 내기 어려운 삶의 방식을 천국백성의 윤리강령으로 주셨습니다. 사실 천국백성의 삶과 윤리는 타락한 인간의 본성으로는 실천할 수 없는 것들입니다. 세상의 윤리를 넘어선 하나님으로부터 난 새 생명이 있어야만 살아갈 수 있기 때문입니다. 예수님의 제자가 되려고 하면서도 "이건 너무 어려워. 난 이렇게 살지 않을 거야."라고 말하는 자가 있다면 모순이 아닐 수 없습니다. 그것은 하나님을 의지하지 않는다는 증거가 될 뿐입니다.

"어떤 형편이든지 나는 주님을 의지하며 살아야지. 주님이 나의 도움 되시고, 내 인생을 보호하는 방패 되실 때 나는 가장 안정되고 행복하게 살 수 있으니까." 이것이 바로 하나님의 백성들이 살아가는 삶의 방식입니다. '이스라엘'(9)과 '아론의 집' 제사장들(10), 그리고 '여호와를 경외하는 자들'은 마땅히 이런 삶을 살아야 합니다(11). 롯을 구한 아브라함에게 그러셨듯, 하나님은 주님을 의지하는 우리에게도 동일하게 약속하십니다. "아브람아 두려워하지 말라 나는 네 방패요 너의 지극히 큰 상급이니라" (창 15:1).

■■■ 세상 사람들이 살아가는 삶의 방식을 거절하는 용기를 주소서.

10월 10일
여호와를 경외하는 인생

**여호와께서 우리를 생각하사 복을 주시되 이스라엘 집에도 복을 주시고
아론의 집에도 복을 주시며 높은 사람이나 낮은 사람을 막론하고
여호와를 경외하는 자들에게 복을 주시리로다 (115:12-13)**

미국의 저명한 목회자 디엘 무디(Dwight Lyman Moody, 1837~1899)는 "자신을 의지하면 실망하게 되고, 친구를 의지하면 헤어지게 되며, 돈을 의지하면 패망하게 되지만, 하나님을 의지하면 축복을 누리게 될 것이다."라고 말했습니다. 조지 워싱턴의 어머니는 아들에게 "오직 하나님을 잘 섬겨라. 하나님을 경외하는 사람이 되어라. 하나님을 두려워하는 사람이 되어라."라고 강조했습니다. 그는 어머니의 말씀대로 오직 하나님만을 경외하는 사람으로 살려고 애썼고, 마침내 미국의 초대 대통령이 되어 역사의 초석을 잘 놓은 사람으로 기억되고 있습니다.

하나님은 이스라엘을 제사장 나라로 삼으셨습니다. 아론의 집이야말로 하나님과 그 백성들을 섬기기 위해 특별히 구별된 존재입니다. 내가 지금 높은 사람이냐 낮은 사람이냐는 중요하지 않습니다. 하나님이 복 주시면 하루아침에도 달라질 수 있는 것이 인생이니까요. 중요한 것은 여호와를 경외하는 인생이냐 여호와를 떠난 인생이냐 하는 것입니다. 자기 백성에게 복 주시기를 기뻐하시는 하나님을 경외하는 것이 가장 잘 살아가는 인생입니다.

▪▪▪ 여호와를 경외함으로 잘되는 인생을 살게 하소서.

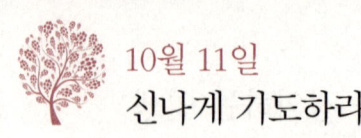

10월 11일
신나게 기도하라

**여호와께서 내 음성과 내 간구를 들으시므로 내가 그를 사랑하는도다
그의 귀를 내게 기울이셨으므로 내가 평생에 기도하리로다 (116:1-2)**

하버드대학 아트사이언스 계열에 생활비를 포함해 전액 장학생으로 합격됐다는 통보를 받은 한 자매가 "순전히 어머니 기도의 힘이었습니다."라고 고백했습니다. 그녀의 어머니는 "눈물을 흘리며 씨를 뿌리는 자는 기쁨으로 거두리로다"(시 126:5)라는 말씀을 붙잡고 기도했다고 합니다. "하나님, 태영이는 장학금을 받지 않으면 그 대학에 다닐 수 없습니다. 도와주세요." 하나님은 어머니의 기도에 응답해 주셨습니다.

시인은 어려운 환경 속에서 하나님께 간구했습니다. 그랬더니 하나님은 그에게 귀 기울여주셨고 금방 답신을 주셨습니다. 그러한 기도응답의 체험은 하나님을 더 사랑하는 마음을 불러일으켰습니다. 기도 맛을 알게 된 그는 결심했습니다. "내가 평생에 기도하리로다!"
기도응답을 받으면 자꾸 기도하고 싶어집니다. 기도의 맛을 아는 사람은 기도합니다. 선지자 사무엘도 말했습니다. "내가 기도를 쉬는 죄를 범하지 않겠다." 종교 개혁자 마틴 루터의 고백도 동일합니다. "하루 두 시간 기도하지 않는 날에는 마귀의 발 밑에 짓밟힌다." 기도의 맛을 아는 대설교가요 전도자인 조지 휫필드도 하루 여덟 시간씩 기도하여 능력 있는 불의 사자가 되었습니다. 기도에는 빈익빈 부익부의 원리가 그대로 적용됩니다.

▪▪▪ 기도응답을 경험하여 신나는 기도자로 살게 하소서.

10월 12일
평안이 있는 곳으로 가라

내 영혼아 네 평안함으로 돌아갈지어다 여호와께서 너를 후대하심이로다 (116:7)

손양원 목사님은 해방과 6.25 전쟁 전후에 신사참배 반대로 모진 고초를 겪었고, 해방이 되어서도 공산주의에 시달리는 어려운 시기에 목회를 했습니다. 1948년 여순 사건 때 장남과 차남이 공산주의자들에게 목숨을 잃은 크나큰 시련도 겪었습니다. 손양원 목사님은 두 아들의 장례식 날 아홉 가지 감사문을 적어서 읽었습니다. 그리고 두 아들을 죽인 자를 사형장에서 빼내 아들로 삼겠다고 선언했습니다. 이것은 하나님이 주시는 평안이 있었기 때문에 가능한 일이었습니다.

사람들이 누리는 평안은 '세상이 주는 평안'과 '주님이 주시는 평안'으로 나뉩니다. 세상적인 평안은 소유에서 오는 든든함입니다. 좋은 집과 직장, 안정적인 생활력과 건강, 좋은 관계 등을 통해 우리는 자신이 인정받고 안전하다고 느낍니다. 그러나 주님이 주시는 평안은 무소유 속에서 누리는 평안입니다. 환경의 호불호가 아니라 내면적이고 영적인 데서 오는 평안이며, 무엇으로도 뒤흔들 수 없는 견고한 것입니다. 무엇보다 주님의 너그러우심을 경험한 사람에게 그런 평안이 주어집니다. "평안을 너희에게 끼치노니 곧 나의 평안을 너희에게 주노라 내가 너희에게 주는 것은 세상이 주는 것과 같지 아니하니라"(요 14:27).

▪▪▪ 상황을 초월하는 주님의 평안으로 채우소서.

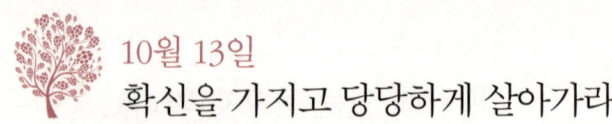
10월 13일
확신을 가지고 당당하게 살아가라

**주께서 내 영혼을 사망에서, 내 눈을 눈물에서,
내 발을 넘어짐에서 건지셨나이다 (116:8)**

기도하면서도 주눅 들어 본 적이 있을 것입니다. 이상한 이야기라고 생각되겠지만 대부분의 그리스도인들이 경험하는 일입니다. 좀처럼 변하지 않는 어려운 상황 때문에 속상하고, 여전히 해결되지 않는 문제 앞에서 두려워 떱니다. 그런데 기도하는 사람은 이런 때조차도 확신이 필요합니다. "나는 더 이상 두려워하지 않는다. 불안도 가까이 두지 않겠다. 만약 어려운 일이 생기면 그때 하나님은 또 나를 도우실 것이다. 나는 기도하면 된다." 그렇기에 기도자는 멈칫멈칫하지 않고 당당하게 살아갑니다.

기도하는 시인이라고 해서 어렵고 고달픈 일이 없는 것은 아닙니다. 사망의 덫이 있고, 눈물 빼는 일들이 즐비합니다. 넘어지게 하는 일들로 마음을 조입니다. 그러나 확신이 있습니다. 주님께서 영혼을 사망에서 건지실 것이고, 억울하게 눈물 흘리는 일이 없도록 보호하실 것이며, 넘어질 수 있는 상황에서도 발을 지켜주실 것입니다. 어려운 상황은 기도하는 자를 실족하도록 만드는 것이 아니라 다시 무릎 꿇게 하는 하나님의 연단의 도구입니다. 주님을 신뢰한다면 세상이나 어려운 상황 앞에서 주눅 들지 않고 당당하게 맞서야 합니다.

■ ■ ■ *주님, 모든 어려운 상황에서 나를 건지소서.*

10월 14일
은혜 받은 삶

내게 주신 모든 은혜를 내가 여호와께 무엇으로 보답할까 (116:12)

어느 날 예수님이 바리새인의 집에서 식사를 하고 있었습니다. 그 동네에 사람들에게 알려진 '죄를 지은 한 여인', 즉 창녀로 추측되는 한 여인이 있었습니다. 그 여인은 아주 귀중한 향유를 담은 옥합을 가지고 예수님 뒤로 다가갔습니다. 그리고 울면서 눈물로 예수님의 발을 적시고 머리털로 예수님의 발을 닦았습니다. 여인은 서슴지 않고 예수님의 발에 입을 맞추고는 옥합을 깨뜨려 비싼 향유를 예수님께 부었습니다(눅 7:36-39). 그녀는 예수님이 베푼 사죄의 은총을 경험했기 때문에 무엇으로도 벅찬 사랑을 다 표현할 수가 없었습니다.

하나님은 기도하는 시인을 죽음의 위기에서 건져주셨고, 감당하기 어려운 큰 고통 중에도 은혜를 베풀어주셨습니다. 어찌 그 은혜를 잊을 것이며, 무엇으로 그 은혜를 다 보답할 수 있겠습니까?
은혜를 체험한 사람에게는 그분을 위해 드리는 삶과 헌신이 전혀 아깝지 않습니다. 아무리 드리고 바쳐도 부족하다 싶은 마음에 부끄러움만 앞섭니다. 오늘도 우리의 고민은 '내가 받은 은혜를 어떻게 다 보답할까?' 하는 것입니다.

▪▪▪ 받은 은혜를 보답하는 삶을 살게 하소서.

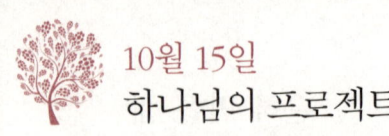

10월 15일
하나님의 프로젝트

**너희 모든 나라들아 여호와를 찬양하며
너희 모든 백성들아 그를 찬송할지어다 (117:1)**

부모는 때때로 아이들에게 이런저런 조언을 합니다. 그러면 아이들은 알아듣고 동의하기도 하지만 대부분의 아이들이 그것을 잔소리라고 생각하여 마음에 담아두지 않습니다. 부모는 아이의 미래를 바라보며 자신의 경험을 함축해 한두 마디 말하지만, 아이들은 부모의 조언을 받아들일 준비가 되어 있지 않는 것이지요. 아직까지는 부모가 바라보는 스케일로 인생을 볼 수 없기 때문입니다. 그러나 세월이 지나 보는 눈이 달라지면 아이들도 깨닫게 됩니다.

하나님은 처음부터 열방을 가슴속에 품고 계셨습니다. 아브라함을 부르실 때도 그 언약 안에 이방인이 포함되어 있었고, 이스라엘을 제사장 나라로 부르실 때도 이방인을 향한 하나님의 마음이 담겨 있었습니다. 그런데 유대인들은 자신들만이 특별한 민족이라는 선민사상에 사로잡혀 있었습니다.
그러나 찬양하는 사람들이 누구입니까? "너희 모든 나라들아!" 유대인만 하나님을 찬양하는 것이 아니라 이방인도 하나님을 찬양합니다. 오랜 세월이 지난 후, 바울 역시 이방인들이 믿음으로 그리스도 안에서 유대인들과 하나가 될 것을 발견하고 기뻐했습니다. 하나님의 시각으로 세상을 보는 것이 선교의 시작입니다.

▸▸▸▸ 하나님의 큰 프로젝트에 동참하게 하소서.

10월 16일
하나님을 내 편으로 만드는 인생

여호와는 내 편이시라 내가 두려워하지 아니하리니 사람이 내게 어찌할까 (118:6)

일본인 신학자 우찌무라 간조는 이렇게 고백했습니다. "나는 약할 때 홀로 산에 들어가 그곳에서 나의 반석이시며 구주이신 여호와 하나님을 기도로 대면합니다. 들어갈 때 심히 약했던 나는 강한 자가 되어 나옵니다." 임종이 가까웠을 때 그는 이렇게 말하기도 했습니다. "만일 하나님께서 내 멋대로 드리는 기도를 다 받아주셨으면 나는 거만하고 인정 없으며 밉살스러운 인간이 되었을 것입니다. 아, 실로 감사합니다. 하나님은 내 영혼을 죄다 물리치시고 내가 원하는 것을 파괴하십니다. 하나님은 내가 원치 않는 길로 나를 이끌어 가시고 나로 하여금 구하지 않는 길로 가게 하사 당신의 뜻을 이루셨습니다."

견디기 힘든 고통이 다가올 때 우리는 어떻게 합니까? 많은 사람들이 보이지 않는 하나님보다 눈에 보이는 사람들을 의지합니다. 그러나 시인은 보이지 않지만 분명히 자기 편이 되어 도우시는 하나님을 의지하겠다고 고백합니다. 하나님의 도우심을 바라고 기도하는 사람은 어려운 환경이나 괴롭히는 사람을 두려워하지 않습니다. 하나님을 내 편으로 만드는 인생이야말로 어떤 사람 앞에서도 당당할 수 있고, 어떤 환경에서도 행복할 수 있습니다.

기도를 통해 하나님을 내 편으로 만들게 하소서.

10월 17일
잃어버려서는 안 될 인생 자산

내게 의의 문들을 열지어다 내가 그리로 들어가서 여호와께 감사하리로다 (118:19)

하나님은 '찬송 중에 거하시는 분'입니다(시 22:3). 하나님은 '영과 진리로 예배하는 자'를 찾으십니다(요 4:23). 예배는 인간의 존재 목적이요, 예배하는 삶이야말로 하나님의 은혜와 능력 안에 살아가는 비결입니다. 야곱은 단점과 허물이 많았지만 가는 곳마다 예배하는 삶을 살았습니다. 다윗 역시 하나님 앞에 예배하는 행복을 알았기에 성막을 소중하게 여겼고, 성전을 짓고자 갈망했습니다. 예배는 성도의 삶에서 잃어버려서는 안 될 소중한 인생 자산입니다.

시인은 "의의 문"이 열릴 것을 기대합니다. "그리로 들어가 여호와께 감사"하기 위해서입니다. 시인은 원수에게 쫓겨 다니느라 성전에 들어가서 하나님께 예배하는 행복을 놓쳤습니다. 그래서 이제 그런 행복을 다시 회복하기를 소망하고 있습니다. 여기서 "의의 문"은 승리의 개선문을 나타내는 예루살렘 문으로 해석하기도 하고, 하나님께서 요구하시는 수준의 의를 의미하는 것으로 보기도 합니다. 그러나 하나님과의 교제를 나눌 수 있는 성전 문을 가리키는 것으로 보는 게 더 낫습니다. 의의 문을 열고 하나님께 나아가서 감사의 제사를 드리는 것이야말로 그 무엇과도 바꿔서는 안 될 인생 자산입니다.

▪▪▪ 하나님의 임재 앞으로 나아가는 삶을 누리게 하소서.

10월 18일
버린 돌과 모퉁이 돌

**건축자가 버린 돌이 집 모퉁이의 머릿돌이 되었나니
이는 여호와께서 행하신 것이요 우리 눈에 기이한 바로다 (118:22-23)**

공원에 버려진 자전거가 예술가의 손에 들어가면 엄청난 가치를 지닌 작품으로 탄생합니다. 다른 사람에게는 의미 없이 버려지는 돌도 조각가의 손에 잡히면 아름다운 예술품이 됩니다. '나는 아무 짝에도 쓸모없는 인간이야.' 하고 생각하면서 스스로 자신의 인생을 방치한 요한 세스바찬 바하(Johann Sebastian Bach, 1685~1750)도 하나님의 손에 이끌려 위대한 음악가로 탄생했습니다. 세상에서 가장 탁월한 예술가이신 하나님은 쓸모없는 자를 아름다운 그릇으로 빚어 새롭게 사용하십니다.

어떤 건축가가 집을 짓는데, 발에 걸리적거리는 돌이 하나 있었습니다. 아주 흔한 돌인지라 귀하게 다루지도 않았습니다. 귀찮아서 발로 밀어놓기도 하고, 피곤하면 앉아서 쉬기도 했습니다. 그런데 하나님은 그 돌을 건물을 짓는 데 아주 요긴한 머릿돌로 삼으셨습니다.
예수님은 사람들에게 멸시와 천대를 받았습니다. 그러나 하나님은 그분을 인류를 구원하는 주춧돌로 삼으셨습니다(마 21:42, 행 4:11, 벧전 2:7). 이 놀라운 일은 하나님의 구원의 은총에서 비롯된 것입니다. 하나님께서 하시고자 하면 아무리 부족한 우리도 그분 손에서 최고의 작품으로 사용될 수 있습니다.

▪▪▪ 무가치한 내게도 아름다운 그릇으로 사용되는 영광을 주소서.

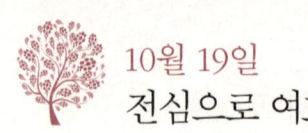

10월 19일
전심으로 여호와를 구하라

여호와의 증거들을 지키고 전심으로 여호와를 구하는 자는 복이 있도다 (119:2)

61세부터 90세까지 한국에서 의료선교사로 사역한 레나 벨 로빈슨(Lenna Belle Robinson, 1904~2009) 선교사가 있습니다. 그녀는 아침에 일찍 일어나 성경 한 구절을 묵상하곤 했습니다. 성경을 앞에 두고 하나님의 말씀에 귀를 기울이던 그녀는 이렇게 말했습니다. "하나님은 항상 저를 만나주셨어요. 그분은 저를 지극히 사랑하셨지요! 제가 하루 일과 중에 하는 모든 일은 매일 아침 제게 말씀해 주신 아버지께 대한 제 사랑의 응답이랍니다." 그녀는 104세의 나이로 하나님 품에 안겼습니다. 그녀는 전심으로 하나님의 말씀을 따랐습니다.

하나님은 성경을 통해 자신의 음성을 들려주시고 우리를 만나주십니다. 사도 요한은 말합니다. "이 예언의 말씀을 읽는 자와 듣는 자와 그 가운데에 기록한 것을 지키는 자는 복이 있나니 때가 가까움이라"(계 1:3). 박해 시기인 당시에 하나님의 말씀을 읽고 듣고 지키는 것은 너무도 어려운 일이었습니다. 그러나 그렇게 살아간 사람들은 지금도 하나님 앞에서 무궁한 영광 속에 살아갑니다. '전심으로 여호와를 구하는 것' 이야말로 축복을 누릴 수 있는 필수항목입니다. 이 순간에도 말씀을 듣고 그 말씀을 지키며 여호와를 구하는 자들이 진정한 복을 차지할 것입니다.

■■■ 말씀에 순종함으로 하나님을 전심으로 구하게 하소서.

10월 20일
청년은 무엇으로 사는가

**청년이 무엇으로 그의 행실을 깨끗하게 하리이까
주의 말씀만 지킬 따름이니이다 (119:9)**

어느 날, 빌립은 친구인 나다나엘을 예수님께 안내했습니다. 나다나엘을 처음 보신 예수님은 이렇게 말씀하셨습니다. "이는 참으로 이스라엘 사람이라 그 속에 간사한 것이 없도다"(요 1:47). 예수님은 나다나엘이 무화과나무 아래 있는 것을 보았습니다. 무화과나무는 나다나엘의 아주 개인적인 장소였습니다. 탈무드에 따르면 무화과나무 아래는 공부하기 좋은 장소였습니다. 나다나엘은 무화과나무 아래서 열심히 토라를 읽고 진리를 찾던 구도자였습니다. 그는 하나님이 약속하신 메시아를 애타게 기다리며 기도하던 청년이었습니다.

청년은 많은 가능성이 있고 열정으로 가득하지만, 또한 유혹에 흔들리기 쉬운 존재입니다. 욕망에 비해 그것을 통제할 만한 성숙한 인격은 부족한 시기이기도 합니다. 이러한 청년을 바른 길로 안내하고 그 행실을 깨끗하게 유지하도록 하려면 하나님의 말씀에 순종해야 합니다. 세상의 급물결에 휩싸이지 않고 자신을 이기며 사탄의 사탕발림을 거부하기 위해서는 하나님 말씀에 붙들려 살아야 합니다. 하나님의 말씀에 주력하는 청년에게는 어려운 시대에 진정한 경쟁력이 있습니다.

■■■ 진리의 말씀을 가까이하므로 순결하게 살아가게 하소서.

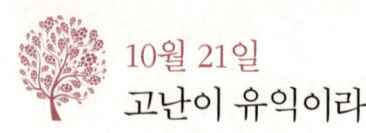

10월 21일
고난이 유익이라

**고난당한 것이 내게 유익이라
이로 말미암아 내가 주의 율례들을 배우게 되었나이다 (119:71)**

서울대 치대의 김태우 교수는 대학 재학 시절 4년 연속 수석을 놓치지 않은 수재였습니다. 그런데 어느 날 아버지가 간암으로 3개월의 시한부를 선고받았습니다. 그는 그때 찾아온 친구에게 전도를 받아 예수님을 영접했습니다.

몇 달이 지나지 않아 둘째 형이 태국 출장 중에 사고로 세상을 떠났습니다. 32세의 나이에 관에 실려 공항으로 들어오는 모습을 본 그는 삶의 허무함을 깨닫고 성경공부를 시작했습니다. 아내까지 암 투병 중 세상을 떠나는 연이은 고난 속에서도 그는 낙심하지 않고 소망을 하나님께 두었습니다. 그가 겪은 고난은 그를 하나님의 말씀으로 몰아갔고, 급기야 진정한 그리스도인으로 우뚝 서게 되었습니다.

몇몇 잘나가는 그리스도인들은 하나님의 말씀을 인생의 '참고서적' 쯤으로 여기며 살아갑니다. 그런데 고난을 당하며 말씀 안에 담긴 보화를 발견하게 되면서 하나님의 말씀이 인생의 '필수품'임을 발견합니다. 그래서 시인은 고난당하는 것이 고통스럽지만, 오히려 인생을 유익하게 하는 하나님의 조처임을 인정합니다. 고난의 현장에서 하나님의 말씀은 평소에 보던 '문자 그대로의' 성경이 아니라 '입체적으로 살아 역사하는' 성경으로 느껴집니다. 그때서야 하나님의 말씀을 배울 준비가 된 것입니다.

▪▪▪ 고난의 때에 하나님의 말씀을 찾게 하소서.

10월 22일
천천 금은보다 좋은 것

주의 입의 법이 내게는 천천 금은보다 좋으니이다 (119:72)

영국의 버트런드 러셀(Bertrand Russell, 1872~1970)은 어려서부터 매우 똑똑했습니다. 어려서부터 교회에 다녔던 그는 총명한 머리로 성경을 많이 읽었습니다. 그런데 그런 해박한 성경 지식을 가지고 쓴 책이 바로 『나는 왜 기독교인이 아닌가』입니다. 그는 성경을 기독교의 허구성을 드러내는 데 사용했습니다. 성경을 너무 많이 알았던 것이 오히려 병이었습니다. 성경 지식은 도리어 그를 교만하게 만들었습니다. 그 교만함으로 예수를 믿지 않고 기독교를 우습게 보았습니다. 성경은 살아 있지만 진리를 꿰뚫어보지 못하는 사람에게는 무용지물입니다.

고대로부터 사람들은 금이나 은을 귀하게 여겼습니다. 금과 은은 부유함의 상징이자 대표적인 축재 수단이었습니다. 그런데 시인은 하나님의 말씀이 천천의 금은보다 더 낫다고 고백합니다. 세상에서 귀히 사용하는 금은, 그것도 셀 수 없을 정도로 많은 금은보다 주의 율법이 좋다고 말합니다. 하나님 말씀의 가치를 경험적으로 발견한 사람만이 할 수 있는 고백입니다. 하나님의 말씀은 금은이 줄 수 없는 인생의 지혜를 제공해 줍니다. 하나님이 주신 지혜는 어떤 문제 앞에서도 우리를 보호해 줍니다. 금이나 은이 할 수 없는 것들을 가능케 합니다.

▪▪▪ 진리의 가치를 제대로 아는 지혜자가 되게 하소서.

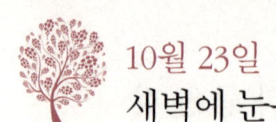
10월 23일
새벽에 눈을 뜨는 이유

주의 말씀을 조용히 읊조리려고 내가 새벽녘에 눈을 떴나이다 (119:148)

누구나 한두 번쯤은 경험해 보았을 것입니다. "잠이 오지 않아서 혼났어. 이리저리 뒤척이는데 도대체 잠이 와야지." 때로는 새벽녘에 잠을 깨는 경우도 있습니다. 너무 이른 시간에 잠을 깼으니 무엇을 하겠습니까? 잠이 오지 않을 때 우리는 무엇을 합니까? 비록 의지와 상관없이 눈 뜨게 된 새벽이지만, 그때 하나님의 말씀을 조용히 읊조리는 시간을 가지면 어떨까요? 새벽에 뜨인 눈에 진리의 창고를 열어주신다면 얼마나 행복하겠습니까?

시인은 불면증 때문에 새벽에 깬 것이 아닙니다. 조용한 시간에 하나님의 음성을 듣기 위해 의도적으로 일어난 것입니다. 그에게는 하나님 말씀에 대한 갈망이 있었습니다. 하나님의 뜻을 발견하고 싶은 욕망이 있었습니다. 하나님의 마음을 느껴보고 싶었던 것입니다. 자신이 걸어가야 할 인생길을 발견하고 싶었고, 부딪히는 인생의 난제들을 어떻게 해결해야 할지 지혜를 얻고 싶었습니다. 하나님의 말씀은 마치 정글과 같다고 합니다. 우리는 정글로 들어가 그곳에 무엇이 있는지 찾아보아야 합니다. 새벽은 진리를 찾으러 정글로 들어가기 가장 좋은 시간입니다.

▪▪▪ 새벽에 진리의 창고를 열게 하소서.

10월 24일
주의 법을 사랑하면

**주의 법을 사랑하는 자에게는 큰 평안이 있으니
그들에게 장애물이 없으리이다 (119:165)**

조지 뮬러(George Muller, 1805~1898)의 아흔 번째 생일이었습니다. 그때 누군가 그에게 "항상 행복하고 기쁨이 넘치는 삶을 살아온 비결이 무엇입니까?" 하고 물었습니다. 그러자 그가 대답했습니다. "두 가지 비결이 있지요. 첫째는 하나님의 은혜로 항상, 날마다 깨끗한 양심을 지키는 것입니다. 둘째 비결은 하나님의 말씀, 성경을 깊이 사랑하는 마음을 잃지 않는 것입니다."

하나님의 사람 다윗은 주의 법에 헌신한 사람이었습니다. 그는 누구보다 하나님의 말씀을 사랑했습니다. 그렇게 하는 것이 때로는 부담으로 느껴질 수도 있습니다. 지식에는 책임이 따르는 법이니까요.
하나님 말씀에 순종하다 보면 손해본다는 느낌이 들 수도 있습니다. 그러나 그렇게 살아가는 것이 안전망이요, 평안을 누리는 비결임을 다윗은 알았습니다. 하나님은 말씀에 순종하는 자들에게 여러 장애들을 뛰어넘을 수 있는 용기와 지혜를 허락하십니다. 주의 법을 따르는 것이 거추장스럽다고 회피한다면 언젠가는 큰 낭패를 보게 될 것입니다.

▪▪▪ 하나님 말씀을 사랑함으로 인생의 행복을 누리게 하소서.

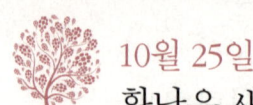

10월 25일
환난은 새로운 출발을 위한 기회

내가 환난 중에 여호와께 부르짖었더니 내게 응답하셨도다 (120:1)

사람들은 환난이 다가오면 어떻게 해서든 피해 보려고 애씁니다. 환난을 당하면 괴롭고 힘들기 때문입니다. 그리고 자기만 힘들다는 생각에 불평하고 원망하는 마음이 앞섭니다. 환난은 분명 인생의 불청객입니다. 그러나 진정한 그리스도인은 환난을 다른 눈으로 바라볼 줄 알아야 합니다. 환난은 우리를 변화시키는 새로운 기회입니다.

환난 속에서 우리는 지난 날을 돌이켜 봅니다. 그리고 과거를 회개하고 기도하기 위해 하나님께 나아갑니다. 이렇게 환난 속에서 우리는 더 강해지고 성장합니다. 환난은 새로운 출발을 위한 기회입니다. 환난이 닥쳐올지라도 용기만 잃지 않으면 다시 일어설 수 있습니다.

시인은 성전에 올라가는 노래에서 환난을 언급합니다. 어쩌면 성전에 오르는 것을 방해하는 사람에게 당하는 환난일 가능성이 큽니다. 그들은 성전에 오르는 것을 조롱합니다. 그래서 괴롭습니다.

환난이 다가올 때 지혜로운 사람은 바로 기도의 처소로 나아갑니다. 하나님께서 응답하실 것을 알고 있기 때문입니다. 기도하면 되는데 왜 실망합니까? 그러나 기도하지 않는 사람은 어리석게도 실망하고 원망합니다.

▪▪▪ 환난을 기도의 처소로 나아가는 기회로 삼게 하소서.

10월 26일
화평에 대항하는 사람

나는 화평을 원할지라도 내가 말할 때에 그들은 싸우려 하는도다 (120:7)

예일대 신학대학원 명예석좌교수인 니콜라스 월터스토프(Nicholas Wolterstorff, 1932~)는 탁월한 저서를 많이 출간했습니다. 그는 1983년에 펴낸 『정의와 평화가 입 맞출 때까지』라는 책에서 이렇게 말합니다. "샬롬, 곧 평화는 정치 경제 학문 예술 등의 활동이 지향해야 할 궁극적 가치요, 우리 삶의 동기다." 그리스도께서 우리에게 가져오신 화평을 지키고 그것을 세상에 전하는 것은 그리스도인의 사명입니다.

하나님의 왕국은 평화의 왕국입니다. 그러나 이 땅은 창조 이래 끊임없는 갈등과 불화를 초래해 왔습니다. 죄가 존재하는 한 진정한 평화는 찾아보기 힘듭니다. 더군다나 세상에는 '화평을 미워하는 자들'이 존재합니다. 하나님의 백성은 그들과 함께 살아가면서 그들과도 화평해야 합니다. 때로는 감정에 맞지 않고 생각에 맞지 않을지라도 화평해야 합니다.
그런데 '화평을 미워하는 자들'은 다릅니다. 하나님의 백성인 우리와 싸우려 합니다. 물론 우리는 죄와 타협할 수 없고, 하나님이 원하시는 일을 포기해서도 안 됩니다. 그들이 살아가는 삶의 스타일을 따라가서도 안 됩니다. 우리는 화평에 대항하는 사람을 하나님께 맡기고 화평의 손을 내밀어야 합니다.

▪▪▪ 화평한 삶으로 예배하는 자가 되게 하소서.

10월 27일
산을 향해 눈을 드는 인생

**내가 산을 향하여 눈을 들리라 나의 도움이 어디서 올까
나의 도움은 천지를 지으신 여호와에게서로다 (121:1-2)**

한국교육방송공사 경영본부장을 지낸 이덕선 장로님은 새벽기도를 열심히 할 수밖에 없었던 이유에 대해 이렇게 말했습니다. "도움을 줄 만한 사람이 없었기 때문입니다. 부모님은 일찍 세상을 떠났지요, 동생들은 줄줄이 있지요. 친척도 친지도 아무도 나를 도와줄 사람이 없었습니다. 나는 도움받을 사람이 아무도 없고 의지할 것이 없었기 때문에 하나님만 의지했습니다. 새벽에 하나님께 나아가 기도할 수밖에 없었고, 그분만 믿을 수밖에 없었습니다. 여행할 때도 새벽기도를 빠뜨리지 않았습니다."

시인은 지금 겹겹이 둘러싸여 있어 빠져나갈 틈이 없습니다. 그렇다고 절망할 수는 없습니다. 천지를 지으신 여호와께서 도우실 것을 확신하기 때문입니다. 그는 소망을 갖고 성전이 있는 산을 향해 고개를 듭니다.
절망적인 상황에서 빠져나가는 것은 자신의 능력과 지혜가 아닙니다. 하나님의 절대적인 도움으로 가능합니다. 그러니 도우실 그분에게 호소하지 않을 수 있겠습니까? 절망하지 않고 도움주실 하나님을 바라며 산을 향해 얼굴을 드는 것이 중요합니다.

■■■ 절망 중에 고개를 떨구지 말고 하나님을 향해 눈을 들게 하소서.

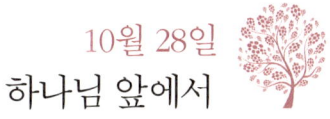

10월 28일
하나님 앞에서

이스라엘을 지키시는 이는 졸지도 아니하시고 주무시지도 아니하시리로다 (121:4)

중대한 일이 눈앞에 있을 때 사람들은 긴장감을 어떻게 풉니까? 어떤 사람은 한숨 자고 일어나서 한다며 잡니다. 또 어떤 사람은 무슨 일이 있어도 할 일은 끝내놓고 잘 거라면서 밤을 지새워 일을 끝냅니다.
그러나 독한 마음으로 일을 끝내려 하지만 자신도 모르게 잠드는 경우가 있습니다. 그러면 다음날 아침 눈을 떴을 때 허탈감에 빠지게 됩니다. 이것이 인간의 한계지요. 사람이 최선을 다할지라도 그 걸음을 지키고 완성하시는 분은 주님이십니다.

시인을 실족하게 만드는 환난이 있습니다. 그런데 '이스라엘을 지키시는 이'가 계시기 때문에 시인은 당당할 수 있습니다. 그분은 모든 환난을 면할 수 있도록 철저하게 지켜주십니다.
환난 자체를 바라보면 두렵습니다. 그러나 우리를 지키시기 위해 준비하고 계시는 하나님을 바라보면 용기가 납니다. 그분은 졸지도 않고 주무시지도 않으면서 24시간 철통수비를 하십니다. 하나님 백성의 삶은 환난 없는 삶이 아니라, 환난 앞에서도 하나님의 열심과 그 능력 덕분으로 살아가는 삶입니다.

▪▪▪ 환난의 때 도우시는 하나님의 열심을 기억하게 하소서.

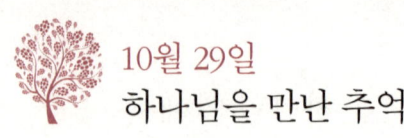

10월 29일
하나님을 만난 추억

사람이 내게 말하기를 여호와의 집에 올라가자 할 때에 내가 기뻐하였도다 (122:1)

조지 휫필드는 옥스퍼드대학 시절 학교 근처에 있는 숲에서 기도하다 하나님의 큰 은혜를 체험했습니다. 그 후 그는 학교에 갈 때마다 혼자 몰래 그곳에 가보곤 했습니다. 조나단 에드워즈(Jonathan Edwards, 1703~1758) 역시 하나님의 큰 은혜를 체험한 적이 있습니다. 그는 말을 타고 숲을 지나다가 성령체험을 했습니다. 하나님의 영광이 얼마나 강렬한지 거기 계속 있다가는 죽을 것만 같았습니다. 그 영광 앞에서 울면서 얼마나 기도했는지 모릅니다.
이들의 입술에서 자동적으로 흘러나오는 찬송이 있습니다. "세상과 나는 간 곳 없고 구속한 주만 보이도다."

절기가 다가오고 있었습니다. 유대인들은 1년에 세 차례 절기가 되면 예루살렘 성전을 오릅니다. 친구가 찾아와서 예루살렘을 방문하자고 합니다. 순간 시인의 가슴은 두근거리기 시작했습니다. 왜 그랬을까요? 예루살렘 성전에서 하나님께 기도하고 찬송하던 영적인 경험이 있기 때문입니다. 다시 성전에서 제사 드리는 기쁨, 하나님을 만나는 체험을 하고 싶은 마음에 가슴이 벅차올랐습니다. 하나님의 은혜가 고마워 눈물 흘리며 밤새 기도하고 찬송하던 영적인 추억의 장소로 돌아가는 것은 영적 회복의 기회입니다.

■■■ 영적 추억을 더듬으며 영적 회복의 길을 걷게 하소서.

10월 30일
평안을 원하는 사람

**예루살렘을 위하여 평안을 구하라
예루살렘을 사랑하는 자는 형통하리로다 (122:6)**

예수님은 귀신의 능력을 힘입어 기적을 일으킨다고 몰아세우는 사람들에게 말씀하셨습니다. "스스로 분쟁하는 나라마다 황폐하여지며 스스로 분쟁하는 집은 무너지느니라"(눅 11:17). 분쟁하는 나라나 집은 스스로 망하고 맙니다. 교회도 서로 나뉘어 싸우면 은혜와 축복이 떠나갑니다. 그러기에 나라가 평안하고, 가정에 분쟁이 없고, 교회가 다툼이 없는 것은 백성과 가족의 행복을 위한 필수 요소입니다.

이스라엘 백성들에게 예루살렘은 정치, 종교, 문화, 교육의 중심지입니다. 예루살렘은 모든 백성에게 공의로운 재판을 수행할 공의의 도시이자 하나님의 말씀이 흘러나오는 시온성입니다. 유대인의 모든 관심은 예루살렘에 집중되어 있습니다.

그래서 예루살렘을 사랑하는 사람은 예루살렘의 평안을 위해 기도합니다. 예루살렘의 평안이 깨지면 축복의 통로가 막히고 행복의 근원이 사라지게 됩니다. 우리는 사탄이 공동체에 다툼이나 분쟁의 씨를 뿌리지 않도록 늘 깨어 기도해야 합니다. 개인의 평안과 행복은 그가 속한 공동체와 연결되어 있기에 그렇습니다.

▪▪▪ 한반도와 우리가 사는 지역에 평안을 주소서.

10월 31일
은혜를 구하는 눈

상전의 손을 바라보는 종들의 눈 같이, 여주인의 손을 바라보는 여종의 눈 같이
우리의 눈이 여호와 우리 하나님을 바라보며
우리에게 은혜 베풀어 주시기를 기다리나이다 (123:2)

세상에는 잡초 같은 인생을 살아가는 사람들의 가슴 아픈 이야기가 많이 있습니다. 아무도 그들에게 관심 가져주지 않고 도와주지도 않습니다. 그들은 여기저기서 사람들에게 짓밟혀 한가득 상처를 안고 살아갑니다. 마음대로 안 되는 세상을 신음하며 살아가는 인생에게 희망은 어디 있을까요? 그들에게 희망은 하나님이 베푸시는 은혜뿐입니다. 마치 부모가 가장 연약한 아이에게 가장 큰 사랑과 관심을 쏟듯, 하나님은 상처 많고 연약한 인생들의 호소와 기도에 가장 먼저 귀를 기울이고 은혜를 베푸십니다.

고대사회에서 주인은 노예에게 손가락 하나로 모든 것을 지시했습니다. 그래서 종들은 주인의 손가락을 주시해야만 했습니다. 종은 주인의 아주 자그마한 동작 하나라도 놓여져라 주시합니다. 주인에게서 어떤 혜택을 고대하기 때문입니다.

어떤 신학자는 말합니다. "종들은 그들의 손을 가슴에 댄 채 주인의 발아래 조용히 앉아 있다. 그리고 눈을 주인에게 고정시킨 채 주인이 어떤 바람을 들어주기를 고대하고 있다." 마찬가지로 시인의 눈은 하나님의 손을 향하고 있습니다. 오로지 하나님만을 바라보면서 은혜를 고대하고 있습니다.

▪▪▪ 우연이 아닌 하나님의 도우심을 바라보는 눈을 갖게 하소서.

November | Daily Bible of the Psalms

말씀으로 시작하는 아침 11월

"파수꾼이 아침을 기다림보다 내 영혼이 주를 더 기다리나니
참으로 파수꾼이 아침을 기다림보다 더하도다"
- 시 130:6

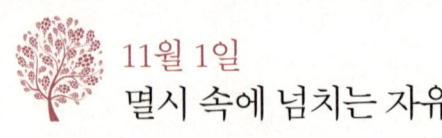

11월 1일
멸시 속에 넘치는 자유

**여호와여 우리에게 은혜를 베푸시고 또 은혜를 베푸소서
심한 멸시가 우리에게 넘치나이다 (123:3)**

베드로의 후임으로 안디옥교회의 목자로 사역한 이그나티우스는 이런 말을 남겼습니다. "지금 나는 제자가 되고 있습니다. 나는 아무것에도, 그것이 보이는 것이든 보이지 않는 것이든 전혀 관심이 없습니다. 이렇게 함으로써 나는 그리스도를 얻으려는 것입니다. 나를 불에 태우고, 십자가형에 처하고, 야수들의 먹이가 되게 하고, 뼈를 부러뜨리고, 손발을 찢고, 몸을 가루로 만들어 보십시오. 모든 마귀의 공격이 내 위에 임하게 해보십시오. 그것을 통해서도 나는 예수 그리스도만을 얻기 원합니다!" 그는 실제로 시리아에서 로마로 송환되어 야수들에게 던져져 순교했습니다. 그는 으르렁거리는 사자의 소리를 들었을 때 이렇게 고백했습니다. "나는 그리스도의 밀알입니다. 내 몸은 야수들의 이빨과 더불어 흙이 될 것입니다. 그리하여 순수한 빵을 낼 것입니다."

시인은 극심한 핍박을 받고 있습니다. 노예생활은 육체적인 고통도 심하지만 정신적이고 영적인 고통이 더 심합니다. 견디기 힘들 정도의 멸시가 있습니다. 그러나 시인은 자유롭습니다. 은혜 베푸실 하나님을 신뢰하기 때문입니다. 아무리 힘들지라도 도우시는 하나님께 간구할 수 있기 때문입니다.

▪▪▪ 심한 멸시 속에서도 넘치는 자유를 맛보게 하소서.

11월 2일
찬양하는 나그네

우리를 내주어 그들의 이에 씹히지 아니하게 하신 여호와를 찬송할지로다 (124:6)

1521년 독일 황제 카를 5세는 '보름스 칙령'을 선포했습니다. 루터는 범죄자로 정죄되었습니다. 앞으로 무슨 일을 당할지 알 수 없는 위기에 처했습니다. 그러나 하나님은 악인의 손에 의인을 그냥 맡겨두시지 않으셨습니다. 이때 작센 주의 선제후 프리드리히는 '납치극'을 벌여 루터를 그의 영지 바르트부르크(Wartburg) 성채로 피신시켰습니다. 루터는 이 성채에서 가명을 쓰고 머리와 수염을 길게 길러 변장을 한 채 10개월 동안 도피 생활을 했습니다. 겉으로 보면 고통과 시련의 기간이었지만, 사실은 은총이 가득한 나날들이었습니다. 그는 이때 성경번역에 집중해서 12주 만에 신약성경 전체를 번역하기도 했습니다. 악한 사람이 주는 고통 속에서도 하나님은 당신의 뜻을 이루고자 의인을 위해 일하십니다.

시인은 자신을 '씹어 죽이려는 악한 자의 횡포' 앞에 서 있습니다. 으르렁거리는 사자의 이빨을 바라보면서 두려워 떨기도 했습니다. 그러나 그는 하나님을 찬양합니다. "하나님은 나를 그들의 이에 씹히지 않게 하셨습니다." 그렇습니다. 천성을 향해 가는 성도들도 남모르는 탄식의 밤을 맞습니다. 그러나 하나님은 원수들의 입을 봉하셔서 우리를 해하지 못하도록 보호하십니다. 다니엘과 그의 친구들의 경험은 오늘도 우리에게 계속됩니다.

▪▪▪ 어떤 환경 속에서도 하나님을 믿고 찬양하며 살게 하소서.

11월 3일
위험에서 건지시는 하나님

**우리의 영혼이 사냥꾼의 올무에서 벗어난 새 같이 되었나니
올무가 끊어지므로 우리가 벗어났도다 (124:7)**

다윗은 사울을 피해 라마 나욧으로 도망갔습니다. 라마 나욧은 선지자 학교와 함께 당시에 위대한 영적 지도자요 선지자였던 사무엘이 있는 곳입니다. 사무엘은 다윗에게 왕으로 기름을 부었던 사람입니다. 그렇기에 다윗은 그곳에 가면 사무엘이 든든한 방패막이 될 것으로 생각했습니다. 그러나 다윗을 안전하게 보호한 것은 사무엘이 아니라 하나님이었습니다. 하나님은 사울이 세 번씩이나 보낸 군사들에게 성령을 부어주어 예언을 하게 하셨고, 나중에 다윗을 잡기 위해 직접 나선 사울에게도 동일한 경험을 하게 하셨습니다. 결국 사울이 노렸던 다윗의 생명 취하기는 실패로 돌아갔습니다.

다윗은 마치 '사냥꾼의 올무'에 죽게 된 새처럼 위협을 받고 있습니다. 그들은 치밀하게 준비해서 다윗의 생명을 해하려고 시도합니다. 그런데 놀랍게도 사냥꾼의 올무가 끊어지고 말았습니다. 물론 하나님이 하신 일입니다. 낭떠러지 앞에 있을지라도 하나님이 간섭하시는 인생은 안전합니다. 하나님은 치밀하게 쳐놓은 올무를 무용지물이 되게 하십니다. 한 순간도 방심하지 않는 지혜도 중요하지만, 하나님의 간섭을 기대하는 것이 더 소중합니다.

*** 악한 자의 올무를 끊어 자유로운 새가 되게 하소서.

11월 4일
하나님께 맡기라

우리의 도움은 천지를 지으신 여호와의 이름에 있도다 (124:8)

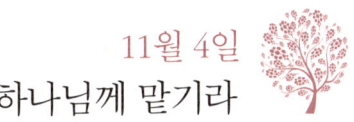

미국 댈러스 시에서 있었던 일입니다. 여섯 살쯤 되어 보이는 아이가 큰 트랙터를 몰고 시내에 나타났습니다. 아이가 잘못 핸들을 돌리면 길옆의 사람이나 차를 받을 뻔한 위험천만한 상황이었습니다. 마침 경찰차가 사이렌을 울리며 달려와 지나던 차들이 모두 멈춰 섰습니다. 경찰이 트랙터를 세우고 무슨 영문인지 확인해 보았더니, 사실은 어린아이가 운전한 것이 아니라 아이의 아빠가 아이를 어깨에 태운 채 트랙터를 운전했던 것입니다. 그런데 그것이 마치 어린아이가 운전하는 것처럼 보였던 것입니다.

우리는 인생을 살아가면서 마치 우리가 인생의 핸들을 잡고 운전하는 것으로 착각합니다. 그러나 우리 인생의 핸들은 하나님 아버지께서 잡고 계십니다. 그것을 시인할 때 우리 인생은 평안을 누릴 수 있습니다.
시인이 "네 짐을 여호와께 맡기라 그가 너를 붙드시고 의인을 요동함을 영원히 허락하지 아니하시리로다"(55:22)라고 노래한 것같이, 우리는 하나님을 신뢰하고 하나님의 뜻에 순종하는 삶을 살아야 합니다.

❋❋❋ 하나님께 모든 것을 맡기고 전적으로 순종하게 하소서.

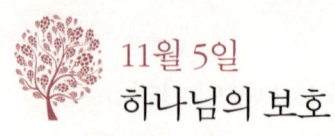

11월 5일
하나님의 보호

여호와를 의지하는 자는 시온 산이 흔들리지 아니하고 영원히 있음 같도다 (125:1)

'이런 사람도 흔들릴까?' 라고 생각되는 사람이 흔들리는 모습을 자주 봅니다. "나는 평생 병원 문 앞에도 안 가 봤다"고 장담하던 사람도 어느 날 갑자기 찾아간 병원에서 다시 걸어 나오지 못하고 싸늘한 시체로 나오는 것을 봅니다. "나는 시험에 한 번도 떨어져 본 적이 없다"고 호언장담하던 사람도 치명적인 낙방을 경험합니다. 이 세상을 살아가는 모든 사람들이 한 순간에 흔들릴 수 있습니다.

일반적으로 '산'은 흔들리지 않는 견고함을 상징합니다. 그래서 시인은 산이 '흔들리지 않고 영원히 있다'고 말합니다. 그렇다면 더욱이 시온산은 어떻겠습니까? 시온산은 예루살렘에 있는 큰 바위산입니다. 아무리 강한 힘을 가진 사람도 큰 바위산을 없앨 수는 없습니다. 시온산이 흔들리지 않는 것은 바위산 자체의 힘이라기보다는 하나님이 보호하시기 때문입니다.

그렇다면 과연 어떤 사람이 흔들리지 않는 하나님의 보호를 받을까요? '여호와를 의지하는 사람'입니다. 그것은 외부의 공격이 없기 때문이 아니라 하나님이 안전하게 보호하시기 때문입니다. 일상 속에서 하나님의 보호를 받는 것보다 행복한 삶은 없습니다.

*** 매사에 하나님이 보호하시는 은혜가 넘치게 하소서.

11월 6일
하나님이 선대하시는 사람

**여호와여 선한 자들과 마음이 정직한 자들에게 선대하소서 자기의 굽은 길로
치우치는 자들은 여호와께서 죄를 범하는 자들과 함께 다니게 하시리로다
이스라엘에게는 평강이 있을지어다 (125:4-5)**

세상에는 선인과 악인이 공존합니다. 때로는 악인들이 잘되는 것 같아 화가 나는 경우도 있습니다. 어떤 사람들은 악인들의 형통함을 보면서 부러워하기도 합니다.

그러나 악인의 형통함은 모래성 쌓기와 같습니다. 모래성은 아무리 아름답고 튼튼하게 쌓아도 거대한 파도 한 번이면 한 순간에 다 무너져 흔적도 없이 사라집니다. 그러기에 선인이 받는 잠깐의 고난과 악인이 누리는 임시적인 형통에 속지 말아야 합니다.

시인은 하나님께 간구합니다. '선인과 마음이 정직한 사람에게 선을 행하소서!' 시인은 공의로우신 하나님의 선한 판단을 붙듭니다. 세상의 부귀와 권력을 얻기 위해 굽은 길로 치우치는 악인들은 욕심 때문에 죄를 범하는 사람들과 자꾸 어울립니다. 바른 길을 싫어하고 악인과 함께 금지된 굽은 길을 걷는 사람들은 결코 오래 갈 수 없습니다.

어떤 자에게 평강이 주어집니까? 악인에게 고통을 받을지라도 하나님을 신뢰하고 충성하는 선인과 정직한 마음을 갖고 사는 사람에게 평강이 주어집니다. 악인들에게 곤란을 당해도 하나님이 선대하시는 인생은 오래 갑니다.

하나님이 선대하시는 인생길을 걷게 하소서.

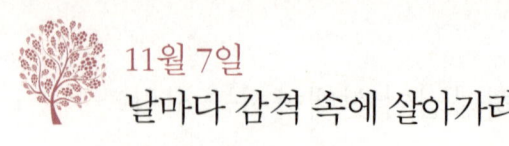

11월 7일
날마다 감격 속에 살아가라

여호와께서 시온의 포로를 돌려 보내실 때에 우리는 꿈꾸는 것 같았도다 (126:1)

삼성경제연구소에서 '한국인의 삶 만족도'를 조사하기 위해 설문조사를 실시했습니다. "당신은 행복하십니까?" 이 질문에 한국인 70퍼센트 이상이 "나는 불행하다"고 답했습니다. 자신의 인생이 불행하다고 느끼는 사람들의 가장 극단적인 선택이 바로 자살입니다. 한국의 자살률은 10만 명당 23.0명으로 OECD(경제협력개발기구) 국가 중 1위입니다. 어느새 우리의 삶에 빨간불이 켜졌습니다. 이런 삶에서 어떻게 감격을 찾아볼 수 있을까요?

여호와께서는 이스라엘 백성들을 바벨론의 포로가 된 지 70년 만에 다시 돌려보내주셨습니다. 마음대로 하나님께 예배할 수도 없었던 노예생활에서 이제 자유의 몸이 되었습니다. 해방된 노예들은 정말이지 꿈꾸는 것 같습니다. 당시 노예들은 상당한 값을 지불하고서야 자유인이 되었는데, 이스라엘 백성들은 어떤 대가도 지불하지 않고 자유로워진 것입니다. 체념과 포기 상태에 있던 그들에게 해방의 소식은 웃음과 찬양이 터져 나오게 했습니다.
예수님은 십자가의 죽음으로 저주의 속박을 끊으셨습니다. 물론 우리는 자유인의 삶으로 나아가는 데 어떤 대가도 지불하지 않았습니다. 그분은 우리가 자유인으로 날마다 감격 속에 살아가기를 기대하실 뿐입니다.

■■■ 고통스러운 삶이 아닌 감격 속에 살게 하소서.

11월 8일
아름다운 열매를 맺으려면

**울며 씨를 뿌리러 나가는 자는
반드시 기쁨으로 그 곡식 단을 가지고 돌아오리로다 (시 126:6)**

앤더스 에릭슨은 미국 플로리다주립대 심리학 교수입니다. 그는 천재들을 연구한 결과 "천재는 태어나는 것이 아니라 만들어진다"고 주장했습니다. 그의 연구에 의하면, 천재는 1퍼센트의 영감, 70퍼센트의 땀, 그리고 29퍼센트의 좋은 환경과 가르침으로 만들어집니다.
예술과 과학 분야에서 크게 성공한 인물들의 지능지수를 관찰했습니다. 그런데 놀라운 것은 그들의 지능지수는 보통사람들보다 약간 높은 115~130인 것으로 나타났습니다. 결국 천재들이 반드시 남보다 뛰어난 머리를 가지고 태어나는 것은 아니라는 것입니다. 오히려 그들의 눈물겨운 노력이 연료가 되어 남들보다 더 많은 잠재력을 발휘하는 것입니다.

농부는 힘들어도 밭에 나가 땀과 눈물을 흘리며 씨를 뿌려야 합니다. 열매는 말로 맺을 수 없으니까요. 삶의 현장으로 나가 애써 노력하는 사람만이 기쁨으로 곡식 단을 가지고 돌아올 수 있습니다.
열심히 공부하는 사람이 좋은 성적을 얻고, 남보다 더 열심히 일하는 사람이 직장에서 인정을 받습니다. 놀고 먹으려는 공짜심리는 버려야 합니다. 인생이나 영적인 삶에서도 정당하게 노력하는 자가 열매를 얻는 법입니다.

■■■ 기쁨의 열매를 얻기 위해 땀 흘리며 수고하게 하소서.

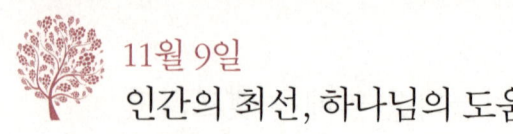

11월 9일
인간의 최선, 하나님의 도움

여호와께서 집을 세우지 아니하시면 세우는 자의 수고가 헛되며
여호와께서 성을 지키지 아니하시면 파수꾼의 깨어 있음이 헛되도다 (127:1)

영국의 넬슨 제독과 프랑스의 나폴레옹은 전쟁의 영웅입니다. 그러나 두 사람은 대조적인 지휘관이었습니다. 한번은 나폴레옹이 전쟁에 나가려는데 부하가 청했습니다. "각하, 목사님을 모셔다가 기도한 후 나가시지요." 그러나 나폴레옹은 거부했습니다. "그런 건 필요 없어. 전쟁은 내가 하는 것이지 하나님이 하는 게 아니야. 전쟁과 하나님은 아무 상관이 없어." 나폴레옹은 전쟁에서 패했습니다. 그러나 넬슨 제독은 달랐습니다. 전쟁에 나갈 때마다 성경을 암송했습니다. "여호와께서 집을 세우지 아니하시면 세우는 자의 수고가 헛되며 여호와께서 성을 지키지 아니하시면 파수꾼의 깨어 있음이 헛되도다" 그리고 군목과 함께 갑판 위에서 무릎 꿇고 기도했습니다. 그는 전쟁에서 승리했습니다.

훌륭한 기술자가 짓는 집보다 '여호와께서 세우는 집'이 튼튼합니다. 파수꾼의 철통수비보다 하나님의 보호가 더 안전합니다. 사람의 능력과 지혜에는 한계가 있습니다. 물론 인간이 할 수 있는 최선의 노력을 해야 합니다. 그러나 좋은 결과를 맺을 수 있는 하나님을 의지하고, 그분의 도우심을 받아야 합니다. 그것이 지혜로운 인생건축입니다.

■■■ 최선을 다하지만, 언제나 하나님의 도우심을 먼저 의지하게 하소서.

11월 10일
자식은 하나님의 상급

보라 자식들은 여호와의 기업이요 태의 열매는 그의 상급이로다 (127:3)

자녀 때문에 행복합니까? 혹시 골치를 앓고 있지는 않습니까? 자녀 때문에 눈물 흘려보지 않은 사람은 없을 것입니다. 그러나 그 눈물은 매우 아름다운 눈물입니다. 모니카는 방탕했던 어거스틴 때문에 오랫동안 눈물어린 기도를 했습니다. 어거스틴은 고백록에서 이렇게 기록합니다. "오늘의 제가 있는 것은 모두 어머니의 덕택입니다. 어머니는 한 남편의 아내였고, 부모님께 순종하는 딸이었습니다. 집안을 경건하게 다스렸고, 착한 일을 하여 칭찬받았으며, 자식들이 당신의 길에서 떨어져 나가는 것을 볼 때는 산고를 겪는 듯한 괴로움을 온몸으로 느끼며 그들을 길러냈습니다."

자녀는 하나님이 주신 유업이고 축복이며 상급입니다. 가정의 혈통은 자녀에 의해 이어져갑니다. 하나님은 자녀를 양육하고 훈련하도록 우리에게 맡겨주셨습니다. 그러기에 자녀는 우리의 소유물이 아닙니다. 우리는 청지기에 불과합니다. 자녀들이 말썽을 부릴 때는 상급이라는 생각이 들지 않을 수도 있습니다. 그러나 자녀는 부모의 영광입니다. 그래서 장사의 수중의 화살과 같다고 비유합니다. 우리는 자녀를 하나님이 우리를 보시는 것처럼 사랑의 눈으로 바라보아야 합니다.

■■■ 자녀에 대한 바른 가치관을 갖게 하소서.

11월 11일
복을 복으로 아는 지혜

**여호와를 경외하며 그의 길을 걷는 자마다 복이 있도다
네가 네 손이 수고한 대로 먹을 것이라 네가 복되고 형통하리로다 (128:1-2)**

세상에는 변칙을 좋아하는 사람들이 많습니다. 바른 길을 걸어가면 필경 손해 본다고 생각합니다. 사람들은 말합니다. "세상에 털어서 먼지 안 날 사람이 어디 있어?" 그렇습니다. 기업하는 사람, 하다못해 자그마한 구멍가게를 운영하더라도 변칙을 하지 않고는 살 수 없다고 합니다. 탈세하지 않고 세상을 살아가는 것이 어렵다는 이야기입니다. 그렇다면 하나님의 사람들도 그 길을 걸어야 할까요?

시인은 잘 알고 확신하고 있습니다. "여호와를 경외하며 그의 길을 걷는 자마다 복이 있도다" 과연 쉬운 고백일까요? 하나님을 두려워하고 하나님의 말씀이 지시하는 대로 살아가자면 손해를 볼 때가 한두 번이 아닙니다. 그러나 잠깐은 어려움을 당하고 고난을 당할지라도 자기 손이 수고한 대로 먹을 것이며, 그런 사람을 하나님이 인정하신다는 것을 시인은 믿고 있습니다. 하나님은 주어진 삶에 최선을 다하고 땀 흘리는 인생들에게 진정한 복을 주십니다. 아름다운 열매로 보상해 주십니다.

하나님을 따르는 바른 길에서 복을 누리게 하소서.

11월 12일
하우스인가 홈인가

네 집 안방에 있는 네 아내는 결실한 포도나무 같으며
네 식탁에 둘러 앉은 자식들은 어린 감람나무 같으리로다 (128:3)

미국의 자동차 왕 헨리 포드(Henry Ford, 1863~1947)는 세계적인 갑부입니다. 그는 고향 마을에 조그마한 집을 한 채 지었습니다. 그런데 그 집은 대기업 총수가 살기에는 너무 초라하고 보잘것없었습니다. 주변 사람들은 걱정스럽게 포드에게 말했습니다. "이건 너무 초라하지 않나요? 호화롭지는 않더라도 불편하지는 않아야죠." 그러자 그가 웃으면서 말했습니다. "가정은 건물이 아닙니다. 비록 작고 초라하더라도 예수님의 사랑이 넘친다면 그곳이야말로 가장 위대한 집이지요."
디트로이트에 있는 헨리 포드의 기념관에 가면 이런 글이 있습니다. "헨리는 꿈꾸는 사람이었고, 그의 아내는 기도하는 사람이었다."

우리는 흔히 '하우스(집)는 있으나 홈(가정)은 없다'고 말합니다. 화려한 건물이나 가구보다 중요한 것은 가정이 온전한 기능을 수행하는 것입니다. 편안한 안식과 쉼이 있고, 서로 격려하고 위로하는 가정이 되어야 합니다. 이런 집에는 밖으로 다니지 않고 가사에 충실한 아내가 있습니다. 아내는 결실한 포도나무와 같습니다. 가족들에게 잔치의 기쁨과 만족을 줍니다. 자식들은 식탁에 오순도순 둘러앉아 있습니다. 이들은 감람나무 같아서 성전의 불을 밝힐 존재들입니다. 이들이 장차 자라 이 땅 구석구석을 비출 수 있도록 좋은 울타리가 되어주어야 합니다.

▪▪▪ 건물보다 기능이 살아 있는 가정을 이루게 하소서.

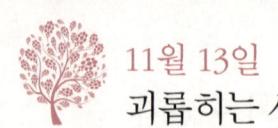

11월 13일
괴롭히는 사람들이 있어도

**그들이 내가 어릴 때부터 여러 번 나를 괴롭혔으나
나를 이기지 못하였도다 (129:2)**

예수님은 장차 제자들이 세상 사람들에게 괴롭힘을 당할 것을 예고하셨습니다. "너희가 세상에 속하였으면 세상이 자기의 것을 사랑할 것이나 너희는 세상에 속한 자가 아니요 도리어 내가 너희를 세상에서 택하였기 때문에 세상이 너희를 미워하느니라"(요 15:19).
세상 사람들이 걸어가는 길과 제자들이 걸어가는 길은 본질적으로 다릅니다. 그들은 소속이 서로 다릅니다. 그렇기에 세상은 늘 제자들을 대적합니다. 그러나 환난을 당하더라도 담대해야 합니다. 예수님께서 세상을 이기셨기 때문입니다.

이스라엘을 괴롭히던 민족들은 즐비합니다. 그들은 하나님의 백성인 이스라엘을 가만히 내버려둔 적이 없습니다. 기회가 있을 때마다 침공해서 괴롭혔습니다. 그러나 하나님은 언약 백성들을 버리지 않았습니다.
괴롭히는 대적들 앞에서 어떻게 해야 하나요? 하나님의 뜻을 물어보아야 합니다. 내가 보복하기보다 하나님이 개입하시도록 해야 합니다. 대적자들은 우리를 괴롭히지만 이길 수는 없습니다. 하나님께서 함께하시기 때문입니다. 요셉을 괴롭히고 다니엘을 괴롭혔던 사람들도 하나님이 함께하시는 사람은 어쩌지 못했습니다.

사람들이 괴롭힐 때 이기게 하시는 하나님께 나아가게 하소서.

11월 14일
축복받지 못하는 인생

**지나가는 자들도 여호와의 복이 너희에게 있을지어다 하거나
우리가 여호와의 이름으로 너희에게 축복한다 하지 아니하느니라 (129:8)**

"저런 인간은 이 세상에서 없어졌으면 좋겠어." "저 사람은 이 동네에서 보배 같은 사람이야. 하는 일이 잘 돼야 할 텐데…" 사람들이 흔히 말입니다. 쓰레기처럼 폐기처분해 버리고 싶은 사람이 있는가 하면, 할 수 있는 축복은 다 해주고 싶은 사람이 있습니다.
다른 것을 생각하지 않고 진심으로 상대의 유익을 구할 때 사람의 마음은 통합니다. 사람들은 그런 사람에게 축복이 임하길 소망합니다. 그들은 주위를 풍요롭게 합니다.

추수 밭에서 수확을 하고 있습니다. 그런데 '베는 자'의 손에 차지 아니하고, '단을 묶는 자'의 품에 차지 않습니다. 풍성한 수확을 기대했는데 결과는 그렇지 못했습니다. 그야말로 실속 없는 농사를 지은 것입니다.
자기 힘만 믿고 경건한 사람들을 괴롭히는 사람은 결코 축복받지 못합니다. 비록 한때 잘나가는 것 같을지라도 종국에는 초라할 뿐입니다. 하나님이 축복하시는 사람은 미움을 받더라도 말씀을 붙잡고 끝까지 경건한 길을 걸어가는 사람입니다.

▪▪▪ 축복받지 못하는 인생을 살지 않게 하소서.

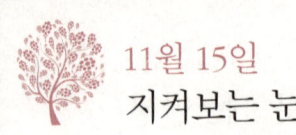
11월 15일
지켜보는 눈

여호와여 주께서 죄악을 지켜보실진대 주여 누가 서리이까 (130:3)

예수를 믿기 전에 이기풍 목사는 참으로 험악한 사람이었습니다. 그는 샘 마펫 선교사에게 돌을 던져 턱을 부수고, 장대현교회 건축 현장에 깡패들을 데리고 가서 모두 때려 부순 깡패 두목이었습니다. 하나님은 그들의 모든 죄악을 지켜보셨고, 그를 그리스도의 사랑 안에서 품어주셨습니다. 그는 결국 주님의 부르심에 무릎 꿇고 울면서 항복했습니다. 그 후 이기풍 목사는 평생 새벽마다 울면서 "나는 죄인 중의 괴수다!"라고 부르짖었다고 합니다. 그는 전라도에서 순교하여 생을 마감했습니다.

시인은 '깊은 곳'에서 몸부림을 치고 있습니다. 깊은 곳에 빠져 자기 힘으로는 어찌할 도리가 없습니다. 깊은 곳에 있을 때 우리는 아무도 보는 이가 없다고 생각합니다. 그래서 절망하고 체념에 빠집니다. 그런데 하나님이 지켜보고 계십니다. 절망할 필요도 원망하고 불평할 필요도 없습니다. 어떤 사람은 캄캄한 곳에서 당당하게 죄를 짓습니다. 자기 외에는 보는 눈이 없다고 생각하기 때문입니다. 그런데 우리의 일거수일투족을 다 감찰하고 주시하는 하나님의 감시의 눈은 24시간 계속해서 작동합니다. 인간의 눈을 속이고 자신의 양심을 완벽하게 속인다 할지라도, 하나님의 감시의 눈은 속일 수 없습니다.

▪▪▪ 우리를 주시하시는 하나님의 눈을 의식하게 하소서.

11월 16일
기다리는 자가 복되다

**파수꾼이 아침을 기다림보다 내 영혼이 주를 더 기다리나니
참으로 파수꾼이 아침을 기다림보다 더하도다 (130:6)**

뉴기니에서 있었던 일입니다. 어느 주일, 예배가 모두 끝났습니다. 그런데 예배 후에도 한참 동안 무릎을 꿇고 있는 한 원주민 남자 성도가 있었습니다. 그는 그저 강대상을 쳐다보고만 있을 뿐이었습니다. 그 모습을 유심히 보고 있던 선교사님이 그에게 물었습니다. "형제님, 도대체 무릎을 꿇고 무엇을 하고 계십니까?" 그러자 원주민 성도가 대답했습니다. "저는 그저 하나님을 바라보고 있습니다."

성전을 지키는 파수군은 아침이 다가오기를 학수고대합니다. 어두운 절망의 밤이 지나 희망의 동이 터오기를 기대합니다.
시인은 지금 파수군의 간절함보다 훨씬 더 간절한 심령으로 구원의 희망을 주시는 하나님을 기다리고 있습니다. 절망의 밤이 깊을수록 아침을 기다리는 마음은 더 간절할 것입니다.
인생의 시련이 닥쳐올 때 어리석은 사람들은 하나님이 어디 있느냐며 따집니다. 그러나 하나님을 신뢰하는 사람은 힘들고 어려운 순간에도 하나님을 바라보면서 기다리는 믿음을 갖고 살아갑니다.

주님이 주신 기다림의 과제를 지혜롭게 풀어나가게 하소서.

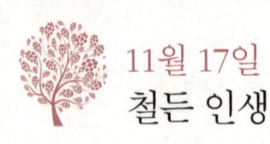

11월 17일
철든 인생

**여호와여 내 마음이 교만하지 아니하고 내 눈이 오만하지 아니하오며
내가 큰 일과 감당하지 못할 놀라운 일을 하려고 힘쓰지 아니하나이다 (131:1)**

흔히 하는 말로 "철들자 죽는다"는 말이 있습니다. 그만큼 인생이 어리석고 철든 사람을 찾아보기 힘들다는 것입니다. 철들지 않은 사람들은 자기가 세상의 중심인 줄 압니다. 자기 생각이 중요하고, 자기 방법이 다 옳고, 자기 마음대로 주위 사람들을 휘두르려고 합니다. 그런데 철이 들면 달라집니다. 다른 사람의 생각을 소중히 여기고, 그들의 말과 주장에 귀를 기울이게 됩니다. 다른 사람을 배려하는 여유를 갖게 되는 것입니다.

"내 마음이 교만하지 아니하고 내 눈이 오만하지 아니하오며" 감히 교만한 마음과 오만한 눈을 갖지 않았다고 장담할 사람이 누가 있겠습니까? 그러나 시인은 자신이 그렇지 않음을 고백합니다. 그 다음에 하는 말을 들어보십시오. "내가 큰 일과 감당하지 못할 놀라운 일을 하려고 힘쓰지 아니하나이다" 인간의 욕심은 부질없습니다. 이제야 인생을 깨닫고 내려놓음의 의미를 발견한 것입니다. 한때는 교만한 마음과 오만한 눈으로 세상과 사람들을 대했습니다. 그런데 이제 '부질없는 일'임을 깨달았습니다. 하나님의 지휘에 발맞추는 인생이 가장 아름다운 것임을 알게 된 것입니다.

▪▪▪ 하나님과 발맞추어 겸손하게 살게 하소서.

11월 18일
젖 뗀 아이와 같은 나

실로 내가 내 영혼으로 고요하고 평온하게 하기를 젖 뗀 아이가 그의 어머니 품에 있음 같게 하였나니 내 영혼이 젖 뗀 아이와 같도다 (131:2)

유명 게임 회사에서 연봉 1억 원을 받던 30대 후반의 가장이 있었습니다. 그야말로 잘 나가던 월급쟁이였습니다. 그런데 어느 날 남들이 부러워하는 직장을 그만두고 귀농했습니다. 그는 말합니다. "돈은 많이 벌었지만 서울 생활이 만족스럽지 못했습니다. 많이 벌기 위해 더 많이 뛰어야 했습니다. 그러다 보니 집에 들어가지 못하는 날도 많았습니다. 아이들이 아버지를 낯설어했을 정도입니다. 적게 벌고 적게 쓰더라도 아이들과 함께하는 여유 속에서 삶의 행복을 찾고 싶었습니다." 이제 그는 인생의 새로운 안식을 찾은 것입니다.

시인은 자신을 '젖을 뗀 아이'로 비유합니다. 젖을 떼기 전에는 젖을 먹기 위해 앙탈을 부리고 안달합니다. 그러나 젖을 뗀 후에는 젖을 찾기 위해 애쓰지 않고 엄마의 품에서 즐깁니다. '젖을 뗀다'는 것은 이기적이고 세상적인 욕심과 야망에서 벗어난다는 의미입니다.
시인은 이제 젖 뗀 아이와 같이 평온한 마음입니다. 땅의 것들을 더 얻으려고 애쓰며 안달하는 마음도 없습니다. 이제는 조용히 하나님과 함께하는 삶을 즐기려고 합니다. 하나님의 임재 속에서 영혼의 안식을 누리고 싶은 것입니다.

▪▪▪ 젖을 뗀 아이와 같이 하나님을 즐기게 하소서.

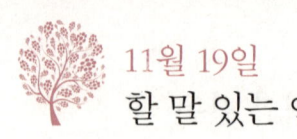

11월 19일
할 말 있는 인생

여호와여 다윗을 위하여 그의 모든 겸손을 기억하소서 (132:1)

"난 바보처럼 살았군요…." 많은 사람들이 흐르는 세월 속에서 자주 하는 말입니다. 세상에 후회하지 않는 사람은 없습니다. 그러니 완벽하지는 못하더라도 훗날 스스로 생각할 때 부끄럽지는 않은 인생을 살아야 합니다. 게다가 주변에서 "저 사람은 잘 살았어." 하고 말해 준다면 더 감사한 일이겠지요.

시인이 하는 기도를 들어보십시오. "여호와여 다윗을 위하여 그의 모든 겸손을 기억하소서." 이 기도가 다윗이 쓴 것인지 아니면 다윗의 후손 가운데 누군가가 쓴 것인지는 정확하지 않습니다. 그러나 다윗의 모든 겸손을 기억해 달라고 기도합니다. 다윗의 겸손한 삶이 하나님의 은혜와 긍휼을 구하는 근거가 되고 있습니다.

허물이야 없지 않지만 그래도 다윗이야말로 잘 산 인생입니다. 다윗은 자신의 궁전을 생각하며 성전을 지을 마음을 가졌습니다. 자신이 범죄한 후에도 침상을 적시면서 겸손한 마음으로 회개했습니다. 다윗은 자신의 인생이 자기가 노력한 덕분이라고 생각하지 않고 하나님의 은혜라고 생각하며 예배하는 삶을 살았습니다.

■■■ 후회하는 부끄러운 삶을 살지 않게 하소서.

11월 20일
거룩한 열심을 회복하라

그가 여호와께 맹세하며 야곱의 전능자에게 서원하기를
내가 내 장막 집에 들어가지 아니하며 내 침상에 오르지 아니하고
내 눈으로 잠들게 하지 아니하며 내 눈꺼풀로 졸게 하지 아니하기를 여호와의 처소
곧 야곱의 전능자의 성막을 발견하기까지 하리라 하였나이다 (132:2-5)

존 웨슬리는 열정의 사람입니다. 다른 목사보다 유명해지는 것에는 전혀 관심이 없었습니다. 그가 가장 중요하게 생각한 것은 '어떤 일에나 최선을 다하는 것'이었습니다.

웨슬리의 전기를 보면, 그는 평생 설교를 42,400번이나 했습니다. 54년 동안 매주 평균 15회 설교한 셈입니다. 또 걷거나 말을 타고 여행한 거리는 40만 킬로미터로 지구를 열 바퀴 돈 것과 맞먹는 거리였습니다.

다윗은 하나님께 맹세합니다. "하나님의 성막을 회복하기까지는 내가 결코 나의 장막에 들어가서 편안하게 눈을 붙이고 자지 않겠습니다." 그는 성막을 회복하기 위해 모든 신경을 곤두세웠습니다. 다윗에게는 왕좌를 유지하는 것 이상으로 하나님의 성막에 대한 가치가 컸습니다.

가치는 열정을 창출하고, 열정은 아름다운 결과를 낳습니다. 가치 있는 일을 향한 거룩한 열정이 있어야 합니다. 열정이 식어버린 라오디게아를 향해 주님은 말씀하셨습니다. "네가 차지도 아니하고 뜨겁지도 아니하도다 내가 차든지 뜨겁든지 하기를 원하노라"(계 3:15). 열정은 우리의 신앙생활에 공급되는 땔감과 같아서 선한 일에 열심을 낼 수 있는 힘을 줍니다.

▪▪▪ 가치 있는 일에 열정을 품고 인생을 걸비 하소서.

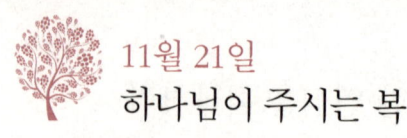

11월 21일
하나님이 주시는 복

내가 이 성의 식료품에 풍족히 복을 주고 떡으로 그 빈민을 만족하게 하리로다 내가 그 제사장들에게 구원을 옷 입히리니 그 성도들은 즐거이 외치리로다 (132:15-16)

권위 있는 사람이나 단체의 택함을 받는다는 것은 영광스러운 일입니다. 예수님은 열두 명의 사람들을 '자기 사람'으로 선택하시고 그들과 함께 동거동락하면서 그들 안에 하나님 왕국의 비전을 심어주셨습니다. 그리고 하나님은 우리를 '왕 같은 제사장'으로 택하셔서 우리로 하여금 아름다운 덕을 세상에 선전하도록 하셨습니다. 왕 중의 왕이신 하나님의 택하심 그 자체가 엄청난 복입니다. 다른 복은 여기서부터 파생되어 나갑니다. 하나님은 그분의 택하심을 굳게 하고, 주님이 주시는 복을 갈망하는 자에게 만족을 주십니다.

하나님은 시온 성을 자신의 거주지로 택하셨고, 그 성에 복을 주셨습니다. 그리고 다윗의 성막에 대한 열정과 헌신을 받아주시고 복을 내려주셨습니다. 다윗의 집을 세워주셨고, 사랑하는 백성들에게 일용할 양식을 공급해 주겠다고 약속하셨습니다. 더 이상 욕심 부릴 것도 없습니다. 하나님은 빈민에게도 만족한 삶을 주십니다. 다윗의 위를 견고케 하신 하나님은 그분을 사랑하고 예배하는 자에게 든든한 인생을 살아가도록 축복하십니다.

*** 하나님이 주실 복을 사모하게 하소서.

11월 22일
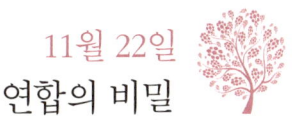

연합의 비밀

보라 형제가 연합하여 동거함이 어찌 그리 선하고 아름다운고 (133:1)

가정은 세상에서 가장 친밀한 사랑과 함께함의 비밀이 간직된 곳입니다. 그런데 부부 간의 신비한 사랑의 연합도 깨어지고, 가족 간의 강한 결속력도 사라지는 것이 요즘 가정의 현실입니다. 결혼의 영원성과 부부 간의 신비성, 그리고 가정의 아름다움을 회복하지 않으면 점점 다가오는 인류의 위기를 피할 도리가 없습니다.

찰스 스윈돌(Charles Swindoll, 1934~)은 이렇게 말했습니다. "앞으로 몇 세기 동안에 가장 중요하고 심각하게 다루게 될 주제는 정치, 교육, 종교, 과학, 스포츠도 아니요, 가정이 될 것이다." 그리고 교회는 이러한 가정의 속성을 이어받아 사랑과 용납으로 서로 사랑하는 공동체가 되어야 합니다.

이스라엘은 열두 지파로 결속되어 있었습니다. 아브라함의 언약에 기초한 이스라엘의 연합은 매우 아름다웠습니다. 그렇다고 이들의 연합이 항상 든든한 것은 아니었습니다. 가족이 온전히 연합하는 것이 어렵듯, 하나님의 백성들이 모인 공동체도 연합되기는 쉽지 않습니다. 그 공동체가 참된 하나됨을 이루기 위해서는 사랑 안에서 진리가 교통하는 모임이 되어야 합니다. 가정이 언약에서 시작되듯 주님의 공동체 역시 언약으로 맺어집니다. 형제 사이의 연합은 가정에서 시작되어 교회 안에서 완성됩니다.

🌸 가정에서부터 참된 연합을 맛보게 하소서.

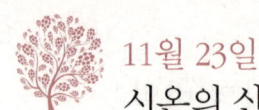

11월 23일
시온의 산들에 내리는 축복

**헐몬의 이슬이 시온의 산들에 내림 같도다
거기서 여호와께서 복을 명령하셨나니 곧 영생이로다 (133:3)**

평강한의원 이환용 원장은 어린 시절을 무척 힘들게 보냈습니다. 그는 서울에서 직장을 다니던 작은누나의 설득으로 서울에 있는 중학교로 전학했습니다. 낯선 서울에서 마음 둘 곳을 찾지 못하던 그는 이모님 댁에 자주 들렀습니다. 이상하게 이모님 댁에만 가면 마음이 편했습니다. 이모와 사촌누나들은 독실한 기독교인이었습니다. "이 집 식구들이 화목하게 지내는 이유는 교회에 다니기 때문이 아닐까? 나도 교회에 가면 저런 평안함을 얻을 수 있을까?" 그는 이모님의 권유로 교회에 다니기 시작했습니다. 그리고 그것이 인생의 큰 전환점이 되었습니다.

헐몬 산은 이스라엘에서 가장 높은 산입니다. 그 산은 늘 눈으로 덮여 있습니다. 헐몬 산에서 눈이 녹으면 수증기로 올라가 이슬이 되어 주변 산과 들판을 적십니다. 높고 고상한 산 헐몬 위에 내리는 이슬이 낮고 작은 시온에도 내린 것입니다. 그러한 이슬은 곡식과 과일의 생장에 필수요소였습니다. 시온은 외관상으로는 보잘것없지만 성별된 곳이었기에 사람들은 우러러 보았습니다. 헐몬의 눈이 시온에서 농사 짓는 일과 무슨 관계가 있을까 생각하기 쉽지만, 이처럼 모든 것은 긴밀하게 연결되어 있습니다. 한 그리스도인의 친절한 사랑과 관심은 세상을 변화시킬 믿음의 용사를 낳는 엄청난 계기가 될 수 있습니다.

*** 낮고 작은 우리도 하나님의 축복을 흘려보내는 통로가 되게 하소서.

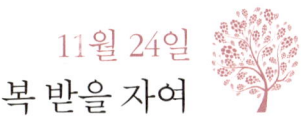

11월 24일
복 받을 자여

천지를 지으신 여호와께서 시온에서 네게 복을 주실지어다 (134:3)

이화여자전문학교 제7대 교장을 지낸 김활란 박사는 한국 최초의 여자 박사입니다. 그는 학생을 가르치고 학교의 어려운 사무를 처리하는 바쁜 나날을 보내면서도 주일이 되면 하루 종일 교회에 나가 하나님께 찬양 드리고 교회학교 교사로 봉사했습니다. 그는 행복했고, 하나님은 그를 높여 주셨습니다. 그는 이화여자대학교 총장, 대한적십자사 부총재, 대한공보처장을 지냈고, '문화공로상'과 아시아의 노벨상이라는 '막사이사이상'을 비롯한 수많은 상을 수상했습니다.
그는 평소 자신의 장례식에 대해 이렇게 유언했습니다. "장례식 대신 환송예배를 드려주기 바랍니다." 그가 죽자 유언에 따라 이화여자대학교 대강당에서 장례식 대신 웅장한 환송예배가 드려졌습니다.

천지를 지으신 여호와께서 주시는 복을 누리는 것이야말로 얼마나 행복한 일인지 모릅니다. 시인은 하나님이 시온에서 복 주시는 것을 알고 있었습니다. 그래서 하나님의 성전에서 예배하는 기쁨을 그 누구에게도 빼앗기지 않았습니다.
천지를 지으신 여호와를 가까이하고 사랑하며 섬기는 삶에서 물러나지 마십시오. 그것이 가장 행복한 길입니다.

▪▪▪ 천지를 지으신 여호와께서 주시는 복을 누리게 하소서.

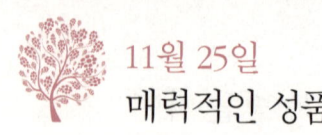

11월 25일
매력적인 성품

**여호와를 찬송하라 여호와는 선하시며
그의 이름이 아름다우니 그의 이름을 찬양하라 (135:3)**

사람들은 가도 가도 끝이 없는 몽골의 대평원을 바라보며 감탄합니다. 한 지역에서 반대 지역에 있는 친척집을 가려면 열흘 이상을 여행해야 한다고 합니다. 또 중국에 있는 만리장성을 보면서 '세상에 어떻게 이런 산에 이렇게 큰 성곽을 쌓았지!' 하고 감탄합니다. 설악산 같은 아름다운 경관을 본 그리스도인들은 〈주 하나님 지으신 모든 세계〉라는 찬양을 절로 부르게 됩니다. 이처럼 아름답고 웅장한 것을 보면 인간은 경탄을 쏟아 놓습니다. 인간에게는 아름답고 선한 것에 대한 본능적인 동경과 기쁨이 있기 때문입니다.

사람들은 아름답고 멋진 얼굴에 반합니다. 게다가 능력까지 갖추면 홀딱 빠져 버립니다. 거기에 훌륭한 성품과 고상한 인격까지 겸비했다면 더 이상 바랄 것이 없습니다. 우리가 찬양해야 할 하나님은 이 모든 조건을 다 갖추셨습니다. 시인은 하나님을 찬양해야 하는 이유를 '하나님의 멋진 성품'에서 찾고 있습니다. 하나님의 성품을 경험한 사람은 경탄하지 않을 수 없습니다. 하나님의 성품과 인격을 경험한 사람이라면 입을 다물고 있을 수 없습니다. 그리고 그렇게 사모하는 분의 성품을 닮아가려고 애쓰게 됩니다. 그분을 사랑하고 닮아가는 일, 그것이 성도의 가장 큰 행복입니다.

▪▪▪ 하나님의 아름다운 성품을 찬양하고 닮아가게 하소서.

11월 26일
가치 있는 존재

여호와께서 자기를 위하여 야곱 곧 이스라엘을 자기의 특별한 소유로 택하셨음이로다 (135:4)

오바마(Barack Obama, 1961~) 대통령은 백인 어머니와 흑인 아버지 사이에서 태어났습니다. 그는 한때 친구들에게 놀림을 받았고, 자신의 정체성에 대해 심각한 혼란을 겪기도 했습니다. 그러나 그는 그러한 어려움을 딛고 일어나 미국 최초의 흑인 대통령이 되었고, 노벨평화상을 수상하는 영광까지 얻었습니다. 한때 사람들로부터 놀림감이 되었던 그가 전 세계에 큰 영향을 미치는 미국 대통령이 된 것입니다. 그는 미국민들에게 선택받았고 결국 존귀한 존재가 되었습니다.

누가 우리를 선택하느냐에 따라 가치가 달라집니다. 시인은 하나님을 찬양하는 이유를 이스라엘을 선택하신 일에서 찾았습니다. 이스라엘의 가치는 민족의 부강함이나 군사력, 외교 및 경제력 같은 외적인 조건에서 발견할 수 없습니다. 이스라엘은 하나님께 특별한 사랑의 대상이었습니다(출 19:5-6).

시인은 타국에 비해 보잘것없는 히브리 민족을 사랑하셔서 주권적으로 선택하신 은혜로 인해 이스라엘이 가치 있는 민족이 되었다고 고백합니다. 우리가 하나님의 자녀가 된 것도 그리스도의 죽으심으로 이루어진 기적입니다. 그분이 우리를 선택하고 사랑하셨기에 가치 있는 존재가 된 것입니다.

▪▪▪ 그리스도 안에서 누리는 가치를 확신하며 살게 하소서.

11월 27일
탁월한 주님 앞에서 살아가라

신들 중에 뛰어난 하나님께 감사하라 그 인자하심이 영원함이로다 주들 중에 뛰어난 주께 감사하라 그 인자하심이 영원함이로다 (136:2-3)

사람들은 평범함보다는 비범함을 좋아합니다. 어른들이 하는 "아, 그놈 참 똘똘하네!"라는 말은 기분 좋은 칭찬입니다. 탁월한 인품, 탁월한 능력, 탁월한 솜씨야말로 한 사람의 인생을 돋보이게 만듭니다. 그래서 사람들은 자신을 다른 사람보다 돋보이게 하려고 나름대로 노력합니다. 하지만 가장 뛰어난 삶은 바로 나를 지으신 하나님의 탁월하심을 찬양하고 그분을 드러내는 삶입니다. 그분이 행하신 일은 온 우주에서 가장 탁월하며 자애로운 사역이기 때문입니다.

시편 136편에서는 우리가 감사할 수밖에 없는 이유를 일일이 열거합니다. 하나님은 찬양받으시기에 합당하신 분이기에 그분을 높이고 경배하는 것이 인간의 본분입니다. 특히 하나님은 탁월한 지혜와 능력으로 천지만물을 창조하셨습니다. 창조활동 가운데 나타난 하나님의 탁월함은 마땅한 찬양거리입니다. 그리고 하나님은 대속 사역과 복음 전파의 일들을 진정 위대하게 이루어 나가십니다. 신들 위에, 주들 중에 뛰어난 하나님은 다신론 혹은 여러 우상들이 가득한 사회에서 찬양하고 경배해야 할 이유가 됩니다. 그분은 내 삶에도 뛰어난 능력으로 행하십니다.

*** 뛰어나신 하나님을 깨닫고 볼 수 있게 하소서.

11월 28일

인자하심에 감사하라

**애굽의 장자를 치신 이에게 감사하라 그 인자하심이 영원함이로다
이스라엘을 그들 중에서 인도하여 내신 이에게 감사하라
그 인자하심이 영원함이로다 (136:10-11)**

미국의 사우스웨스턴 주니어대학에 앤젤라 마두마세라는 여학생이 있었습니다. 어느 날 학교에 등교해 보니 학교 안이 온통 난리였습니다. 남부의 악명 높은 흑인 단체인 '흑표범' 단원들이 학교까지 쳐들어와 폭력을 휘두르며 난동을 부리기 때문이었습니다. 앤젤라가 강의실에 들어가려고 하는데 폭도 중 한 사람이 그녀의 팔을 낚아채며 말했습니다. "왜 나를 보고 실실 웃으며 들어오는 거지?" 그런데 순간 그녀의 마음속에 이 사람을 전도하라는 성령의 음성이 들렸습니다. 그녀는 말했습니다. "당신을 보고 웃은 게 아닙니다. 내 마음속에는 다른 사람이 갖지 못한 평안과 기쁨이 있기 때문에 나는 항상 웃습니다." 그녀의 대답 중 '평안과 기쁨'이라는 말이 폭도의 마음을 울렸고, 그리스도의 구속의 십자가와 부활을 전하자 그가 그리스도를 영접했습니다.

복음은 이론이나 철학이 아니고 한 영혼을 죄악의 구렁텅이에서 구원해 내는 능력입니다. 당시 세계 최대의 제국인 애굽을 굴복시키고 이스라엘을 출애굽시킨 하나님의 능력은, 오늘날도 복음의 위대한 능력으로 계속 나타나고 있습니다.

••• 우리를 구원해 주심에 감사하며 복음을 전하는 일에 앞장서게 하소서.

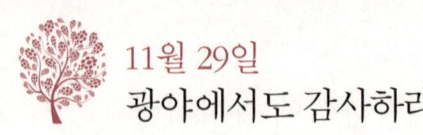
11월 29일
광야에서도 감사하라

**이스라엘을 그 가운데로 통과하게 하신 이에게 감사하라
그 인자하심이 영원함이로다 (136:14)**

찰스 스윈돌 목사는 모세가 광야에서 박사학위 네 개를 받았다고 말했습니다. 첫째, 무명박사입니다. 광야에서는 아무도 모세를 알아주지 않았습니다. 둘째, 시간박사입니다. 모세는 광야에서 하나님의 때를 기다리는 것을 배웠습니다. 셋째, 고독박사입니다. 모세는 광야에서 침묵의 고요, 고독의 깊이를 배웠습니다. 넷째, 불편박사입니다. 광야의 거친 환경은 불편했습니다. 그러나 불편함을 통해 그는 영적으로나 육적으로 연단받을 수 있었습니다.

이스라엘은 하나님의 은총으로 출애굽했지만 그들을 기다린 것은 거친 광야였습니다. 수르광야, 시내광야, 바란광야, 신광야, 아라비아광야는 고통과 힘들게하는 장애물들로 득실거렸습니다. 혹독한 더위와 추위가 엄습하고, 마실 물과 먹을 양식은 절대적으로 부족했습니다. 광야에 있는 전갈과 사나운 짐승들은 수시로 그들을 위협했습니다.
인간적으로 보면 불안하고 겁이 납니다. 그러나 이스라엘 백성들이 두려워하지 않은 것은 하나님께서 그들과 함께하시며 그들을 세밀하게 돌보시기 때문이었습니다. 광야는 불편하긴 하지만 하나님을 경험하는 영적 훈련소입니다.

※※※ 광야를 걷는 것이 살아계신 하나님을 경험하는 기회가 되게 하소서.

11월 30일
소중한 것을 잃은 아픔

우리가 바벨론의 여러 강변 거기에 앉아서 시온을 기억하며 울었도다 (137:1)

이스라엘은 하나님으로부터 제사장 나라로 세움을 받았고, 하나님은 그 영광을 시온 성에 두셨습니다. 그러나 불순종으로 그들은 바벨론에 포로로 붙잡혀 갔습니다. 고된 노역을 하던 중 잠시 쉬고 있는데 누군가 시온에서 예배하던 옛날을 생각하면서 훌쩍거리기 시작했던 것 같습니다. 그러자 옆에 있던 사람이 따라 웁니다. 순간 그곳은 울음바다가 되었습니다. 하나님의 보좌가 있던 예루살렘이 불타고 짓밟힌 채 회복되지 않은 것을 생각하면 통곡할 일이었습니다. 하나님께 예배하는 삶을 귀찮아하던 그들은 이제서야 그때를 추억하며 눈물 흘립니다.

자식을 잃고 넋이 나간 듯 하루하루를 의미 없이 살아가는 부모를 본 적이 있습니까? 하루아침에 재산을 다 날리고 지하 단칸방에서 슬픔을 잠재우지 못한 채 살아가는 사람도 있습니다. 한 번도 병원에 입원한 적 없이 건강하게 살았는데, 어느 날 갑자기 중병으로 사형선고를 받고 그 사실을 거부하는 사람도 있습니다. 아끼고 소중하게 여기던 것을 빼앗긴 아픔과 슬픔은 말로 표현할 수 없습니다. 소중한 것을 잃고나서 슬퍼하지 말고, 잃기 전에 그것을 힘써 지키고 감사하는 것이 현명한 처사입니다. 소중한 것일수록 평소에 잘 지켜야 합니다. 소중할수록 한번 잃은 후에는 되찾기 어렵습니다.

■■■ 소중한 것을 잃고 슬퍼하기 전에 그것을 지키는 지혜를 주소서.

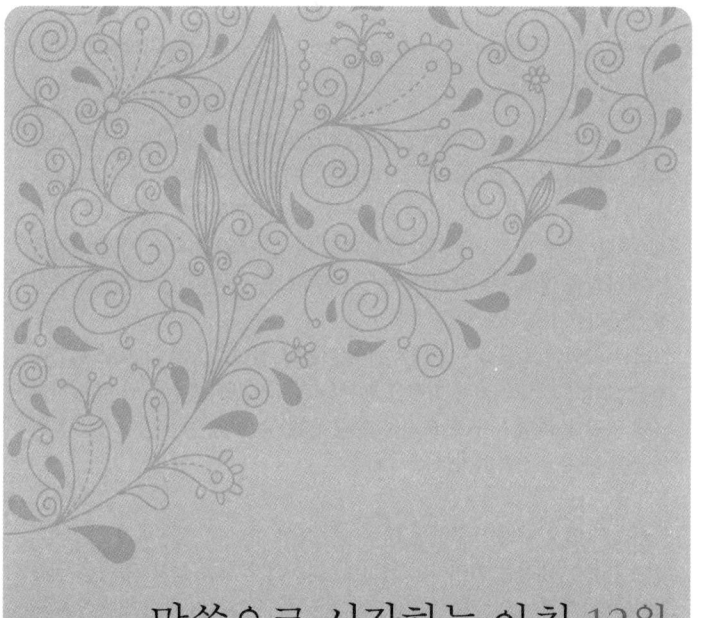

말씀으로 시작하는 아침 12월

"아침에 나로 하여금 주의 인자한 말씀을 듣게 하소서 내가 주를 의뢰함이니이다
내가 다닐 길을 알게 하소서 내가 내 영혼을 주께 드림이니이다"
- 시 143:8

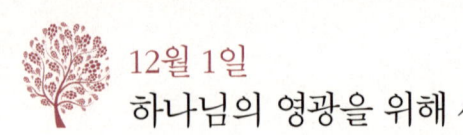

12월 1일
하나님의 영광을 위해 사용하라
우리가 이방 땅에서 어찌 여호와의 노래를 부를까 (137:4)

이스라엘은 바벨론에서 노예생활을 하고 있습니다. 눈물겨운 나날이었습니다. 시인은 수금을 잘 타고 노래를 잘했습니다. 한때는 예루살렘에서 하나님께 예배하기 위해 그 재주를 유감없이 발휘하기도 했습니다. 그런데 이제는 이방 땅에서 노예생활을 하고 있는 신세입니다. 바벨론 사람들은 하나님을 경배하는 악기와 목소리로 우상을 숭배하고, 자신들을 즐겁게 해달라고 요청하고 있습니다.
그러나 시인은 수금을 버드나무에 걸어놓고 절대로 그들의 요구에 응하지 않겠다고 고집합니다. 이것을 괜한 고집이라 생각할수도 있지만, 하나님께 영광 돌리던 도구로 도저히 그렇게 할 수 없었습니다. 오직 그분만을 위해 재주를 사용하기로 했기 때문입니다.

힘이 없으면 강자가 요구하는 대로 순응해야 합니다. 복종하지 않으려면 그에 따르는 대가를 치러야만 합니다. 그래서 약자는 늘 가슴 아픈 일을 당합니다. 때로는 안 되는 줄 알지만 자기 뜻과 상관없이 살아야 할 때도 있습니다. 그러나 믿음 있는 사람이라면 결코 비진리와 타협하지 않습니다. 우리의 모든 것은 하나님의 영광을 위해 사용되어야 하기 때문입니다. 심지어 시인은 예루살렘에서의 영광을 잊을 바에야 오른손의 재주를 아예 쓰지 않겠다고 다짐합니다(5). 그 영광에 대한 기억이 사무쳤기 때문에 시인은 함부로 살아갈 수 없는 것입니다.

▪▪▪ 내가 가진 재능과 소유를 하나님의 영광을 위해 사용하게 하소서.

12월 2일
소중한 것을 지키는 지혜

내가 주의 성전을 향하여 예배하며 주의 인자하심과 성실하심으로 말미암아 주의 이름에 감사하오리니 이는 주께서 주의 말씀을 주의 모든 이름보다 높게 하셨음이라 (138:2)

화장실 들어갈 때와 나올 때의 마음이 다르다고 합니다. 개구리 올챙이 시절 잊는다고 합니다. 사람들은 흔히 성공하고 나면 마음이 달라집니다. 그만큼 첫마음을 지킨다는 것은 쉬운 일이 아닙니다. 덜 소중한 일로 인해 진짜 소중한 것을 잃어버리고 살아가는 이가 한둘이 아닙니다. 그러나 지혜로운 사람은 세상의 흐름이 어떻게 변하더라도 결코 우선순위를 바꾸지 않습니다.

다윗이 왕으로 등극할 때는 초라하고 보잘것없었습니다. 그러나 하나님은 그를 높여주셨습니다. 이제 강한 힘을 가진 왕이 되었고, 주변국들에 상당한 영향력을 행사하게 되었습니다. 강력한 왕으로서 해야 할 일들도 많았습니다. 바쁜 국무를 수행해야 했고, 전쟁을 치러야 했으며, 백성들을 위해 바른 정치와 정책을 만들어야 했습니다.
그러나 다윗은 하나님께 예배하는 일과 하나님 성품을 묵상하면서 먼저 감사함으로 자기 인생을 장식하길 원했습니다. 하나님이 베푸시는 축복과 은혜를 경험한 자는 그 무엇보다 하나님의 말씀이 주는 은총을 더 소중하게 여깁니다.

■■■ 영적인 우선순위를 잘 지키게 하소서.

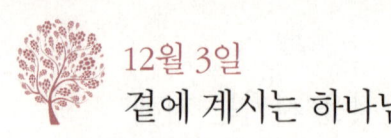

12월 3일
곁에 계시는 하나님

**여호와께서는 높이 계셔도 낮은 자를 굽어 살피시며
멀리서도 교만한 자를 아심이니이다 (138:6)**

사람은 공간과 시간의 제약 속에 살아갑니다. 아무리 탁월한 지혜와 능력을 가졌을지라도 시공을 초월할 수는 없습니다. 그리고 멀리 떨어지면 영향력도 줄어들게 됩니다. 외국이나 외지에서 유학하는 사람들은 부모의 영향권에서 멀어질수록 생활이 힘들어집니다. 먹는 것도 부실해지고 청소나 그밖에 집안일들도 제대로 돌보지 못합니다. 부모 입장에서는 최대한 관심을 기울여 뒷바라지하고 보호해 주고 싶지만, 그것은 쉬운 일이 아닙니다.

하나님은 거룩한 영으로, 죄를 범한 인간은 거룩한 하나님과 함께할 수 없습니다. 하나님이 인간과 가까이 할 수 없다 할지라도 그분은 어느 곳에나 계십니다.
그런데 사람들은 '높이' 계신 하나님, '멀리' 계신 하나님에 대해 오해합니다. 마치 그분이 우리와 멀리 있어 거의 상관없는 것처럼 살아갑니다. 그러나 모든 피조물은 하나님의 임재를 떠날 수 없습니다. 하나님은 겸손하고 낮은 자와 함께하시며, 악하고 교만한 자들을 꿰뚫어보고 계십니다. 하나님의 사람은 시공간을 초월하여 일하시는 하나님을 떠날 수 없기에 거룩한 삶을 추구해야 합니다.

*** 매 순간 하나님의 임재 안에 살게 하소서.

12월 4일
보상하시는 하나님

여호와께서 나를 위하여 보상해 주시리이다 여호와여 주의 인자하심이 영원하오니 주의 손으로 지으신 것을 버리지 마옵소서 (138:8)

많은 사람들이 중년이 되어 후회합니다. '내가 이 회사를 위해 보낸 세월이 얼마인데….' '내가 결혼하고 얼마나 고생을 많이 했는데….' '내가 너희를 위해 어떻게 살아왔는데….' 보상받지 못한 세월 앞에서 몸부림치는 절규입니다. 열심히 살아왔던 것에 비해 남는 것이 없다는 말입니다. 그래서 허무감에 사로잡혀 과거의 인생을 비관합니다. 사람들은 저마다 쏟아 부은 에너지에 대해 나름대로 보상받고 싶어합니다.

다윗은 어려운 세월을 많이 보냈습니다. 억울해서 견딜 수 없을 적도 많았습니다. 그러나 다윗은 보상하시는 하나님에 대한 분명한 확신이 있었습니다. 하나님은 자신이 시작하신 일을 반드시 완성하십니다. "너희 안에서 착한 일을 시작하신 이가 그리스도 예수의 날까지 이루실 줄을 우리는 확신하노라"(빌 1:6).
하나님이 하시는 일은 때때로 잘못되는 것 같아도 결코 중단되지 않고 잘못되는 법도 없습니다. 보상하시는 하나님은 반드시 합력해서 선을 이루십니다. 그러기에 우리가 모든 것을 하나님께 맡기고 평안한 삶을 살아갈 수 있는 것입니다.

다가오는 모든 일 앞에서 보상하시는 하나님을 신뢰하게 하소서.

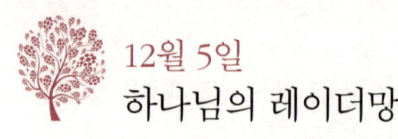

12월 5일
하나님의 레이더망

주께서 내가 앉고 일어섬을 아시고 멀리서도 나의 생각을 밝히 아시오며 나의 모든 길과 내가 눕는 것을 살펴보셨으므로 나의 모든 행위를 익히 아시오니 (139:2-3)

요즘 도심 곳곳에 감시 카메라가 설치되어 있어 범죄가 많이 줄었다고 합니다. 그러나 한편으로는 사생활을 침해한다는 원성도 높습니다. 부끄러운 일이지만 가끔 이런 글귀를 봅니다. "쓰레기 무단투기 금지, 감시 카메라 설치되어 있음!" 아무도 보지 않는 한밤중이나 새벽녘에 쓰레기를 버리는 사람들이 있습니다. 양심 운운하며 벽보를 붙여도 소용없습니다. 그러나 카메라를 설치하고 나면 그런 행위가 현저히 줄어듭니다. 아무도 보지 않는 것 같아도 우리를 뚫어지게 바라보고 있는 눈이 있음을 잊지 말아야 합니다.

다윗은 감찰하시는 하나님에 대해 흔들리지 않는 신앙을 갖고 있었습니다. 앉고 일어섬을 모두 아시고, 생각을 다 꿰뚫어보시며, 걸어가는 인생의 모든 길을 아시는 하나님, 우리가 하는 모든 일을 다 알고 계시는 하나님이 24시간 내내 우리를 바라보고 계십니다. 그러기에 한 시도 엉뚱한 생각이나 행동을 할 수 없습니다. 하나님이 우리 곁에 계시기 때문입니다. 때때로 초라하고 어려운 환경에 처할지라도 불안해하거나 두려워하지 말아야 합니다. 하나님께서 우리 형편을 모두 알고 계시기 때문입니다. 하나님의 레이더망이 우리를 비추고 있음을 잊지 말아야 합니다.

*** 사방을 주시하시는 하나님의 눈앞에서 당당하게 살게 하소서.

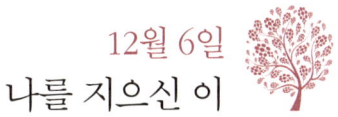

12월 6일
나를 지으신 이

주께서 내 내장을 지으시며 나의 모태에서 나를 만드셨나이다 (139:13)

쉘돈 실버스타인(Sheldon Alan Silverstein, 1930~1999)은 『아낌없이 주는 나무』라는 아름다운 동화를 썼습니다. 사과나무는 소년을 위해 자신의 모든 것을 아낌없이 나누어주었습니다. 나무의 행복은 소년을 위해 자신을 아낌없이 내주는 것이었습니다. 이 이야기에서 나무는 어머니를 가리키고 소년은 아들을 의미합니다. 모든 것을 자식에게 내주고 결국엔 뿌리만 남은 고목이 되어도 자식이 기쁘다면 행복한 것이 바로 어머니입니다. 열매, 잎, 가지들이 없어져도 자식이 기쁘다면 끝내 기쁨으로 감내합니다.

다윗은 하나님이 특별한 목적을 가지고 자신을 지으셨음을 확신하고 있었습니다. 우리의 참된 시작은 육신의 부모가 아닙니다. 하나님께서 창세 전에 택하시고 때가 되어 부모의 몸을 빌어 보내신 것입니다. 바울 역시 "그러나 내 어머니의 태로부터 나를 택정하시고 그의 은혜로 나를 부르신 이가"(갈 1:15)라고 고백합니다. 우리는 참으로 보잘것없는 인생이지만, 우리를 향한 하나님의 특별한 계획을 발견하면 당당해질 수 있습니다. 우리를 모태에서부터 택정하신 하나님은 우리의 필요를 다 아실 뿐 아니라 끝까지 책임지고 보호하십니다.

▪▪▪ 나를 지으신 이가 도우시는 은혜를 바라보게 하소서.

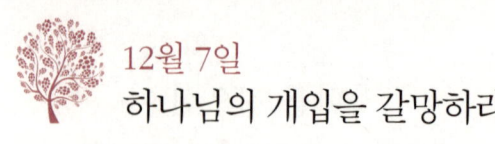

12월 7일
하나님의 개입을 갈망하라

하나님이여 주께서 반드시 악인을 죽이시리이다 피 흘리기를 즐기는 자들아 나를 떠날지어다 (139:19)

한 사람에게 크게 상처받은 이가 있었습니다. 그는 상처 준 상대방이 하는 일이 마음에 들지 않았습니다. 그래서 하는 일마다 정면에서 반대하고 브레이크를 걸었습니다. 그가 하는 일이면 모두 비판하고 견제했습니다. 사람들 앞에서 작은 흠집이라도 들추어냈습니다. 그도 하나님의 말씀을 아는 사람이었지만 그 부분에서만큼은 말씀의 통제를 받지 않으려 했습니다. 그러다 보니 영혼이 평안하지 않고 자유롭지 못했습니다. 그는 얼마 못 가 은혜를 상실하고 영적으로 밑바닥 생활을 하게 되었습니다.

우리는 주변에서 악한 사람들을 자주 만납니다. 그들은 피 흘리기를 즐깁니다. 하나님을 향해서도 대항합니다. 다윗 주변에도 그런 악한 자들이 많았습니다. 다윗은 주변 사람들의 반역으로 왕좌에서 쫓겨나 도망하는 아픔을 경험했습니다. 그리고 하나님께 직접 개입해 달라고 요청했습니다. 하나님의 의로운 복수가 악인 위에 임하기를 기대한 것입니다. 그러나 자신에게 위협을 가하는 대적들에 대한 개인적인 증오보다는 하나님의 공의가 실현되기를 갈망했습니다. 그래서 악인의 악을 제거해 달라고 하나님께 기도했습니다. 악한 사람들을 심판하는 길은 하나님의 개입뿐입니다.

*** 악한 사람들이 주변에 있을 때 하나님의 개입을 기다리게 하소서.

12월 8일

입술에서 독이 나오지 않게 하라

그들이 마음속으로 악을 꾀하고 싸우기 위하여 매일 모이오며 뱀 같이 그 혀를 날카롭게 하니 그 입술 아래에는 독사의 독이 있나이다 (140:2-3)

일찍 부모님을 여의고 험한 세상을 힘겹게 살아가는 남매가 있었습니다. 오빠에게 오랜 지병이 있어 돈을 벌 수가 없기에 동생이 열심히 일했습니다. 어느 날, 오빠가 동네 아주머니들이 수군대는 소리를 우연히 듣게 되었습니다. "여동생이 미군부대에서 그렇고 그런 일을 해서 지 오빠 치료비를 댄다면서?" 오빠는 소스라치게 놀랐습니다. 자신의 병수발을 위해 여동생이 해서는 안 될 일을 한다고 생각하니 도저히 견딜 수가 없었습니다. 결국 오빠는 편지 한 장 써놓고 죽음의 길을 택했습니다. 편지를 읽은 여동생은 그 자리에 주저앉아 하염없이 눈물을 흘렸습니다. "나한테 한 번 물어나 보지. 미군 부대에 가서 허드렛일을 하는 것이 오빠가 죽을 만큼 나쁜 일이야?"

다윗을 넘어뜨리고 집어삼키기 위해 악한 일을 꾀하는 자들이 있습니다. 매일 모의를 하는 그들의 혀 밑에서는 독사의 독과 같은 날카로운 말들이 쏟아져 나옵니다. 사탄은 독을 품은 입술을 자신의 나라를 세우기 위한 강력한 도구로 사용합니다. 우리의 입은 하나님의 영광을 드러내고 다른 사람들을 세우고 치유하는 약으로 사용될 수도 있지만, 한 사람을 죽이고 공동체를 허무는 독약이 될 수도 있습니다.

▪▪▪ 내 입술에서 다른 사람을 해하는 독이 나오지 않게 하소서.

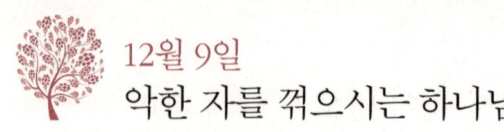

12월 9일
악한 자를 꺾으시는 하나님

여호와여 악인의 소원을 허락하지 마시며 그의 악한 꾀를 이루지 못하게 하소서 그들이 스스로 높일까 하나이다 (140:8)

히틀러는 독일 나치당을 이끌면서 세계를 피로 물들였습니다. 그는 청년 시절부터 불법적이고 폭력적인 정치운동을 자행했습니다. 그의 연설은 열광적인 반응을 불러일으켜, 당시 패배감과 무력감에 빠져 있던 독일 국민들에게 황금빛 미래를 약속했습니다. 달콤한 그의 연설에 독일 국민들은 열광했고, 히틀러는 적극적인 지지를 얻어갔습니다. 그의 교만은 하늘을 찌를 듯했습니다. 그러나 그의 최후는 비참했습니다. 그의 죽음과 관련된 여러 가지 설이 있으나 모두 비참한 이야기뿐입니다.

다윗의 주변에 있는 악한 자들은 늘 악한 계획을 세웁니다. 그들은 악을 도모하기 위해 사람들을 모으고 치밀한 계획을 세웁니다. 다윗을 쓰러뜨리기 위해 기회만 엿봅니다. 그러나 다윗은 역사의 주인이신 하나님이 악인의 소원을 허락지 않을 것을 알았습니다. 그들이 악한 일을 도모한다 할지라도 결코 그 계획이 이루어지지 않을 것이라 믿었습니다.
하나님은 악한 자에게 간섭하십니다. 스스로 높아지려는 그들을 그냥 두지 않으실 것입니다. 한나 역시 이렇게 고백합니다. "여호와를 대적하는 자는 산산이 깨어질 것이라"(삼상 2:10). 악인들의 소원은 근본적으로 허무한 것입니다. 하나님이 그 모든 도모를 깨뜨리시며 심판하실 것이기 때문입니다.

▪▪▪ 악한 자들이 괴롭힐 때 하나님의 간섭을 바라며 기도하게 하소서.

12월 10일

입술의 남용을 막으라

여호와여 내 입에 파수꾼을 세우시고 내 입술의 문을 지키소서 (141:3)

하나님은 찬송하는 도구로 인간에게 입을 선물하셨습니다. 그런데 어떤 사람의 입에서는 찬송과 저주가 함께 나옵니다(약 3:10). 야고보 사도는 인간의 혀가 가져올 해악을 잘 알고 있었습니다. 혀는 작지만 그 영향력은 엄청나고 무시무시합니다. 그래서 "혀는 능히 길들일 사람이 없다"고 말합니다. 경건한 사람은 입에 재갈을 물림으로 혀를 단속합니다(약 1:26). 그만큼 통제하기 어려운 것이 인간의 혀입니다.

다윗은 자신의 입술을 지킬 수 있도록 파수꾼을 세워달라고 간구합니다. 혀를 잘못 사용했을 때 다가올 결과를 알기 때문입니다. 혀를 잘못 놀리면 범죄에 빠지게 되고, 그 결과 불행을 자초하게 됩니다. "입을 지키는 자는 자기의 생명을 보전하나 입술을 크게 벌리는 자에게는 멸망이 오느니라"(잠 13:3). 특히 악한 자들 앞에서 입을 통제하지 못하면 그들의 덫에 걸려들고 맙니다. 악한 자들이 괴롭히면 하나님께 불평하고, 괴롭게 하는 자들을 향해 감정 섞인 말을 퍼붓기 쉽습니다. 그렇게 감정적으로 말을 내뱉고 나면 오히려 그들은 그것으로 올가미를 씌웁니다. 그러기에 악한 자들 앞에서는 말을 조심해야 합니다. 그것이 불행을 막는 길입니다.

▪▪▪ 어떤 상황에서도 입술을 지킬 수 있는 통제력을 주소서.

12월 11일
지혜로운 인생 비결

의인이 나를 칠지라도 은혜로 여기며 책망할지라도
머리의 기름 같이 여겨서 내 머리가 이를 거절하지 아니할지라
그들의 재난 중에도 내가 항상 기도하리로다 (141:5)

책망하고 충고하는 것은 결코 쉬운 일이 아닙니다. 책망하고 충고하는 사람 입장에서도 그렇고, 그것을 받는 사람 입장에서도 마찬가지입니다. 그래서 솔로몬은 이렇게 말합니다. "거만한 자를 책망하지 말라 그가 너를 미워할까 두려우니라 지혜 있는 자를 책망하라 그가 너를 사랑하리라"(잠 9:8). 책망과 충고를 받을 만한 지혜롭고 겸손한 사람은 소수이며, 이 역시 적절한 때가 있습니다. 그렇지 않으면 관계만 악화될 뿐입니다.

시인은 지혜로운 인생 비결을 터득했습니다. 의인이 자신을 책망하고 충고할 때 기꺼이 받아들이는 것입니다. 겸손한 사람은 다른 사람의 책망과 충고가 자신에 대한 호의에서 나온다는 사실을 압니다. 그러므로 그들이 자신을 칠지라도 은혜로 여깁니다.
재난 중에 있는 자들이 의인인지 악인인지는 우리가 정확히 알 수 없습니다. 그러나 시인은 그들을 위해 기도하겠다고 각오를 다집니다. 재난 중에 있다면 그들이 자신을 괴롭힐지라도 기도로써 대항할 것이고, 불행 가운데 있는 '의인'이라면 그들을 위해 중보할 것입니다. 그는 인생을 기도로 엮어가길 원했습니다.

■■■ 책망과 충고를 달게 받고, 기도로 엮는 인생 되게 하소서.

12월 12일
억울한 그날에

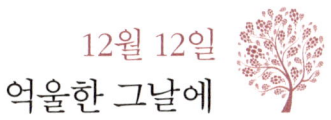

내가 내 원통함을 그의 앞에 토로하며 내 우환을 그의 앞에 진술하는도다 (142:2)

영국과 프랑스 간에 백년전쟁이 벌어졌을 때입니다. 영국이 프랑스를 거의 점령하게 되었습니다. 그때 프랑스 처녀 잔 다르크가 6천 명의 크리스천으로 구성된 군대를 이끌고 오를레앙 성을 향했습니다. 그녀는 영국군을 쳐부수고 위기에서 국가를 구해낸 영웅이 되었습니다. 그러나 왕의 측근들의 시기로 영국군에게 팔려 루앙에 유폐되고 맙니다. 박해자들은 잔 다르크에게 "모든 사람에게 버림받았으니 이제 포기하라"고 조롱했습니다. 그때 잔다르크는 이렇게 대답했습니다. "하나님과 함께 혼자 있는 편이 좋습니다. 하나님은 나를 버리시는 일이 없고, 그 권고와 사랑은 결코 나를 실망시키지 않습니다. 나는 죽기까지 그의 능력을 의지해 계속 싸울 것입니다."

다윗은 지금 광야 동굴에 숨어 있습니다. 아무런 이유 없이 자신을 죽이려고 추격하는 사울 왕을 생각하면 분노가 치밀어 오릅니다. 원통한 마음으로 가슴이 터질 것 같고, 그로 인해 치러야 할 고통을 생각하면 만사가 귀찮습니다. 그때 다윗은 자신의 아픈 마음을 하나님 앞에 토로하기로 합니다. 기도는 앞날을 열지만 감정에 충실한 반응은 일을 그르칩니다. 자신이 어찌할 수 없는 상황이라면, 하나님이 일을 맡으시도록 그분께 말씀드리는 것이 가장 안전한 해결책입니다.

■■■ 원통하고 고통스러울 때 하나님 앞에 심령을 토로하게 하소서.

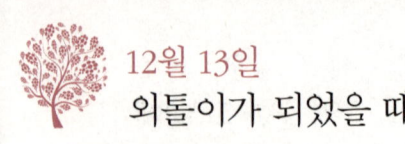

12월 13일
외톨이가 되었을 때

**오른쪽을 살펴보소서 나를 아는 이도 없고 나의 피난처도 없고
내 영혼을 돌보는 이도 없나이다 (142:4)**

공지영 작가가 정진석 추기경에게 물었습니다. "솔직히 신이 옆에 계신다고 느낄 때가 언제신지요?" 공 작가는 미사를 드릴 때, 어려운 사람에게 사랑을 베풀 때, 낙엽이 지는 모습을 볼 때 등의 대답이 나오리라 기대했습니다. 그런데 대답은 달랐습니다. "… 글쎄요. 믿기지 않겠지만 '언제나' 그렇습니다." 추기경은 계속해서 말을 이어갔습니다. "그분이 항상 곁에 있지 않으면 사는 것이 정말 어려워져요. 나를 알아봐주고 사랑해 주고 지켜주는 그분이 없다면 말입니다. 자살하고 싶어하는 사람들에게 말해 주고 싶어요. 나를 이해하는 사람이 틀림없이 있다고. 그게 사람이 아니라면 바로 하나님이라고…."

사울 왕의 권력욕과 시기심은 끈질깁니다. 다윗은 사울에게 너무 많은 것을 빼앗겼습니다. 다윗은 우편을 바라봅니다. 여기서 우편은 법정에서 증인이 서는 자리를 가리킵니다. 인생을 돕고 구원해 줄 자가 있는 곳입니다. 그런데 불행하게도 그곳에는 아는 이도 없고, 피난처도 없고, 영혼을 돌봐줄 사람도 없습니다. 다윗은 외톨이가 된 심정입니다. 아무도 도와줄 사람이 없는 절대고독입니다. 그래서 그는 하나님을 향해 얼굴을 돌릴 수밖에 없었습니다. 어떤 상황에서도 하늘은 열려 있으니까요.

*** 도와줄 이 없는 절대고독의 때 하늘을 향해 눈을 돌리게 하소서.

12월 14일
상대적 무력감을 느낄 때

**나의 부르짖음을 들으소서 나는 심히 비천하니이다
나를 핍박하는 자들에게서 나를 건지소서 그들은 나보다 강하니이다 (142:6)**

월등한 부자나 공부 잘하는 사람과 함께 있으면 상대적으로 초라함을 느낍니다. 상대방이 너무 강하면 나는 약자라는 느낌을 받습니다. 누군가 많은 것을 얻으면 상대적인 박탈감을 느끼는 것과 같습니다. 블레셋 장수 골리앗의 거대함 앞에서 이스라엘 백성들은 공포에 사로잡혀 떨고 있었습니다. 그들은 앞에 나서서 감히 싸울 생각조차 못하고 있었습니다.

다윗의 대적자들은 너무나 많고 강합니다. 상대적으로 그는 무능하고 비천하다는 생각을 감출 수가 없습니다. 그들은 강하고 끈질기게 다윗을 비난하고 대적합니다. 다윗에게는 그들을 대항할 힘이 없습니다.
그러나 다윗은 강하신 하나님을 신뢰했습니다. 자신이 싸우고 대적하는 것보다 하나님께 맡김으로 하나님이 친히 싸우도록 하는 것이 훨씬 더 낫다는 것을 알았습니다. 그래서 하나님을 향해 부르짖었습니다. 상대적 무력감이 들 때 하나님을 향해 부르짖으면 하나님이 일하십니다. 우리는 약하지만 하나님은 강하십니다.

▪▪▪ 강한 자가 일어날 때 하나님을 향한 기도의 문을 열게 하소서.

12월 15일
악한 자에게 생명을 위협당할 때

**주의 종에게 심판을 행하지 마소서
주의 눈앞에는 의로운 인생이 하나도 없나이다 (143:2)**

사람들은 자주 말합니다. "세상에 저런 극악무도한 사람이 또 있을까?" 그런데 불행하게도 세상에는 그런 사람이 많습니다. 그들은 선한 사람을 괴롭히고 해를 끼칩니다. 그런 사람들에게 심리적 경제적 육체적인 고통을 당하기도 합니다. 불의한 상관이 부하직원을 의도적으로 괴롭히기도 하고, 악한 의도를 가진 사람들이 동료를 모함해 곤란에 빠뜨리기도 합니다. 치열한 생존경쟁 현장에서 살아남기 위해 남에게 덫을 놓는 경우도 있습니다.

다윗은 악한 자들에게 심각한 위협을 당하고 있습니다. 생명을 위협받는 그때, 다윗은 악한 자들을 하나님이 행하시는 징계의 몽둥이로 생각했습니다.
하나님은 다윗을 회개의 동굴로 몰아가기 위해 그들을 사용하셨습니다. 하나님 앞에 설 때 당당할 수 있는 사람이 누가 있겠습니까? 자신의 행위를 생각하면 불의함만 보입니다. 다만 하나님의 언약 앞에서 긍휼을 기다릴 뿐입니다. 우리는 언제든지 범죄할 수 있는 존재입니다. 정도를 걸을 수 있는 것, 그렇게 살고자 소원하는 것 역시 하나님의 은혜입니다.

▪▪▪ 생명을 위협당할 때 자신을 발견하고 회개하게 하소서.

12월 16일
마음이 참담할 때

**내가 옛날을 기억하고 주의 모든 행하신 것을 읊조리며
주의 손이 행하는 일을 생각하고 주를 향하여 손을 펴고
내 영혼이 마른 땅 같이 주를 사모하나이다 (143:5-6)**

인생에는 승승장구할 때가 있는가 하면 곤두박질 칠 때도 있습니다. 승승장구할 때는 문제가 없습니다. 그런데 어려운 일을 당하거나 다른 사람으로 인해 힘들어지는 순간이 오면 참기가 힘듭니다. 그때 하나님의 사람들은 넉넉하게 채우시는 하나님을 기억해야 합니다.

바울은 이러한 하나님을 알고 있었기에 어떤 상황 속에서도 배짱 있게 살아갔습니다. "하나님이 능히 모든 은혜를 너희에게 넘치게 하시나니 이는 너희로 모든 일에 항상 모든 것이 넉넉하여 모든 착한 일을 넘치게 하게 하려 하심이라"(고후 9:8).

다윗은 대적자들의 악한 행동으로 마음이 참담했습니다. 도무지 용서하기가 힘듭니다. 그런 마음이 들 때 위기의 동굴을 빠져나올 수 있는 방법은, 하나님이 과거에 베풀어주신 은혜를 회상하는 것입니다. 하나님이 행하신 은총을 묵상하면 악한 자들의 괴롭힘 속에서도 평안을 누리고 소망을 가질 수 있습니다. 인생의 형통은 하나님의 은혜 베푸심에 있습니다. 그렇기에 하나님의 은혜를 묵상하는 자는 마른 땅에 단비가 내리기를 갈망하듯 하나님의 은혜를 사모함으로 영혼의 고요를 회복할 수 있습니다.

❉ 마음이 참담할 때 은혜의 오아시스로 나아가게 하소서.

12월 17일
절망 앞에 설 때

**아침에 나로 하여금 주의 인자한 말씀을 듣게 하소서 내가 주를 의뢰함이니이다
내가 다닐 길을 알게 하소서 내가 내 영혼을 주께 드림이니이다 (143:8)**

인간은 대부분 절망 앞에서 쩔쩔 맵니다. 절망은 용기를 죽이는 독입니다. 실존주의 철학자 키르케고르는 절망을 죽음에 이르는 병으로 규정했습니다. 그런데 절망적인 상태보다 더 절망적인 것은 절망하는 태도입니다. 아무리 절망적인 상황일지라도 절망하지만 않으면 여전히 희망은 있습니다. 하나님의 사람은 절망의 밤에도 노래할 수 있는 희망의 사람입니다.

다윗은 '무덤에 내려가는 자'와 같은 절망적인 심정에 빠졌습니다. 믿음으로 인내하는 것에도 한계가 있습니다. 버틸 힘도 점점 사라져갑니다. 이때 다윗은 아침에 주의 인자하신 말씀을 듣게 해달라고 호소합니다. 두려운 밤이 지나고 아침을 알리는 동이 터오를 때 하나님의 음성을 듣는 것이야말로 낙담한 마음을 회복시키고 버티기 어려운 다리에 힘을 공급하는 것입니다. 하나님의 말씀을 통해 "다닐 길"을 발견할 수 있습니다. 절망의 늪에 빠져 한탄하기보다 하나님을 신뢰함으로 그분의 입에서 나오는 말씀에 귀를 기울이십시오.

아침에 주의 인자한 말씀을 듣기 위해 귀를 기울이게 하소서.

12월 18일
치열하게 전쟁할 때

**여호와는 나의 사랑이시요 나의 요새이시요 나의 산성이시요
나를 건지시는 이시요 나의 방패이시니 내가 그에게 피하였고
그가 내 백성을 내게 복종하게 하셨나이다 (144:2)**

현대를 흔히 '불안의 세대'라 표현합니다. 사업, 직장, 가정, 진학, 교통, 음식, 환경 등 불안하지 않은 것이 없습니다. 그래서 어떤 인류학자는 "현대인들에게는 마음의 피난처가 없다"고 이야기합니다.

사실 사람들은 옛날보다 더 나은 물질문명의 혜택을 누리고, 편리한 환경 속에서 살아갑니다. 그렇게 치열한 경쟁과 가치관의 혼란 속에서 우리는 마음과 영혼의 쉼터를 잃어버렸습니다. 그러나 불안이 고개를 쳐드는 상황 속에서도 하나님의 사람은 '하나님은 나의 피난처'라고 고백하고 노래할 수 있어야 합니다.

다윗을 해하려는 자들이 칼을 번득이며 싸움을 걸어옵니다. 치열한 전쟁터에서 자신보다 더 강한 적들을 바라볼 때 두려움이 다가올 법합니다. 그러나 다윗은 달랐습니다. 그는 치열한 전쟁터에서 대적자들이 득실거려도 결코 기죽지 않았습니다. 요새요 산성이 되어 생명을 보호하시는 하나님, 어떤 상황에서도 건지시고 보호해 주시는 하나님을 신뢰하는 데서 오는 당당함이 있었기 때문입니다. 이러한 절대신앙이 있기에 그가 "하나님은 나의 사랑이라"고 고백할 수 있었던 것입니다.

▪▪▪ 치열한 싸움 속에서 하나님께 피할 수 있게 하소서.

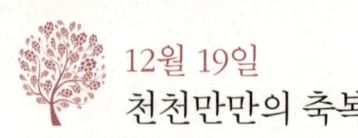

12월 19일
천천만만의 축복

우리의 곳간에는 백곡이 가득하며
우리의 양은 들에서 천천과 만만으로 번성하며 (144:13)

하나님은 그분의 백성들에게 은혜와 복을 베풀기 원하십니다. "내가 반드시 너에게 복주고 복주며 너를 번성하게 하고 번성하게 하리라"(히 6:14). 하나님의 은혜를 많이 경험했던 요한은 "사랑하는 자여 네 영혼이 잘됨 같이 네가 범사에 잘되고 강건하기를 내가 간구하노라"(요삼 1:2)라고 인사했습니다. 하나님은 그 백성들에게 영혼의 잘됨, 범사에 잘됨, 강건한 은총을 베풀기 원하십니다. 우리는 순서에 유념할 필요가 있습니다. 하나님이 베푸시는 복을 받아 누릴 준비가 되지 않은 자에게는 축복이 오히려 화근이 될 수 있기 때문입니다.

12-15절은 택한 백성이 받는 축복에 대해 노래합니다. 곳간에 쌀을 위시한 각종 곡식이 가득하고, 들판에는 양들이 득실거리니 얼마나 행복합니까? 존 칼빈은 '천천만만의 축복'을 이렇게 해석했습니다. 첫째는 헤아릴 수 없는 축복, 둘째는 한계가 어디까지라고 구분할 수 없는 축복, 셋째는 끊임없는 영원한 축복, 넷째는 쌓아놓을 장소가 없는 축복, 다섯째는 계속하여 생기는 축복입니다. 하나님이 주시는 축복은 사람의 머리로 계산할 수 없고, 인간의 입으로 표현할 수 없습니다. 그 은혜는 입으로 다 찬양할 수 없고 몸으로 다 갚을 수 없습니다.

■ ■ ■ *제가 받은 복을 헤아려보아 깊이 감사하며 살게 하소서.*

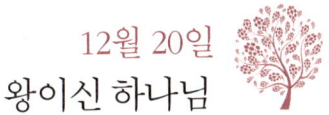

12월 20일
왕이신 하나님

**왕이신 나의 하나님이여
내가 주를 높이고 영원히 주의 이름을 송축하리이다 (145:1)**

"왕이신 나의 하나님, 내가 주를 높이고 영원히 주의 이름을 송축하리이다." 이 찬양에는 은혜를 경험한 사람의 분명한 신앙고백이 담겨 있습니다. 늘 부르는 찬양이지만 때마다 가슴이 뭉클하고 우리 영혼을 사로잡습니다. 그것은 단지 입술의 흥얼거림이 아니라 영혼으로 부르는 신앙고백입니다.

다윗은 전무후무한 영웅이고 왕이었습니다. 그의 입에서는 하나님을 향한 분명한 고백이 흘러나왔습니다. "하나님은 나의 왕입니다." 이것은 입으로만 '주여 주여' 하는 자들의 신앙고백과는 엄연히 다릅니다.
다윗에게 하나님은 왕이기 때문에 자신의 삶을 통해 하나님을 높이는 것이 유일한 희망이었습니다. 가진 모든 것을 통해 그분의 명예를 드러내고 싶었습니다. 그는 영원히 주의 이름만 찬양하기를 원했습니다. 바울 사도는 죽기까지 겸손하신 예수님이 우리의 구원자이심을 강조했습니다. "모든 입으로 예수 그리스도를 주라 시인하여 하나님 아버지께 영광을 돌리게 하셨느니라"(빌 2:11). 예수님은 우리의 왕이시고 주인이십니다. 무가치한 우리가 주님을 찬송할 수 있게 된 것은 언제나 벅찬 감동이 됩니다.

■■■ 왕이신 하나님을 온전하게 고백하고 섬기며 살게 하소서.

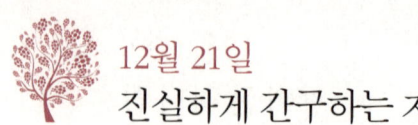

12월 21일
진실하게 간구하는 자의 행복

**여호와께서는 자기에게 간구하는 모든 자
곧 진실하게 간구하는 모든 자에게 가까이 하시는도다 (145:18)**

지그 지글러(Zig Ziglar, 1926~) 박사가 어느 날 늦게 강의를 마치고 집으로 돌아올 때였습니다. 몹시 피곤한 나머지 운전을 하다가 깜박깜박 졸았습니다. 그렇게 비몽사몽간에 운전하면서도 집에 무사히 도착했습니다. 그는 집으로 들어오면서 아내에게 말했습니다. "여보! 내 운전 실력이 보통이 아니라구! 졸면서 운전했는데도 무사히 집까지 왔다구!" 그때 아내는 침대에 엎드려 기도하고 있었습니다. 지글러 박사가 안전하게 돌아올 수 있었던 것은 아내의 기도 덕분이었습니다.

다윗은 기도하는 행복을 잘 알고 있었습니다. 또 하나님은 진실한 간구에 응답하신다는 것을 경험으로 알고 있었습니다. 진실하게 간구하는 자가 누릴 참된 축복은 하나님이 그에게 가까이 하신다는 것입니다. 하나님이 가까이 하시는 것은 그 어떤 응답보다 소중한 응답입니다. 하나님이 가까이 하시면 두려울 것이 없습니다. 그 자체가 행복입니다. 다니엘은 정치적으로 모함하려던 사람들이 교묘하게 덫을 놓을 때도 하나님께 진실하게 간구했습니다. 하나님은 다니엘의 생명을 책임져주셨습니다. 예수님도 말씀하셨습니다. "사람이 나를 사랑하면 내 말을 지키리니 내 아버지께서 그를 사랑하실 것이요 우리가 그에게 가서 거처를 그와 함께 하리라"(요 14:23).

■■■ 하나님께서 가까이 하심을 누리기 위해 진실한 기도를 배우게 하소서.

12월 22일
무엇을 의지하는가

나의 생전에 여호와를 찬양하며 나의 평생에 내 하나님을 찬송하리로다 귀인들을 의지하지 말며 도울 힘이 없는 인생도 의지하지 말지니 (146:2-3)

알렉산더는 왕궁에서 왕자로 태어났습니다. 그는 아버지가 땅을 다 정복해 버리면 장차 자기가 정복할 땅이 없어질까 염려하며 자랐습니다. 그는 전쟁을 일으켜 수백만 명을 죽였고, 그가 일으킨 전쟁으로 수많은 사람들이 노예가 되었습니다. 그 앞에서는 누구도 반역을 일으킬 수 없었습니다. 그러한 그도 33세에 흙으로 돌아가고 말았습니다. 세상을 흔들었던 진시황, 칭기즈칸, 네로, 40조 원의 유산을 남기고 죽은 사우디아라비아의 국왕 파트 빈 압둘 아지즈도 아무것도 가져가지 못하고 빈손으로 갔습니다.

사람들은 권력과 힘을 가진 사람들 앞에서 굽신거립니다. 무엇인가 도움을 얻기 위함입니다. 그러나 그들 역시 우리를 도울 궁극적인 힘은 아닙니다. 하물며 힘을 갖지 못한 사람이라면 말할 것도 없습니다.
이스라엘의 포로귀환이 바사 왕 고레스의 덕분이라고 생각할 수도 있습니다. 그러나 인간 세계의 리모컨은 하나님 손에 있습니다. 그래서 하나님은 인간을 의지하지 말고 오직 하나님께 소망을 두라고 말씀하십니다.

▪▪▪ 모래성 쌓기에 주력하기보다 하나님을 의지하는 법을 배우게 하소서.

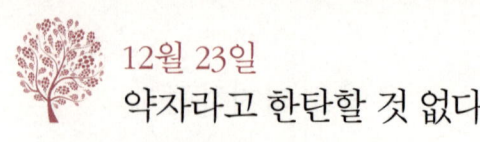
12월 23일
약자라고 한탄할 것 없다

**여호와께서 나그네들을 보호하시며 고아와 과부를 붙드시고
악인들의 길은 굽게 하시는도다 (146:9)**

어려운 사람은 보호하고 도와주어야 할 대상입니다. 그러나 정작 세상에는 어려운 자를 괴롭히는 사람들이 많습니다. 법이라고 하는 것도 약한 자는 외면하고 강한 사람들 편에서 그들에게 유익하게 이용될 때가 많습니다. 강한 자들이 오히려 보호받고 교묘한 방법으로 부정하게 혜택을 누립니다.

세상의 원리와 하나님의 원리는 엄격히 다릅니다. 세상 원리는 약자를 업신여기고 그들에게 불리한 판단을 내리지만, 하나님의 원리는 약자의 권익을 보호하고 그들의 편을 들어줍니다. 나그네나 고아와 과부는 의지할 사람이 없는 약자입니다. 사회적 경제적 심리적으로 도움과 보호가 필요한 사람들입니다. 사람들은 이들을 부당하게 대우하지만 하나님은 오히려 그들을 보호하시고 살펴주십니다. 그러기에 약자라고 기죽을 필요도 한탄할 필요도 없습니다. 그러나 악인들의 길은 이미 굽어져 있습니다. 그들은 아무리 바르게 가더라도 굽은 곳으로 갈 수밖에 없습니다. 하나님은 굽은 길을 가는 악인들은 대적하십니다.

*** 약자의 길이 자존심 상할지라도 악한 길은 걷지 않게 하소서.

12월 24일
겸손이 인생 해법이다

여호와께서 겸손한 자들은 붙드시고 악인들은 땅에 엎드러뜨리시는도다 (147:6)

종교개혁자 칼빈은 이렇게 말했습니다. "하나님은 두 손을 가지셨는데, 한 손은 자기를 높이고 과시하는 자들을 낮추시고 산산조각 나게 부수는 망치와 같고, 다른 한 손은 자기를 스스로 겸허하게 낮추는 자들을 높이시는 견고한 버팀목과 같다."
지혜의 왕 솔로몬은 경험을 통해 터득한 진리를 피력합니다. "사람의 마음의 교만은 멸망의 선봉이요 겸손은 존귀의 길잡이니라"(잠 18:12). "여호와를 경외하는 것은 지혜의 훈계라 겸손은 존귀의 길잡이니라"(잠 15:33). 겸손이야말로 아름다운 인생을 위한 최고의 전략입니다.

하나님은 교만한 자들을 물리치십니다. 그러나 겸손한 자에게는 은혜를 베푸십니다. 다윗 역시 여호와께서는 겸손한 자를 붙들어주심을 잘 알고 있었습니다. 하나님을 신뢰하는 자는 겸손합니다. 겸손한 자가 손해 보는 것 같은 세상이지만, 하나님은 그들이 세상에서 밀려나게 그냥 두지 않으십니다.
인간의 계산으로 되지 않는 일도 많습니다. 때로는 교만한 악인들이 승리하는 것 같지만, 하나님이 그들을 물리치기 때문에 결국은 의인이 승리하게 됩니다.

■ ■ ■ 예수님의 마음처럼 겸손의 옷을 입게 하소서.

12월 25일
하나님이 기뻐하시는 인생

**여호와는 말의 힘이 세다 하여 기뻐하지 아니하시며 사람의 다리가 억세다 하여
기뻐하지 아니하시고 여호와는 자기를 경외하는 자들과
그의 인자하심을 바라는 자들을 기뻐하시는도다 (147:10-11)**

부모들도 이왕이면 지혜롭고 능력 있는 자녀를 좋아합니다. 회사를 경영하는 경영주의 입장에서는 회사에 이익을 가져다줄 능력 있는 사람을 기뻐할 것입니다. 세상은 강하고 능력 있고 머리 좋은 사람을 선호합니다. 사실 어떤 일을 맡겼는데 그 일을 제대로 처리하지 못하고 손해를 끼치는 사람을 보면 답답하기 그지없습니다. 이왕이면 말 잘 듣고 효과적으로 일하면서 책임감 있는 사람에게 일을 주고 싶습니다. 하나님도 우리가 일을 잘 해내기 원하시지만 먼저는 하나님을 의지하면서 일하는 사람에게 더 마음을 주십니다.

하나님은 이스라엘 백성들이 가나안 땅에서 말의 힘줄을 끊어버릴 것을 촉구하셨습니다. 하나님만 의지하도록 하기 위함입니다. 그러나 생각해 보십시오. 우리는 힘 있는 다리를 가진 사람을 좋아하고, 전쟁을 잘할 수 있는 힘센 말을 좋아합니다. 그런데 하나님은 강하고 힘센 말이나 사람을 기뻐하지 않으십니다. 하나님이 맺은 언약을 믿고 여호와를 바라보면서 그분에게 모든 것을 전적으로 내어맡긴 사람을 기뻐하십니다. 하나님은 자기의 힘이나 말 같은 수단을 의지하지 않고 하나님만 의지하는 자에게 은총을 베푸십니다(암 2:15).

모든 걸음을 하나님께 의지하는 삶을 살게 하소서.

12월 26일
하늘에 울려 퍼질 찬양

할렐루야 하늘에서 여호와를 찬양하며 높은 데서 그를 찬양할지어다 (148:1)

영국의 여객선 스텔라 호가 암초에 부딪쳐 난파되었습니다. 거친 파도는 승객들이 탄 구명보트를 삼켜버렸습니다. 그런데 열두 명의 여성이 탄 구명보트는 노가 없이도 계속 균형을 유지하고 있었습니다. 그 보트에는 가수 마가렛 윌리엄스가 타고 있었습니다. 그녀는 승객들을 향해 외쳤습니다. "여러분, 이제 하나님께 의지합시다. 믿음의 징표로 함께 찬송을 부릅시다." 그들은 찬송을 부르며 공포의 밤을 보냈습니다. 이튿날 아침, 순양함이 생존자들을 찾아 나섰을 때, 짙은 안개로 한치 앞도 보이지 않았습니다. 그때 어디선가 여인들의 찬송소리가 들려왔습니다. 여인들은 그때까지 구명보트에서 찬송을 부르고 있었던 것입니다.

"하늘에서 여호와를 찬양하며 높은 데서 그를 찬양할지어다" 이는 세상 모든 곳에서 하나님이 찬양과 경배를 받으셔야 함을 시적으로 표현한 말입니다. 하늘에서는 천사가 하나님을 찬양합니다. 천사는 하나님을 가장 가까이서 섬기는 존재이기에 하나님을 가장 잘 알고 있습니다. 태양과 달도 그분을 찬양해야 합니다. 찬양은 하나님의 보좌 앞에서부터 지구 밖에 있는 온 우주권, 그리고 인간이 창조된 이 세상 모든 곳에서 웅장하게 울려 퍼져야 합니다.

✱✱✱ 온 우주에 광활하신 하나님을 찬양하게 하소서.

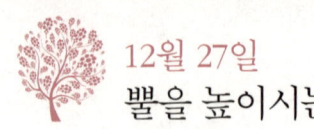

12월 27일
뿔을 높이시는 하나님

그가 그의 백성의 뿔을 높이셨으니 그는 모든 성도 곧 그를 가까이 하는
백성 이스라엘 자손의 찬양 받을 이시로다 할렐루야 (148:14)

차기 왕을 꿈꾸던 모세가 미디안 광야로 망명가서 목동으로 살아갈 때 하나님은 그를 찾아 이스라엘의 지도자로 세우셨습니다. 차기 왕을 뽑는 자리에 온 가족이 다 나왔지만, 다윗은 들판에 나가 양을 치고 있을 정도로 존재감 없는 사람이었습니다. 그러나 하나님은 들판에 있는 다윗이 사울을 대신할 왕이라고 하셨습니다. 역전의 명수이신 하나님이 우리 인생을 어떻게 방향 전환하실지는 아무도 모릅니다. 그러기에 어떤 환경에서도 우리를 높이실 하나님을 기대하며 찬양해야 합니다.

죄인인 인간이 하나님께 마음대로 드나들 수 있는 특권을 누린다는 것이 얼마나 영광스러운 일인지 모릅니다. 여기 하나님을 가까이 하는 거룩한 무리가 있습니다. 그들은 하나님을 가까이 하기 위해 사람들에게 손가락질을 당하기도 하고 손해도 감수합니다. 그러나 하나님은 그들을 높이실 것입니다. 모든 축복과 생명의 근원이신 하나님께서 그분을 가까이 하는 백성들에게 높은 지위를 주셨습니다. 우리를 향한 하나님의 사랑과 일하심을 깊이 생각해 본다면 찬양하지 않을 수 없습니다. 우리를 높이시는 하나님은 가까이 하는 백성에게 찬양받아 마땅한 분입니다.

■■■ 내 삶을 높이 드실 하나님을 가까이하며 늘 찬양하게 하소서.

12월 28일
영원한 신곡 발표회

**할렐루야 새 노래로 여호와께 노래하며
성도의 모임 가운데에서 찬양할지어다 (149:1)**

어린 시절에는 새로운 노래가 나오면 그 노래를 배우기 위해 자그마한 노트에 가사를 적어 라디오에서 흘러나오는 노래를 따라 부르곤 했습니다. 그리고 좋아하는 가수의 신곡이 발표되었다는 소식이 들리기 바쁘게 레코드 가게로 달려갔습니다.
하나님은 우리에게 영원한 신곡을 주셨습니다. 오고가는 모든 세대가 불러도 그것은 새로운 노래입니다.

바울은 그리스도 안에 있으면 새로운 피조물이라고 선언했습니다. 새로운 피조물이 된 하나님의 백성이 불러야 할 영원한 새 노래가 있습니다. 그것은 바로 하나님의 구원에 관한 노래요, 어린 양에 대한 노래입니다. 구원받은 자가 아니면 결코 부를 수 없는 노래입니다.
새 노래는 '성도들의 모임' 가운데 불릴 것입니다. 개인적으로 부르는 찬양도 아름답고 소중합니다. 그러나 하나님의 구원받은 가족들이 함께 부르는 찬양은 더욱 웅장하고 아름답습니다. 온 회중이 마음과 영혼을 모아 영원한 새 노래를 부르는 가운데 하나님의 영광에 참여하게 될 것입니다.

▪▪▪ 공동체 예배 속에서 새 노래로 찬양하는 삶을 살게 하소서.

12월 29일
회복의 날을 기다리라

**그들의 입에는 하나님에 대한 찬양이 있고
그들의 손에는 두 날 가진 칼이 있느니라 (149:6)**

암울한 날만 있다면 세상은 살맛 나지 않을 것입니다. 그러나 하나님이 개입하시는 삶은 그렇지 않습니다. 하나님은 때때로 우리로 하여금 고통스러운 현실 앞에서 영적 훈련을 받게 하십니다. 또 악한 사람들에게 압제당하도록 내버려두시기도 합니다. 아니 어쩌면 우리의 연약함과 죄로 인해 징계하실 수도 있습니다. 그러나 그것이 영원한 것은 아닙니다. 회복의 날을 주시니까요. 한 때는 고통의 쓴 웃음을 지었을지라도 하나님이 개입하셔서 승리를 주시는 날에는 환희의 웃음을 짓게 될 것입니다.

때때로 성도가 바벨론 포로와 같이 압제당하고 신음하는 삶에 처할 수도 있습니다. 그러나 하나님은 그들의 삶에 적극 개입하심으로 고국으로 귀환하는 기쁨을 주십니다. 그들의 손에 있는 양날의 칼이 원수들을 멸할 것입니다. 비록 한때는 고통스러운 신음으로 얼룩진 인생이었지만, 그들의 입술에는 찬양이 울려날 것입니다. 하나님은 우리를 비참함 속에 영원히 버려두지 않으십니다. 언젠가는 우리 손에 들려진 칼로서 원수들을 무릎 꿇게 하실 것입니다. 그날을 바라보며 찬양을 준비하는 것이 바로 성도의 삶입니다.

▪▪▪ 하나님이 개입하시는 회복의 삶을 살게 하소서.

12월 30일
성소에서 찬양을 회복하라

**할렐루야 그의 성소에서 하나님을 찬양하며
그의 권능의 궁창에서 그를 찬양할지어다 (150:1)**

성전에서 드리는 예배의 기쁨을 누리고 있습니까? 홀로 드리는 찬양도 아름답지만, 공동체가 함께 드리는 찬양이야말로 감동적입니다. 그런데 아무런 감격도 없이 습관적으로 찬양드릴 때가 있습니다. 마음과 영혼으로 드리는 찬양이어야 함에도 입술로만 읊조리는 형식적인 찬양일 때가 많은 것입니다.

성도가 하나님을 찬양하는 것이야말로 가장 행복한 일이자 기쁨입니다. 성도는 "성소"에서 하나님을 찬양하고, "권능의 궁창"에서 하나님을 찬양해야 합니다. 하늘 성소에서 울려나오는 찬양이 얼마나 웅장하고 장엄한지 모릅니다. "내가 하늘에서 나는 소리를 들으니 많은 물소리와도 같고 큰 우렛소리와도 같은데 내가 들은 소리는 거문고 타는 자들이 그 거문고를 타는 것 같더라"(계 14:2). 참 섬세하면서도 웅장한 찬양입니다.

그렇다면 하나님의 임재 장소이자 영광의 장소인 이 땅의 성소에서 드리는 우리의 찬양은 어떨까요? 하나님과 만나는 장소인 성소에서 하나님을 만나 찬양의 감격을 다시 회복하는 것이야말로 영성 회복의 최우선 과제입니다.

■■■ 성소에서 드리는 찬양을 회복하기 위해 시간과 마음을 드리게 하소서.

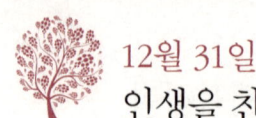

12월 31일
인생을 찬양으로 물들이라

호흡이 있는 자마다 여호와를 찬양할지어다 할렐루야 (150:6)

"저는 제 삶이 주는 모든 것에 감사하는 마음으로 노래를 부릅니다. 세상의 모든 사람들은 고귀합니다. 하나님은 개개인의 우리를 특별한 목적과 남다른 이유에 따라 창조하셨습니다. 당신은 주변 사람들에게 중요한 뭔가를 가졌습니다. 우리는 모두 소중한 존재입니다."『발로 쓴 내 인생의 악보』의 주인공 레나 마리아가 한 말입니다. 그녀는 두 팔이 없고 한쪽 다리가 짧은 중증장애인이라, 노래 한 곡을 부를 때마다 온 몸이 땀에 흠뻑 젖습니다. 그러나 눈빛과 얼굴 표정, 때로는 몸짓으로 자신이 할 수 있는 모든 수단을 동원해 노래합니다. 말 그대로 온 몸으로 찬양합니다.

아침마다 일어날 때면 호흡을 주신 하나님을 생각하며 감사합니다. 성도가 호흡하는 동안 할 수 있는 최고의 것이 바로 하나님을 찬양하는 일입니다. 찬양을 잃어버린 삶은 불행하고 입술로 찬양하는 삶은 아름답습니다. 찬양은 감사하고 만족하여 그윽한 영혼에서부터 나오는 것입니다. 가난해도, 답답한 일이 생겨도 심지어 억울한 옥살이를 하면서도 성도는 찬양할 수 있습니다.

■■■ 모든 상황 앞에서 감사로 나아가게 하소서.

여호와는 나의 목자시니 내게 부족함이 없으리로다
그가 나를 푸른 풀밭에 누이시며 쉴 만한 물 가로 인도하시는도다
내 영혼을 소생시키시고 자기 이름을 위하여 의의 길로 인도하시는도다
내가 사망의 음침한 골짜기로 다닐지라도 해를 두려워하지 않을 것은
주께서 나와 함께 하심이라 주의 지팡이와 막대기가 나를 안위하시나이다
주께서 내 원수의 목전에서 내게 상을 차려 주시고
기름을 내 머리에 부으셨으니 내 잔이 넘치나이다
내 평생에 선하심과 인자하심이 반드시 나를 따르리니
내가 여호와의 집에 영원히 살리로다

- 시 23:1-6 -

말씀으로 시작하는 아침

시편 365

초판 1쇄 발행 2010년 12월 15일
초판 13쇄 발행 2023년 11월 15일

지은이   김병태

펴낸이   곽성종
책임편집   방재경
본문디자인   김유리

펴낸곳	(주)아가페출판사
등 록	제21-754호(1995. 4. 12)
주 소	(08806) 서울시 관악구 남부순환로 2082-33(남현동)
전 화	584-4835(본사) 522-5148(편집부)
팩 스	586-3078(본사) 586-3088(편집부)
홈페이지	www.agape25.com
판 권	ⓒ (주)아가페출판사 2010
ISBN	978-89-537-8064-4 (03230)

저작권법에 의하여 한국 내에서 보호받는 저작물이므로
무단 전재와 복제를 금합니다.

아가페 출판사